U0481112

文明互鉴：中国与世界

本书为四川省2020年诸葛亮研究中心重点课题
（编号20ZGL02）

英语世界
诸葛亮形象的变异与重构

王鹏飞 ◎ 著

四川大学出版社
SICHUAN UNIVERSITY PRESS

图书在版编目（CIP）数据

英语世界诸葛亮形象的变异与重构 / 王鹏飞著. —成都：四川大学出版社，2023.11
（文明互鉴：中国与世界 / 曹顺庆总主编）
ISBN 978-7-5690-6404-9

Ⅰ. ①英… Ⅱ. ①王… Ⅲ. ①诸葛亮（181—234）—人物研究 Ⅳ. ①K827=362

中国国家版本馆 CIP 数据核字（2023）第 196119 号

书　　　名：	英语世界诸葛亮形象的变异与重构
	Yingyu Shijie Zhuge Liang Xingxiang de Bianyi yu Chonggou
著　　　者：	王鹏飞
丛　书　名：	文明互鉴：中国与世界
总　主　编：	曹顺庆
出　版　人：	侯宏虹
总　策　划：	张宏辉
丛书策划：	张宏辉　欧风偲
选题策划：	张　晶
责任编辑：	张　晶
责任校对：	于　俊
装帧设计：	墨创文化
责任印制：	王　炜
出版发行：	四川大学出版社有限责任公司
地　　址：	成都市一环路南一段24号（610065）
电　　话：	（028）85408311（发行部）、85400276（总编室）
电子邮箱：	scupress@vip.163.com
网　　址：	https://press.scu.edu.cn
印前制作：	四川胜翔数码印务设计有限公司
印刷装订：	四川五洲彩印有限责任公司
成品尺寸：	170 mm×240 mm
印　　张：	15.75
字　　数：	272千字
版　　次：	2024年1月第1版
印　　次：	2024年1月第1次印刷
定　　价：	79.00元

本社图书如有印装质量问题，请联系发行部调换

版权所有　◆　侵权必究

扫码获取数字资源

四川大学出版社
微信公众号

序

诸葛亮既是中国三国时期的一位历史人物，在史书《三国志》《资治通鉴》中均有记载，也是文学作品《三国志平话》《三国演义》中的经典形象。诸葛亮已成为具有代表性的中国文化符号，深入人心。在中国文化语境中，诸葛亮是一位运筹帷幄、足智多谋、经世济民、鞠躬尽瘁、忠君效主的军事家、政治家、文学家和发明家。然而，中国的史籍与文学作品被译介到海外后，异质文化背景的西方人对诸葛亮的形象进行了有别于中国文化语境的解读，在不同的审美传统和价值观念的影响下，诸葛亮的形象在一定程度上发生了变异与重构。比如，在英国汉学家美魏茶的笔下，诸葛亮成了一位可歌可泣、令人扼腕叹息的悲剧人物；在美国汉学家浦安迪的笔下，诸葛亮则成了一位傲慢自大、操控他人的阴险诡诈之人；美国汉学家索耶甚至质疑诸葛亮英雄形象的真实性，认为诸葛亮是中国文学作品中被美化、夸大的人物。

王鹏飞教授所著《英语世界诸葛亮形象的变异与重构》由5章组成：第一章详细梳理了中国史籍、文学作品及影视戏曲作品中的诸葛亮形象；第二章对中国史籍、文学作品中的诸葛亮在英语世界的译介情况进行了详细的归纳，论述了诸葛亮形象在海外译介中的消解过程；第三章梳理了英美著名汉学家笔下诸葛亮形象的变异与重构现象；第四章从文化过滤、西方文学审美传统等视角论述了诸葛亮形象在英语世界发生变异与重构的原因；第五章结合当今中国经典文学作品在海外译介过程中的现状和问题，探讨了诸葛亮形象在海外变异与重构对中国经典文学文化作品世界性传播的启示。

作者精通外语，在海外工作、生活多年，对中西文化差异和文学审美传统有深刻的认知与了解。在写作过程中，作者纵横捭阖，旁征博引，对中外文献做了大量的厘定与考证，其观点新颖，引据可靠，论述令人信服。

  在我国大力提倡"讲好中国故事"、倡导文明互鉴的背景下，本书对诸葛亮这一历史人物在海外的译介、形象变异与重构的研究，有助于我们审视西方对中国文化、中国形象的不同解读。同时，本书也探讨了中国经典文学文化作品的世界性传播，为中国文学与文化的世界性传播提供了有益的参考。

曹顺庆

2023 年 9 月

绪　论

三国时期的诸葛亮在中国是一位家喻户晓的历史名人，史料和文学作品中均有对他的详细记载和描述。在唐宋以前，《三国志》主要记载了诸葛亮军事方面的才华与功绩，凸显了诸葛亮的将才形象。至于其他方面，这一时期史料文献对诸葛亮这一人物褒贬并存。及至唐宋以后，历代帝王及文豪都对诸葛亮推崇备至，其忠君效主、足智多谋、运筹帷幄、鞠躬尽瘁的智慧贤能形象在中国广为流传。唐昭宗追封他为武灵王，宋效宗为他赐庙并加号"仁济"，元英宗封他为"威烈忠武显灵仁济王"，明代朱元璋评价他为"天下奇才"，清康乾二帝赞美他"为人臣者，惟诸葛亮能如此耳""三代以下第一流人物"等。中国古代众多文豪也不乏对诸葛亮这一人物的高度评价：唐代大诗人杜甫为他写下"功盖三分国，名成八阵图""诸葛大名垂宇宙，宗臣遗像肃清高"等诗句，诗仙李白也在诗中称颂他"武侯立岷蜀，壮志吞咸京"。这些诗句颂扬了诸葛亮经世济民的理想和鞠躬尽瘁的精神，使诸葛亮人品高洁、入世忠君、鞠躬尽瘁的形象深入人心。在中国经典文学作品《三国演义》中，诸葛亮"羽扇纶巾"与"智贤德能"的儒者形象更是奠定了后世对诸葛亮形象的评述基础。然而，中国的史籍和文学作品被译介到海外后，西方读者和学者基于异质文化背景以及不同的审美传统，对诸葛亮这一人物进行了不同的解读，并对诸葛亮形象进行了重构。其中，英国汉学家美魏茶（William Charles Milne）将诸葛亮解读为一位悲剧人物，美国汉学家浦安迪（Andrew H. Plaks）认为他是一个奸险诡诈、玩弄心计、操控他人、极具个人野心的人物，而在美国汉学家索耶（Ralph D. Sawyer）的笔下，诸葛亮则是一位被美化和神话了的人物。因此，在一定程度上，海外的诸葛亮形象与中国文化语境中的诸葛亮形象相比发生了变异。

本书首先对诸葛亮这一历史人物的生平功绩进行历时性梳理，然后对中国史籍《三国志》《资治通鉴》，文学作品《三国志平话》《三国演义》，影视、戏曲作品中的诸葛亮形象进行厘定、归纳、总结了中国文化语境中的诸葛亮形象。接着，本书详细梳理《三国志》《三国志平话》《三国演义》的译介历程，通过对史籍和文学作品中的诸葛亮形象在英语世界译介的研究，分析诸葛亮形象的变异和重构。同时，本书也从比较文学变异学、文化过滤理论、西方文学的悲剧审美和理性审美传统视角，论述了诸葛亮这一人物形象在海外的变异与重构的深层原因。最后，本书对中国经典文学作品的海外译介与接受进行综述与归纳，分析中国经典文学作品在海外译介过程中遇到的困境、产生的文化缺损与意象流失等现状，探讨本研究对中国文化世界性传播的启示。

　　如今，在中国大力提倡中国文化"走出去"、讲好中国故事，倡导文明互鉴的背景下，本书对诸葛亮这一历史人物在海外的译介、形象的变异与重构的研究，可帮助我们审视西方对中国文化、中国形象的解读。同时，本书也为我们探索中国文学文化世界性传播的有效路径提供了有益的参考。

目　录

第一章　中国史籍与文艺作品中的诸葛亮形象　001

第一节　历史人物诸葛亮　004

一、躬耕陇亩，不求闻达　004

二、三顾茅庐，隆中对策　005

三、治国理政，定鼎荆益　006

四、振兴蜀汉，北伐中原　007

五、呕心沥血，鞠躬尽瘁　008

第二节　中国史籍中的诸葛亮形象　009

一、《三国志》中的诸葛亮形象　009

二、《资治通鉴》中的诸葛亮形象　019

第三节　中国文学作品中的诸葛亮形象　023

一、《三国志平话》中的诸葛亮形象　023

二、《三国演义》中的诸葛亮形象　029

三、史籍记载与文学作品中的诸葛亮形象对比　046

第四节　中国影视、戏曲作品中的诸葛亮形象　057

一、影视剧中的诸葛亮形象　057

二、戏曲中的诸葛亮形象　058

**第二章　中国史籍与文学作品中的诸葛亮
　　　　在英语世界的译介与传播**　061

第一节　《三国志》《资治通鉴》中的诸葛亮
　　　　在英语世界的译介与传播　064

一、《三国志》中的诸葛亮在英语世界的译介　064

二、《资治通鉴》中的诸葛亮在英语世界的译介　076

第二节 《三国志平话》《三国演义》在英语世界的译介 *081*
  一、《三国志平话》在英语世界的译介 *081*
  二、《三国演义》在英语世界的译介 *083*
第三节 译者的翻译策略与诸葛亮形象在英译本中的消解 *107*
  一、诸葛亮智者形象在英译本中的消解 *107*
  二、诸葛亮德者形象在英译本中的消解 *111*
  三、诸葛亮贤者形象在英译本中的消解 *114*

第三章 英语世界诸葛亮形象的变异与重构 *119*
第一节 传奇的悲剧人物
    ——英国汉学家美魏茶的解读 *122*
第二节 奸险诡诈、傲慢自大与操控他人的个人主义英雄
    ——美国汉学家浦安迪的解读 *125*
第三节 夸张的谋略与美化的英雄
    ——美国汉学家索耶的解读 *134*

第四章 文化过滤与西方文学审美传统视角下
诸葛亮形象的变异与重构 *143*
第一节 文化过滤与诸葛亮形象的变异与重构 *146*
第二节 西方文学悲剧审美传统与诸葛亮形象的变异与重构 *148*
第三节 西方文学理性审美与诸葛亮形象的变异与重构 *152*

第五章 诸葛亮形象在英语世界的变异与重构
对中国经典文学作品世界性传播的启示 *163*
第一节 中国经典文学作品海外传播现状与困境 *166*
  一、中国经典文学作品海外传播现状 *166*
  二、中国经典文学作品海外译介的困境 *175*
第二节 中国经典文学作品在海外的译介与接受 *177*
  一、译介过程中的文化缺损与意象流失 *177*
  二、译介过程中读者意识的忽略 *180*
  三、译介过程中审美价值的流失 *183*

第三节 中国经典文学作品的海外译介
对中华文化世界性传播的启示 184
一、加强翻译人才队伍建设，提升中国文化外译质量 184
二、丰富中国文学译介渠道，拓展对外传播方式 186
三、加大出版发行力度，打通对外传播的多元渠道 187

参考文献 *191*

附　录 *197*

一、《华英字典》（*A Dictionary of the Chinese Language*）第一部第一卷 *199*

二、美魏茶的《孔明评论，〈三国志〉中的一位英雄》（*Notices of Kungming, one of the heroes of the San Kwóh Chí*） *206*

三、张磊夫节译《资治通鉴第六十五卷·汉纪五十七》（*The Last of the Han: Being the Chronicle of the Years 181-220 A. D. as Recorded in Chapters 58-68 of the Tzu-chih T'ung-chien of Ssu-ma Kuang: Chapter 65*） *222*

四、高德耀《皇后与嫔妃：陈寿〈三国志〉裴松之注选译》（*Empresses and Consorts: Selections from Chen Shou's Records of the Three States With Pei Songzhi's Commentary*）序言 *225*

五、索耶等的《诸葛亮战略》（*Zhuge Liang: Strategy, Achievements, and Writings*）前言 *229*

后　记 *238*

第一章

中国史籍与文艺作品中的诸葛亮形象

诸葛亮是三国时期蜀汉丞相，也是当时杰出的政治家、军事家、文学家、书法家和发明家，是三国时期乃至中国历史上最著名的谋士之一，被后世视为智慧与忠义的典范。诸葛亮一生"鞠躬尽瘁，死而后已"，是中国传统文化中忠臣与智者的代表人物。中国史籍和文学作品作为传承和弘扬中华优秀传统文化的重要载体，其记载和描述助推了诸葛亮形象的传播，让诸葛亮成为家喻户晓的历史人物。

中国史籍和文学作品展现了在历史上接近完美的作为忠臣贤相的诸葛亮形象。在史籍记载中，诸葛亮是杰出的政治家形象，淡泊功名的隐士形象，鞠躬尽瘁的忠义清廉形象，善于发明创造的智慧形象，也是极富谋略的军事家形象。文学作品以史料为蓝本再创作，对诸葛亮形象进行了一定的神化，赋予诸葛亮超自然的能力。此外，诸葛亮形象也通过电视剧、电影、戏剧等形式在民间广为流传。本章拟对诸葛亮这一历史人物生平进行梳理，对中国史籍《三国志》《资治通鉴》、文学作品《三国志平话》《三国演义》，以及戏剧与影视作品中的诸葛亮形象进行分析，总结中国文化语境中的诸葛亮形象。

第一节
历史人物诸葛亮

一、躬耕陇亩，不求闻达

诸葛亮，字孔明，号卧龙，于汉灵帝光和四年（181年）出生在琅琊郡阳都县的一个官吏之家。诸葛氏是琅琊的望族，先祖诸葛丰曾在西汉元帝时任司隶校尉，诸葛亮的父亲诸葛珪在东汉末年任泰山郡丞。诸葛亮三岁时，母亲章氏病逝。诸葛亮八岁丧父后，与其弟诸葛均一起跟随叔父诸葛玄生活。当时，诸葛玄被袁术任命为豫章（今江西省南昌市）太守。此后，东汉朝廷派朱皓取代了诸葛玄的职务，诸葛玄于是前往襄阳投奔荆州刺史刘表。在此期间，诸葛亮进入刘表设立的"学业堂"读书。当时，襄阳的儒学风气相当浓厚，诸葛亮的业师是当时荆州的儒学代表人物司马徽（字德操），一位功底颇深的古文经学家。诸葛亮勤奋好学，刻苦上进，接受了良好的儒学教育。这段经历深刻地影响了他日后的入世进取、对刘备的忠心、生活上的节制克欲等道德观念与行为规范。

建安二年（197年），即诸葛亮叔父诸葛玄投奔刘表三年之后，诸葛玄去世。时年17岁的诸葛亮辞别刘表，携弟诸葛均前往襄阳城西隆中村，开始了躬耕读书的十年隐居生活。他白天躬耕陇亩，夜晚挑灯夜读，闲暇时拜会名士，结交志同道合的朋友。其间，诸葛亮广泛涉猎了政治、经济、军事等方面的书籍，并对道家、墨家、法家、兵家等诸子百家进行了认真的研读。他在《论诸子》一文中写道："老子长于养性，不可以临危难，商鞅长于理法，不可以从教化，苏、张长于驰辞,不可以结盟誓。"① 他博采众长,融会贯通,成为当地饱学之士。据《三国志》记载:"襄阳记曰:黄承彦者,高爽开列,为沔南名士,谓诸葛孔明曰:'闻君择妇;身有丑女,黄头黑色,而才堪相配。'孔明许,即载送之。"② 其女黄氏后成为诸葛亮的贤内助。当时民间曾有传说,黄承彦家藏传世兵书,诸葛亮意欲借阅,但黄家规定,兵书不能借与外人。为读兵书,诸葛亮只得与黄氏结为连理。虽为民间传说,然诸葛亮求学若渴之状可见一斑。诸葛亮平日修身养性,过着隐士生活,却志存高远,常抱膝长啸,"每自比于管仲、乐毅"③。

二、三顾茅庐,隆中对策

建安六年(201年),刘备在官渡为曹操所败,投奔荆州刘表,屯兵新野(今河南省新野县)。刘备为扩充实力,积极招揽当地英雄豪杰与名士。当地名士司马徽松形鹤骨,器宇不凡,精通奇门、兵法和经学,学识渊博,更有识人之明,道号"水镜先生"。刘备为求贤能之士,专程前去拜访。司马徽虽未答应出山辅助刘备,但向刘备推荐了诸葛亮和庞统两位贤才。司马光在《资治通鉴》对刘备"三顾茅庐"的记载,最早可追溯到孝献皇帝庚建安十一年(206年)的《汉纪》第五十七卷对诸葛亮的描写。刘备在荆州访士于襄阳司马徽。徽曰:"儒生俗士,岂识时务,识时务者在乎俊杰。此间自有伏龙、凤雏。"备问为谁,曰:"诸葛孔明、庞士元也。"④ 此外,陈寿在《三国志》中对三顾茅庐也有记载。襄阳记曰:刘备访世事于司马德操。德操曰:"儒生俗士,岂识时务?识时务者在乎俊杰。此间自有伏龙、凤雏。"备问为谁,曰:"诸葛孔明、庞士元也。"⑤ 除了司马徽向刘备推荐诸葛亮,《三国志》也记载了徐庶劝诫刘备屈尊吸纳诸葛亮一事。"时先主屯新野。徐庶见先主,先主器之,谓先主曰:'诸葛孔明者,卧龙也,将军岂愿见之乎?'先主曰:'君与俱来。'庶曰:'此人可就见,不可屈致也。将军宜枉驾顾之。'由是先主遂诣

---

① 诸葛亮著,段熙仲、闻旭初编校,《诸葛亮集》,北京:中华书局,2012年,第46页。
② 陈寿,《三国志·蜀书五·诸葛亮传第五》,北京:中华书局,1999年,第690页。
③ 同上,第677页。
④ 司马光,《资治通鉴》(卷七十五),北京:中华书局,1956年,第2074页。
⑤ 陈寿,《三国志》,北京:中华书局,1999年,第678页。

亮，凡三往，乃见。"① 刘备三顾茅庐求才的诚心感动了诸葛亮，"卧龙"出山后便为刘备献上名留千古的《隆中对》。据《资治通鉴》记载，公元207年，诸葛亮和刘备在隆中的谈话奠定了刘备此后的发展战略，从而扭转了刘备的命运。诸葛亮提出的构想如下："若跨有荆、益，保其岩阻，西和诸戎，南抚夷越，外结好孙权，内修政理；天下有变，则命一上将将荆州之军以向宛、洛，将军身率益州之众出于秦川，百姓孰敢不箪食壶浆以迎将军者乎？诚如是，则霸业可成，汉室可兴矣。"②

三、治国理政，定鼎荆益

建安十三年（208年）十二月，刘备趁曹操北归之机，听从诸葛亮之计，平定荆南四郡，任命诸葛亮为军师中郎将，督领零陵、桂阳、长沙三郡，负责调整赋税，充实军资。建安十五年（210年），刘备以庞统为耒阳令，庞统因没有政绩而被罢官。诸葛亮向刘备进言，庞统有大才，不可小用。于是刘备任命庞统为治中，与诸葛亮并列为军师中郎将。

建安十六年（211年），益州牧刘璋在张松的怂恿下，派法正到荆州请刘备率兵入川，保护益州安全。诸葛亮认为机不可失，劝说刘备应允。诸葛亮便与关羽、张飞、赵云等镇守荆州，刘备在谋士庞统的陪同下亲自率军进入益州。至次年十二月，刘璋发觉张松私通刘备，将张松处死，下令守关诸将禁止刘备兵马通过。刘备与刘璋决裂，还攻成都。刘备棋先一着，占领涪城（今四川省绵阳市）。刘璋派遣李严等退保绵竹，刘备则调诸葛亮、张飞、赵云等入川，分定蜀中诸县。

建安十九年（214年），诸葛亮与张飞、赵云率兵溯长江而上，攻克巴东，与刘备会师成都。刘璋被迫出城投降。取得成都后，诸葛亮受金五百斤，银千斤，钱五千万，锦千匹，被任命为军师将军，署左将军府事。每当刘备出兵征伐，诸葛亮便负责镇守成都。诸葛亮严法政、修德行，百姓安居乐业，蜀国后方稳定。③

---

① 陈寿，《三国志》，北京：中华书局，1999年，第678页。
② 司马光，《资治通鉴》（卷七十五），北京：中华书局，1956年，第2075页。
③ 同上，第2127页。

四、振兴蜀汉，北伐中原

建兴四年（226年），魏文帝曹丕死，其子曹叡继位。诸葛亮认为曹叡缺乏统治经验，应抓住有利时机，出师北伐。次年三月，诸葛亮率军进驻汉中，屯兵沔阳（今陕西省勉县）。建兴六年（228年）春，诸葛亮事先扬言要走斜谷道取郿（今陕西省眉县），让赵云、邓芝设疑兵吸引曹真重兵，自己率大军攻祁山。陇右的南安、天水和安定三郡反魏附蜀，关中震响。魏明帝西镇长安，命张郃率领步骑五万前往，破马谡于街亭。然而，赵云寡不敌众，失利于箕谷。诸葛亮乃拔西县千余家返回汉中。第一次北伐失败。诸葛亮上疏请求自贬三等。蜀后主以诸葛亮为右将军，行丞相事，所总统如前。同年冬，魏兵东下，关中虚弱，诸葛亮趁机北伐，出兵散关（今陕西省宝鸡市西南），围陈仓，为魏将郝昭所拒，诸葛亮劝降不成，又粮草不继，不得已退还汉中。魏将王双来追，被斩。

建兴十二年（234年）二月，诸葛亮经过三年劝农讲武的准备，率大军出斜谷道，据武功五丈原（今陕西省岐山南），屯田于渭滨，同时派使臣到东吴，希望孙权能同时攻魏。四月，蜀军到达郿，在渭水南岸的五丈原扎下营寨。司马懿则率领魏军背水筑营，想再次以持久战消耗蜀军粮草，令蜀军自行撤退。

魏将郭淮认为蜀军必会争夺北原，司马懿表示认同，便派郭淮前往防守。果然，蜀军到来，被郭淮击退。诸葛亮考虑到前几次北伐都因运粮不继，功败垂成，于是开始在渭滨屯田生产粮食，与百姓相处融洽。此时，孙权也响应蜀汉，亲率十万大军北上攻魏，被魏明帝曹叡亲自率军打败。

诸葛亮派虎步监孟琰驻武功水北，适逢水涨，阻断了诸葛亮和孟琰的联系。司马懿趁机出兵进攻孟琰。诸葛亮一方面派工兵架桥，一方面派弩兵远程攻击司马懿的军队，司马懿只好撤退。魏、蜀两军相峙百余日，其间诸葛亮多次派人挑战，司马懿军始终坚守不出。其后，诸葛亮故意让人带一套妇人的衣服、头巾送给司马懿，意在羞辱司马懿就像妇人一样胆怯，激他出战。魏军将领见此情形火冒三丈，纷纷要求出战。为了搪塞将领们，司马懿假意上表魏明帝请战。曹叡便派卫尉辛毗作为持节使者，到前线节制司马懿。

五、呕心沥血，鞠躬尽瘁

建安十二年（234年）八月，诸葛亮病情日益恶化。后主刘禅得知诸葛亮病危，命尚书仆射李福两次前往五丈原前线问候，同时询问国事。诸葛亮便推荐费祎与蒋琬接任，还向各将领交代后事，命杨仪和费祎统领各军撤退，魏延、姜维断后。不久，诸葛亮在军营中去世。杨仪、姜维按照诸葛亮临终的部署，秘不发丧，整顿军马，从容撤退。

司马懿认为诸葛亮已死，率军追击，姜维推出诸葛亮木雕率领大军回返。司马懿看到诸葛亮木雕，认为诸葛亮是装死引诱魏军出击，赶紧撤退，飞马奔行数里，不敢再追赶。其间司马懿还数次问左右将领："吾头尚在否？"众将俱回："尚在。"于是，蜀军从容退去，进入斜谷后，才讣告发丧。此事后来也被百姓笑称为"死诸葛走生仲达"。司马懿听闻蜀军在斜谷发丧后自嘲道："吾便料生，不便料死故也。"其后，司马懿在视察蜀军遗留的营寨时感叹道："天下奇才也。"①

诸葛亮留有遗言，命部下将自己葬在汉中定军山，依山势修建坟墓，墓穴仅能容纳下棺材。诸葛亮曾经上表指出自己没有多余财产，只有800株桑树和15顷土地，而自己的衣物都是朝廷赐封，儿子也是自给自足，自己没有一点多余的财产。果然，诸葛亮到死也是如此。他甚至在临死前也吩咐下葬时只需挖洞一个，棺木能够放进去便足够，自己着平常的服装即可，不需要其他陪葬物。

蜀汉各地多上书请立诸葛亮庙，蜀汉朝堂以违背礼制不纳，于是百姓在四时节日于道路上私祭诸葛亮。直至景耀六年（263年），在蜀汉大臣习隆、向充的建议下，刘禅在沔阳为诸葛亮立庙，并追谥其为忠武侯，故后世常以"武侯""诸葛武侯"尊称诸葛亮。诸葛亮竭尽所能辅佐汉室，鞠躬尽瘁、死而后已，是中国传统文化中忠臣与智者的代表，千百年来，一直为后人称颂。

---

① 房玄龄，《晋书·宣帝纪》，北京：中华书局，2012年，第8页。

第二节
中国史籍中的诸葛亮形象

一、《三国志》中的诸葛亮形象

《三国志》，二十四史之一，由西晋史学家陈寿所著，是记载三国时期的纪传体史书。作为二十四史中评价最高的"前四史"（《史记》《汉书》《后汉书》《三国志》）之一，《三国志》对诸葛亮的外貌及生平事迹均有详细的记载。

《三国志》对诸葛亮外形的描写较为简短，说他身高八尺，容貌特别魁伟，有英雄的气度："亮少有逸群之才，英霸之器，身长八尺，容貌甚伟，时人异焉。"[1] 从以上描述看，诸葛亮身材高大，面容英武，而非文弱书生形象。

陈寿在《三国志》中评价诸葛亮："……外连东吴，内平南越，立法施度，整理戎旅，工械技巧，物究其极，科教严明，赏罚必信，无恶不惩，无善不显，至于吏不容奸，人怀自厉，道不拾遗，强不侵弱，风化肃然也。"[2] 这段评价对诸葛亮的内政外交和军政策略进行了总结：对外与东吴结盟，对内平定南中，颁布各项法令及制度，整顿官吏及军队，制造先进的武器军械，赏罚分明，并大力发展文化教育。在诸葛亮的治理下，当时蜀国法令严明，社会安定，人民安居乐业，路不拾遗，夜不闭户，社会风气良好。

1. 诸葛亮的政治家形象

诸葛亮的政治智慧体现在他作为蜀国丞相的治国理政上。《三国志》中对

---

[1] 陈寿，《三国志》，北京：中华书局，1999年，第691页。
[2] 同上。

诸葛亮的记录表明，他是一位敏锐的政治家。刘备三次到襄阳隆中拜访诸葛亮，第三次终于得见诸葛亮。诸葛亮为刘备分析天下形势。他认为，曹操名气不如袁绍大，士兵也没有袁绍多，但是他却可以打败袁绍，从弱势一方变成强势一方，除了依靠天时，人的谋略也很重要。诸葛亮认为，曹操势力强大，拥有百万兵众，挟持天子来要挟诸侯，不能与他正面较量。而孙权占据江东，历经三代，既有长江天险为军事防线，又有民众拥护，手下还有贤能之人，可以把他变为外援，但不能图谋他的领土。同时，他提出了战略构想：先取荆州，荆州北有汉水可以依靠，南有南海可以利用，东面连接吴郡和会稽，西面连通巴蜀，这是一个可以运用武力的地方，它的主人不能守住它，这是上天在帮助刘备；再取益州，益州四面高山阻隔，土地肥沃，被称为天府之国，汉高祖在这里成就了帝业。而益州的主人刘璋软弱，张鲁在北面构成威胁。益州人口多，地方也富庶，但是刘璋却不懂体恤百姓，有智慧和才能的人都想要一位明君。诸葛亮认为，刘备是汉室后人，讲信义的名声传播得很远，招揽英雄，渴望贤才，如果拥有荆州和益州，凭借它们的天然险阻保护领土，与西面的少数民族谈和，安抚南面的少数民族，对外和孙权结交，对内修整政治，如果天下有异变，就可以从荆州派遣一位将领率领军队进攻宛、洛，刘备自己率领益州的军队从汉川东出，这样雄图霸业就可以成功，汉朝也可以复兴。这一段分析成为千古名篇，也就是大家所熟知的《隆中对》。《三国志》中记载：

> 自董卓已来，豪杰并起，跨州连郡者不可胜数。曹操比于袁绍，则名微而众寡，然操遂能克绍，以弱为强者，非惟天时，抑亦人谋也。今操已拥百万之众，挟天子而令诸侯，此诚不可与争锋。孙权据有江东，已历三世，国险而民附，贤能为之用，此可以为援而不可图也。荆州北据汉、沔，利尽南海，东连吴会，西通巴、蜀，此用武之国，而其主不能守，此殆天所以资将军，将军岂有意乎？益州险塞，沃野千里，天府之土，高祖因之以成帝业。刘璋暗弱，张鲁在北，民殷国富而不知存恤，智能之士思得明君。将军既帝室之胄，信义著于四海，总揽英雄，思贤如渴，若跨有荆、益，保其岩阻，西和诸戎，南抚夷越，外结好孙权，内修政理；天下有变，则命一上将将荆州之军以向宛、洛，将军身率益州之众出于秦川，

百姓孰敢不箪食壶浆以迎将军者乎？诚如是，则霸业可成，汉室可兴矣。①

从诸葛亮的分析中可以看出，诸葛亮对时局有非常清醒和准确的认识，联合东吴共同抗曹这一主张实属高见。该主张在其后的军事行动中也被证明是完全正确的，先取荆州再取益州的战略构想逐一达成，最终实现了魏、蜀、吴三足鼎立的局面。可见，诸葛亮提出的隆中对策充分体现了他作为政治家的远见卓识。

对外，诸葛亮为孙刘联盟做出了卓越贡献。赤壁之战时，曹操攻打刘备，孙权当时把兵力聚集在柴桑，准备观望双方之战。诸葛亮出面为孙权分析利弊，说服孙权出兵。孙权派遣周瑜、鲁肃、程普率领水军三万与刘备合力抗击曹操，曹操在赤壁大败，刘备于是占领了荆州在长江以南的四郡。诸葛亮说服孙权出兵的话术也充分体现了他政治家的才能——逻辑清晰、能言善辩。诸葛亮首先点出合力抗曹的必要性：曹操已经大体上平定了北方，现在更是威震四海，而吴国若与曹操抗衡，现在就可以与曹操绝交。若不能单独与曹操抗衡，便只能向曹操俯首称臣。而现在吴国表面上服从曹操，内心却犹豫不决，在紧急情况下无法决断，大祸不久就会降临。"海内大乱，将军起兵据有江东，刘豫州亦收众汉南，与曹操并争天下。今操芟夷大难，略已平矣，遂破荆州，威震四海。英雄无所用武，故豫州遁逃至此。将军量力而处之：若能以吴、越之众与中国抗衡，不如早与之绝；若不能当，何不案兵束甲，北面而事之！今将军外托服从之名，而内怀犹豫之计，事急而不断，祸至无日矣！"② 言下之意，吴国若是不想向曹操俯首称臣，就需要联合抗曹。接着，诸葛亮分析联合抗曹胜利的必然性，坚定了孙权出兵的决心。刘备共有精兵一万人，刘琦江夏郡的士兵也有数万人。而曹军远道而来，疲惫不堪。据说曹操追击刘备一天一夜，跑了三百多里，这就是所谓的"强弩之末"，他们的力量甚至不能穿透细绢，兵法上也说这种做法必然会使上将军失败。而且北方人不熟悉水战，再加上荆州的民众并不是真心归顺曹军，只是迫于武力暂时屈服，所以蜀、吴合力，一

---

① 陈寿，《三国志》，北京：中华书局，1999年，第678页。
② 同上，第680页。

定可以取得胜利。曹操失败后只能回到北方，这样三足鼎立之势就可以形成。诸葛亮曰：

> 豫州军虽败于长坂，今战士还者及关羽水军精甲万人，刘琦合江夏战士亦不下万人。曹操之众，远来疲弊，闻追豫州，轻骑一日一夜行三百馀里，此所谓"强弩之末，势不能穿鲁缟"者也。故兵法忌之，曰"必蹶上将军"。且北方之人，不习水战；又荆州之民附操者，逼兵势耳，非心服也。今将军诚能命猛将统兵数万，与豫州协规同力，破操军必矣。操军破，必北还，如此则荆、吴之势强，鼎足之形成矣。①

刘备去世不久后，南中各郡发生叛乱，诸葛亮派遣使臣出使东吴，继续与东吴保持友好关系。

对内，诸葛亮为蜀国修整政治。陈翔华在所著《诸葛亮形象史研究》一书中提道："在刘备逝世之前，诸葛亮在蜀汉集团主要从事的是一个政治家的政务工作和领导后方建设。"② 诸葛亮建立法律制度，明确规章，整肃军队，赏罚分明，所以官员个个正直，社会风气良好。原文如下："立法施度，整理戎旅，工械技巧，物究其极，科教严明，赏罚必信，无恶不惩，无善不显，至于吏不容奸，人怀自厉，道不拾遗，强不侵弱，风化肃然也。"③ 在领导后方建设上，赤壁之战后，刘备任命诸葛亮为军师中郎将，征收赋税来充实军用物资的储备。"先主遂收江南，以亮为军师中郎将，使督零陵、贵阳、长沙三郡，调其赋税，以充军实。"④

在治理国家上，诸葛亮不落窠臼，具有非常独到的政治眼光。诸葛亮辅助刘备治理蜀地时推崇严刑峻法，而刘备谋士法正却与诸葛亮观点相反。从法正与诸葛亮的对话可见诸葛亮的政治眼光。法正谏曰："昔高祖入关，约法三章，秦民知德，今君假借威力，跨据一州，初有其国，未垂惠抚；且客主之义，宜相降下，愿缓刑弛禁，以慰其望。"亮曰："君知其一，未知其二。秦

---

① 陈寿，《三国志》，北京：中华书局，1999 年，第 680 页。
② 陈翔华，《诸葛亮形象史研究》，杭州：浙江古籍出版社，1990 年，第 18 页。
③ 陈寿，《三国志》，北京：中华书局，1999 年，第 691 页。
④ 同上，第 680 页。

以无道，政苛民怨，匹夫大呼，天下土崩，高祖因之，可以弘济。刘璋暗弱，自焉已来有累世之恩，文法羁縻，互相承奉，德政不举，威刑不肃。蜀土人士，专权自恣，君臣之道，渐以陵替；宠之以位，位极则贱；顺之以恩，恩竭则慢。所以致敝，实由于此。吾今威之以法，法行则知恩，限之以爵，爵加则知荣；荣恩并济，上下有节。为治之要，于斯而著。"① 法正认为，以前汉高祖入关，约法三章，秦地的百姓都感念他的恩德。如今蜀国刚刚建国，应宽法施度安抚臣民。诸葛亮却认为秦因社会政治纷乱、政治严苛，所以百姓不满，于是才有农民起义，从而导致秦国崩溃，汉高祖施行宽松法令，在当时是可取的。然而，刘璋软弱，从他的父亲刘焉起，刘家的人就对蜀地有恩德，一直靠礼仪来维系关系，互相奉承，德政无法实施，刑罚不够严厉，从而造成朝廷官员位高权重，轻视主君，蜀地的人逐渐失去了君臣之道。蜀地之所以凋敝，正是因为法令不严。现在蜀国应该重塑法律的威严，限制官员的爵位，恩威并施，这才是治国的要义。显然，法正反对诸葛亮在刘备刚刚建立国家时就使用严刑峻法，希望他效仿汉高祖约法三章。但诸葛亮没有盲目跟随汉高祖施行宽松政策，而是根据蜀地的情况，因地制宜，整肃刑罚，恢复君臣关系。这一系列措施体现了他作为政治家的敏锐眼光。

在吏治方面，诸葛亮在做丞相期间，为蜀地培养了不少栋梁之材。诸葛亮知人善用，重视人才。如对大臣蒋琬问题的处理。一次刘备到广都，看到蒋琬喝得酩酊大醉，置政务于不顾。刘备大怒，想杀了蒋琬。"先主尝因游观奄至广都，见琬众事不理，时又沈醉，先主大怒，将加罪戮。军师将军诸葛亮请曰：'蒋琬，社稷之器，非百里之才也。其为政以安民为本，不以修饰为先，愿主公重加察之。'先主雅敬亮，乃不加罪，仓卒但免官而已。"② 诸葛亮为其求情，认为蒋琬是治国之大才，而不应是仅仅作区区百里的地方小吏，他施行政务的根本是安定百姓，并不是要做表面功夫，彰显自己，并建议刘备对蒋琬重新考察。刘备敬重诸葛亮，没有治蒋琬的罪，只是革去了他的官职。蒋琬当时不过是一个广都长，因有诸葛亮的求情才保住了性命。后来，蒋琬成为蜀汉重臣，与诸葛亮、董允、费祎合称"蜀汉四相"，为蜀地做出了卓越贡献。诸

---

① 陈寿，《三国志》，北京：中华书局，1999 年，第 681 页。
② 同上，第 783 页。

葛亮的识才之能在这件事上体现得淋漓尽致。

2. 诸葛亮的隐士形象

在中国文化语境中，隐士，即隐居之士。只有那些能保持独立人格，追求思想自由，不委曲求全，不依附权势，具有超凡才德学识，并且是真正发自内心不愿入仕的隐居者，才能被称为隐士。《三国志》记载，诸葛亮在未出山辅佐刘备前，"躬耕陇亩，不求闻达"，好为《梁父吟》。①《梁父吟》讲的是二桃杀三士的故事。齐景公时期，齐国有三个勇士——田开疆、古冶子和公孙接。他们勇猛无比，为国家立下汗马功劳。但是他们高傲狂妄，如果联合起来足以给齐国王室的安全带来威胁，这使得齐景公和晏子都很担心。于是，晏子用计除掉了他们三个，这就是《梁父吟》中所说的"一朝被谗言，二桃杀三士"。歌词内容如下："步出齐城门，遥望荡阴里。里中有三墓，累累正相似。问是谁家墓，田疆、古冶子。力能排南山，文能绝地纪。一朝被谗言，二桃杀三士。谁能为此谋？国相齐晏子。"② 歌词讽刺晏子这样的名士为了追名逐利，居然用这种诡计去诛杀没有过错的勇猛之士，歌词为三位勇士之死感到悲哀。诸葛亮吟诵此诗是感慨三人有功于国家，却无端被杀，也有影射当时社会黑暗之意。诸葛亮生逢乱世，许多出仕的名士惨遭屠戮。眼见朝纲混乱、社会黑暗，不少人消极避世，不问世事。诸葛亮时常吟唱《梁父吟》，表露了他对当时官场尔虞我诈的厌恶之情，体现了他淡泊名利的心态。诸葛亮在隆中十年，结交庞德公、庞统、司马徽、黄承彦、石广元、崔州平、孟公威、徐庶等名士，他们多为当时著名的绝意仕途的隐士。及至后来得到司马徽和徐庶引荐，刘备亲自三次登门拜访，诸葛亮才被刘备的诚意所动，愿出山匡扶明君。三顾茅庐除了表现刘备的惜才之心，也体现了诸葛亮不慕名利的隐居之心。诸葛亮在《出师表》中坦言："臣本布衣，躬耕于南阳，苟全性命于乱世，不求闻达于诸侯。"③ 诸葛亮出山之前，饱读诗书，胸怀雄才大略，却淡泊功名利禄，隐居田园山野。这正是他"躬耕陇亩，不求闻达"的隐士形象写照。

3. 诸葛亮忠义清廉的形象

关于诸葛亮忠义清廉的形象，史书有详细记载，广为传颂。在《三国志》

---

① 陈寿，《三国志》，北京：中华书局，1999 年，第 677 页。
② 《乐府诗集》卷四十一，《相和歌辞》十六。
③ 陈寿，《三国志》，北京：中华书局，1999 年，第 683 页。

中，刘备临终对诸葛亮说："君才十倍曹丕，必能安国，终定大事。若嗣子可辅，辅之；如其不才，君可自取。"① 刘备认为，诸葛亮的才能远胜魏国君王曹丕，一定可以安邦定国，成就霸业，还建议他若刘禅可以辅佐，就辅佐他，若是不能辅佐，则可以自行称帝。诸葛亮回答说："臣敢竭股肱之力，效忠贞之节，继之以死！"② 他要竭尽力量，效忠主上，甚至不惜奉献自己的生命。刘备驾崩后，尽管后主刘禅非圣明之君，但诸葛亮毫无二心，终其一生辅佐刘禅，为蜀国殚精竭虑，鞠躬尽瘁，死而后已。三国时期，蜀国一直处于弱势，赤壁之战后有所好转，但是随后失荆州和猇亭之败使蜀国遭受了沉重的打击。诸葛亮在这种情况下坚持不懈，平定南中，五出祁山。正如他自己所言"受任于败军之际，奉命于危难之间"，在失败时接受任务，在危难时接受命令，他为蜀国不懈努力，直至生命的最后一刻。

诸葛亮的忠义形象也体现在他严格要求自己并且主动承担责任上，《街亭自贬疏》就是一个很好的例证。"臣以弱才，叨窃非据，亲秉旄钺以厉三军，不能训章明法，临事而惧，至有街亭违命之阙，箕谷不戒之失，咎皆在臣授任无方。臣明不知人，恤事多暗，春秋责帅，臣职是当。请自贬三等，以督厥咎。"③ 诸葛亮检讨自己没有严令军法，在危急关头，没有做到细致谨慎，以致出现了马谡街亭违背命令和箕谷缺乏戒备的失误；归根结底，都是自己在用人上出现失误，并自降三级。马谡违背了诸葛亮的命令，用兵不当，打了败仗，诸葛亮却自降职位，承担责任，可以看出他把国家兴衰当成了自己的责任。诸葛亮虚心听取意见、引过自责也是他忠义的表现之一。他在《劝将士勤攻己阙教》中说道："'……自今已后，诸有忠虑于国，但勤攻吾之阙，则事可定，贼可死，功可跷足而待矣。'于是考微劳，甄烈壮，引咎责躬，布所失于天下，厉兵讲武，以为后图，戎士简练，民忘其败矣。"④ 街亭失利后，他告诉将士，如果对国事有忠直的思虑，只管勤加批评他的过失，那么大业就可以成就，敌人就会失败，平定天下的功业就可以期待了。于是他考察有功的将士，无论功劳大小，甄别牺牲的壮烈，公开承

---

① 陈寿，《三国志》，北京：中华书局，1999 年，第 682 页。
② 同上。
③ 同上，第 685 页。
④ 同上。

认自己的过失,引过自责,讲武练兵,为将来的进攻做准备。虚心纳谏,不仅是因他为人谨慎,更是因这些谏言是忠直之言,是对蜀国有利的谏言,而引过自责也是希望街亭失利这种事情不再发生,从根本上来说这些都是他忠义的体现。

诸葛亮的《出师表》是他忠义的集中体现。建兴五年(227 年),诸葛亮率领军队出征北伐,临行前给刘禅上了奏疏,即《出师表》。《出师表》阐述了他对刘禅治国的建议和所寄托的厚望,言辞恳切,将他的拳拳之心表达得淋漓尽致:"臣本布衣,躬耕于南阳,苟全性命于乱世,不求闻达于诸侯。先帝不以臣卑鄙,猥自枉屈,三顾臣于草庐之中,咨臣以当世之事,由是感激,遂许先帝以驱驰。后值倾覆,受任于败军之际,奉命于危难之间,尔来二十有一年矣。先帝知臣谨慎,故临崩寄臣以大事也。受命以来,夙夜忧叹,恐托付不效,以伤先帝之明,故五月渡泸,深入不毛。今南方已定,兵甲已足,当奖率三军,北定中原,庶竭驽钝,攘除奸凶,兴复汉室,还于旧都。此臣所以报先帝,而忠陛下之职分也。"①《出师表》也由此成为脍炙人口的千古名篇。

建兴六年(228 年)冬,诸葛亮得知曹休战败,魏兵东下,关中兵力空虚,提议出兵攻打魏国,群臣质疑诸葛亮的决策。在《后出师表》中,诸葛亮回应众臣质疑:"臣受命之日,寝不安席,食不甘味,思惟北征,宜先入南,故五月渡泸,深入不毛,并日而食。臣非不自惜也,顾王业不可得偏全于蜀都,故冒危难以奉先帝之遗意也,而议者谓为非计。"② 从诸葛亮的回应可见,诸葛亮始终以国家大业为重,不惜冒着生命危险深入偏僻艰苦之地,力排众议坚持北伐,足见其忠心。

陈寿在《三国志》中评价诸葛亮时说:"当此之时,亮之素志,进欲龙骧虎视,苞括四海,退欲跨陵边疆,震荡宇内。又自以为无身之日,则未有能蹈涉中原、抗衡上国者,是以用兵不戢,屡耀其武。"③ 诸葛亮的愿望是,进一步要龙腾虎视,统一四海,退一步也要跨越边境,使天下震荡;他认为自己一旦去世,蜀国就没有人可以踏足中原与曹魏对抗,所以他不辞艰辛,坚持出兵作战。"青龙二年春,亮帅众出武功,分兵屯田,为久驻之基。其秋病卒,黎

---

① 陈寿,《三国志》,北京:中华书局,1999 年,第 683-684 页。
② 同上,第 686 页。
③ 同上,第 691 页。

庶追思，以为口实。"① 234 年春，诸葛亮率领众人到达武功，分出士兵屯田，打下长久驻扎的基础，却在当年秋天就病逝了。他怕蜀国无人可用，自己努力攻城略地，终病逝于五丈原。可以说，是长年累月的征战生活损害了他的健康。他死前都还在驻兵屯田，把忠义精神发挥到了极致。

关于诸葛亮的清廉形象，《三国志》也有专门记载。诸葛亮上表给后主说："成都有桑八百株，薄田十五顷，子弟衣食，自有馀饶。至于臣在外任，无别调度，随身衣食，悉仰于官，不别治生，以长尺寸。若臣死之日，不使内有馀帛，外有赢财，以负陛下。"② 这段文字表明，诸葛亮虽贵为丞相，位高权重，却没有万顷良田，没有锦衣玉食，只有薄田十五顷、桑树八百株，可见其为官之清廉。

4. 诸葛亮善于发明的智慧形象

诸葛亮的智慧形象在《三国志》中也多有描述："亮性长于巧思，损益连弩，木牛流马，皆出其意；推演兵法，作八陈图，咸得其要云。"③ 诸葛亮擅长巧思，改造连弩，制造木牛流马，钻研兵法，设计八阵图。三国时期，步兵使用的弩是拉力最强的腰引弩，这种弩射程远，但是速度慢，每分钟大约只能发射两到三次。骑兵是魏军在战场上的主力，作战速度极快，而腰引弩速度慢，能发挥的作用极为有限。为了对抗曹操的骑兵，诸葛亮设计出一种连弩，也称元戎。《魏氏春秋》记载，诸葛亮长于巧思，"又损益连弩，谓之元戎，以铁为矢，矢长八寸，一弩十矢俱发"④。元戎以铁为箭矢，箭矢长八寸，一次装填可以发射十支箭矢。这种连弩虽然射程不如腰引弩，但是速度却比腰引弩快许多，适合用来对抗机动速度快的骑兵。诸葛亮针对当时魏军的特点，设计出能与魏军对抗的连弩，显示了他的智慧。"木牛这种工具，腹部方形，牛头下曲，一只脚，四只足，颈上套着领圈，舌根松弛安装于米箱。"⑤ 木牛的速度慢，但是装载量大，一架木牛可以装下一位士兵一年的粮食，它有步行功

---

① 陈寿，《三国志》，北京：中华书局，1999 年，第 691－692 页。
② 同上，第 689 页。
③ 同上。
④ 同上。
⑤ 曹励华、邹慧君，《〈作木牛流马法〉版本选择与解读》，《机械设计与研究》2019 年第 3 期，第 213 页。

能，适合大规模使用，群牛每日可以行进二十里。"流马有框架、轴、平衡块、罩、米箱、制动块。"① 流马的外形就是马驮着货物的样子，马背上有载货马鞍。木牛流马的设计复杂又精巧，解决了战争时期物资运输的一大难题。据《唐李问对》记载，李靖说："诸葛亮以石纵横，布为八行，方针之法，即此图也。"八阵图就是用密集队形组成的八个小队，不管敌人从什么角度进攻，彼此都可以相互支援依靠。"诸葛亮的八阵图，实际上就是布、弩、车、骑合成编组的方阵。"② 具体说来，步兵和弩兵在各阵中交叉配置，阵的外围有鹿角之类的障碍物，阵后有机动骑兵。而且八阵图不是一成不变的，在实际作战中，诸葛亮还会根据具体情况变换队形、兵力等。八阵图增强了军队的稳定性（各阵相互支援），还增强了军队防突袭的能力，因为阵的任何一个方向都是正面，都有侧翼，都有后备军，这样无论敌军怎样袭击，都不需要过多地改变阵型。八阵图大大增强了军队的战斗力，显示出诸葛亮无与伦比的军事智慧。

从以上文献可见，《三国志》对诸葛亮以下四个方面的形象都有详细的记载：杰出的政治家形象、淡泊名利的隐士形象、鞠躬尽瘁的忠义清廉形象和善于发明创造的智慧形象。然而，为后世称道的诸葛亮运筹帷幄、足智多谋的军事家形象在《三国志》中记载不多。在《三国志》中，平定南中是他军事才能的最大体现，五出祁山没有太大的收获。陈寿评论他的军事才能时说："然亮才，于治戎为长，奇谋为短，理民之干，优于将略。而所与对敌，或值人杰，加众寡不侔，攻守异体，故虽连年动众，未能有克。"③ 陈寿认为，诸葛亮的才能更多体现在对军队的治理上，而不是指挥作战。治理国家的才能优于他的带兵打仗的能力。在指挥作战时，诸葛亮的对手不乏骁勇善战之人，再加上蜀国寡不敌众，即使连年出兵，在军事上却没有大的成就。所以在陈寿的笔下，诸葛亮并不擅长运用奇计谋略指挥作战，这与小说《三国志平话》《三国演义》中所描写的诸葛亮神机妙算、指挥若定、擅长奇计谋略的杰出军事家形象相去甚远。

---

① 曹励华、邹慧君，《〈作木牛流马法〉版本选择与解读》，《机械设计与研究》2019年第3期，第213页。
② 田昭林，《诸葛亮的八阵图》，《军事历史研究》1999年第2期，第123页。
③ 陈寿，《三国志》，北京：中华书局，1999年，第691页。

二、《资治通鉴》中的诸葛亮形象

《资治通鉴》是中国的第一部编年体通史，由北宋司马光主编。这部史书的时间跨度很大，上起周威烈王二十三年（前403年），下至五代后周世宗显德六年（959年），记载了16个朝代1362年的历史。《资治通鉴》在中国官修史书中有着非常重要的地位。本书将《资治通鉴》作为分析诸葛亮形象的补充资料。

《资治通鉴》对东汉末年及三国时期的史实亦有详细记载。《资治通鉴》虽多以《三国志》及裴松之注为主要编纂依据，史料价值有限，但它以时为经、以事为纬，叙事明晰，勾勒出东汉末年及三国时期历史发展的脉络，在中国官修史书中的地位不可撼动。《资治通鉴》成于众手，主编者为司马光，协修者主要有刘攽、刘恕、范祖禹三人。三人于各史专攻不同，故分工有异，最后由司马光统一修辞。因此，《资治通鉴》体现了司马光对历史问题和历史人物的个人看法之说不为过。自陈寿《三国志》问世后，有两个问题备受争议，千百年来争论不休。一是对诸葛亮的评价问题，二是三国的正统问题。司马光编纂《资治通鉴》三国部分时，对这两个问题的处理反映了当时时代背景、学术环境对史学家的影响。司马光在诸葛亮的评价问题上与陈寿有别，全部采用积极评价，对他赞誉有加。而在三国的正统问题上，司马光则与陈寿观点相同，纪年以曹魏政权为准，尊曹魏为三国正统。

司马光肯定了《三国志》中陈寿对诸葛亮的部分评价。司马光编纂《资治通鉴》时，除了叙事，共有五处引用了陈寿的史论文字，以陈寿"评曰"的形式加以呈现。如："后主任贤相则为循理之君，惑阉竖则为昏暗之后，传曰'素丝无常，唯所染之'，信矣哉！礼，国君继体，逾年改元，而章武之三年，则革称建兴，考之古义，体理为违。又国不置史，注记无官，是以行事多遗，灾异靡书。诸葛亮虽达于为政，凡此之类，犹有未周焉。然经载十二而年名不易，军旅屡兴而赦不妄下，不亦卓乎！自亮没后，兹制渐亏，优劣著矣。"①

《资治通鉴》卷六十七记录了诸葛亮与法正的对话。"亮曰：'君知其一，

---

① 陈寿，《三国志》，北京：中华书局，1999年，第671–672页。

未知其二。秦以无道，政苛民怨，匹夫大呼，天下土崩；高祖因之，可以弘济。刘璋暗弱，自焉已来，有累世之恩，文法羁縻，互相承奉，德政不举，威刑不肃。蜀土人士，专权自恣，君臣之道，渐以陵替。宠之以位，位极则贱；顺之以恩，恩竭则慢。所以致敝，实由于此。吾今威之以法，法行则知恩；限之以爵，爵加则知荣。荣恩并济，上下有节，为治之要，于斯而著矣。'"①

公元229年，孙权派人和刘禅商量蜀吴两国并称二帝一事，蜀人认为和东吴交往没有好处而且名分不正，应该断绝和东吴的联盟，显示蜀国的正义。原文如下：

> 吴主使以并尊二帝之议往告于汉。汉人以为交之无益而名体弗顺，宜显明正义，绝其盟好。丞相亮曰："权有僭逆之心久矣，国家所以略其衅情者，求掎角之援也。今若加显绝，仇我必深，当更移兵东戍，与之角力，须并其土，乃议中原。彼贤才尚多，将相辑穆，未可一朝定也。顿兵相守，坐而须老，使北贼得计，非算之上者。昔孝文卑辞匈奴，先帝优与吴盟，皆应权通变，深思远益，非若匹夫之忿者也。今议者咸以权利在鼎足，不能并力，且志望已满，无上岸之情，推此，皆似是而非也。何者？其智力不侔，故限江自保；权之不能越江，犹魏贼之不能渡汉，非力有余，而利不取也。若大军致讨，彼高当分裂其地以为后规，下当略民广境，示武于内，非端坐者也。若就其不动而睦于我，我之北伐，无东顾忧，河南之众不得尽西，此之为利，亦已深矣。权僭逆之罪，未宜明也。"乃遣卫尉陈震使于吴，贺称尊号。吴主与汉人盟，约中分天下，以豫、青、徐、幽属吴，兖、冀、并、凉属汉，其司州之土，以函谷关为界。②

诸葛亮认为：孙权一直都有僭越篡逆之心，我们国家忽略他的薄情寡义，是需要东吴和我们形成掎角之势。现在如果和东吴断绝联盟，东吴一定会仇视我们，那我们就要把兵力往东迁移戍守，与东吴对抗，必须要吞并他们的领土

---

① 司马光，《资治通鉴》，北京：中华书局，1956年，第2131 – 2132页。
② 同上，第2253 – 2254页。

才可以谋夺中原。但是东吴有很多贤能之人，文臣武将和睦，不是一朝一夕就可以平定的。屯兵相守，坐而待老，就会使曹操得利，这算不得上策。往昔汉孝文帝以谦卑之辞和匈奴交往，先帝大度与东吴结盟，都是权衡形式而变通，思考了长远的利益，而不像匹夫因一时的愤恨来做事。现在议论的人都认为孙权的有利之处在于形成鼎足之势，而不能合力抗曹，并且孙权三分天下的志向愿望已经得到了满足，没有北上的想法。像这样的推断，都是似是而非的。为什么这样说？他偏安一隅，以长江为界保全东吴，是因为他的智谋和实力不够。孙权不能渡过长江北上，就像曹操不能渡过汉水南下，是实力所限，并不是他们有多余的力量而不使用，有利益也不争取。如果我们的大军讨伐曹魏，他们的上策应该是分占曹魏的土地，把这些土地作为后面的规划，下策应该是掠夺民众，扩张自己的领土，在国内显示自己的武力，绝不会是端坐不动之人。倘若东吴确实没有动静，我们和东吴和睦相处也是有好处的。我国的北伐没有东顾之忧，曹魏黄河以南的部队为了防备东吴也不会全部到西边来和我们作战，就算是这种利益也已经很大了。孙权的僭越篡逆之罪不应该公开批评。于是派卫尉陈震出使东吴，祝贺孙权即位。吴主孙权与蜀国结下盟约，约定以后平分天下，豫州、青州、徐州、幽州属于东吴，兖州、冀州、并州、凉州属于蜀汉，至于司州的领土就以函谷关为界进行划分。诸葛亮力排众议，又一次巩固了蜀国和东吴的联盟，为北上伐魏解除了"东顾"之忧。

  对比两本史籍可以发现，《资治通鉴》对诸葛亮的评价与《三国志》有不同之处。陈寿评价诸葛亮的文字，既有肯定、褒扬，又指出其短处和不足；而司马光对诸葛亮则全作正面评价，对陈寿《三国志》中有关诸葛亮的负面评语全部不采。《三国志》中，陈寿评价诸葛亮："诸葛亮虽达于为政，凡此之类，犹有未周焉。然经载十二而年名不易，军旅屡兴而赦不妄下，不亦卓乎！"[①] "诸葛亮之为相国也，抚百姓，示仪轨，约官职，从权制，开诚心，布公道；尽忠益时者虽仇必赏，犯法怠慢者虽亲必罚，服罪输情者虽重必释，游辞巧饰者虽轻必戮；善无微而不赏，恶无纤而不贬；庶事精练，物理其本，循名责实，虚伪不齿；终于邦域之内，咸畏而爱之，刑政虽峻而无怨者，以其用心平而劝戒明也。可谓识治之良才，管、萧之亚匹矣。然连年动众，未能成

---

① 陈寿，《三国志》，北京：中华书局，1999 年，第 672 页。

功,盖应变将略,非其所长欤!"①

如上所示,陈寿指出诸葛亮在内政方面有所缺失,言其"虽达于为政,凡此之类,犹有未周焉",接下来才是正面评价。司马光则仅列正面评价:"诸葛亮为政,军旅数兴而赦不妄下,不亦卓乎"②,将负面评语全部删去。再如,陈寿评诸葛亮"然连年动众,未能成功,盖应变将略,非其所长欤"③,司马光《资治通鉴》则将此句删去,仅保留前面的正面评语。因此,司马光《资治通鉴》对诸葛亮的评价相较于陈寿的《三国志》,性质已然发生改变,即从有褒有贬转为全面褒扬。关于两书对诸葛亮评价的不同,学界有不少学者对司马光和陈寿所持立场与动机进行过讨论。有学者认为陈寿挟私报复,矮化诸葛亮形象,也有学者认为司马光主观美化了诸葛亮的形象。然而,与《三国志》和《资治通鉴》评价所引发的争议不同,诸葛亮几乎毫无争议地被后人树立成智慧忠贞的贤相形象,且逐渐"伟化"、儒化,甚至道家化、神仙化。东晋以降,无论是在历史记载还是民间传说、文人诗词中,诸葛亮的形象日趋"高大"。在众多研究成果所征引史料的基础上,可补充一点的是,东晋简文帝临终时,"遗诏以桓温辅政,依诸葛亮、王导故事"④。可见,诸葛亮受托孤之重任辅佐幼主一事,已成为典范,被东晋皇帝在遗诏中加以引用。从侧面亦可看出诸葛亮在东晋人心中的分量。及至唐代,吟咏诸葛亮的诗篇大量出现,唐诗对于诸葛亮高大形象的塑造和传播起到了极其重要的作用。杜甫屡屡作诗吟咏缅怀诸葛亮,如《蜀相》《八阵图》《古柏行》《武侯庙》。莫砺锋认为,"杜甫首次对诸葛亮的人格精神提出了前所未有的高度评价"⑤。可以说,杜甫用艺术化手法塑造了一个高于真实历史的诸葛亮形象。进入两宋,诸葛亮高大伟岸的光辉形象又有了新的提升,并且被司马光《资治通鉴》部分接受。司马光生于1019年,卒于1086年,一生历经北宋真宗、仁宗、英宗、神宗和哲宗五朝,与理学创始人程颢、程颐兄弟交往甚密。司马光居洛阳修书期间,二程也闲居洛阳,他们切磋学问,交流所思。在对诸葛亮评价问题的处理上,

---

① 陈寿,《三国志》,北京:中华书局,1999年,第694页。
② 司马光,《资治通鉴》,北京:中华书局,1956年,第2367页。
③ 陈寿,《三国志》,北京:中华书局,1999年,第694页。
④ 房玄龄,《晋书》,北京:中华书局,1974年,第223页。
⑤ 莫砺锋,《长使英雄泪满襟:论杜甫对诸葛亮的赞颂》,《杜甫研究学刊》2000年第1期,第9页。

司马光接受了八百年来叠加形成的诸葛亮的正面光辉形象，将陈寿对诸葛亮的负面评价全部删去。司马光之所以这样处理，除了是对既定事实的接受、承认，还受到了当时理学环境下宋代文人士大夫对诸葛亮大加赞赏的影响。两宋理学背景下的宋儒对诸葛亮虽亦略有批评，但仍以称颂为主。诸葛亮"是世家相传的法家"[①]，本有好申韩之术的一面，结果却被宋儒程颐称为有"儒者气象"，而"近王佐才"[②]。程颐、朱熹仅认为诸葛亮在辅助刘备取代刘璋一事上其有违仁义。但白璧虽瑕，不掩其瑜，朱熹仍称赞诸葛亮"资质好，有正大气象"[③]，更将他置于"五君子"之列，谓其"光明正大、疏畅洞达、磊磊落落而不可掩者也"[④]。宋儒评价历史人物往往以极高的儒家仁义道德为标准，故审视严苛。诸葛亮能被宋儒中的几位代表人物大加赞赏，说明在宋代文人士大夫群体中诸葛亮的高大形象已深入人心，获得了广泛共识。如前所述，司马光与理学大师程颢、程颐兄弟交往甚密，他对诸葛亮的评价采纳了宋初理学家的部分观点，即接受、承认诸葛亮智慧忠贞的贤相形象。

第三节
中国文学作品中的诸葛亮形象

一、《三国志平话》中的诸葛亮形象

《三国志平话》是元代讲史话本，现存《三国志平话》是元代至治年间（1321—1323）建安虞氏刊本，藏于日本东京内阁文库。《三国志平话》以史实为依托，"《平话》所叙，大框架多据正史，主要情节也多见于历史记

[①] 万绳楠，《陈寅恪魏晋南北朝史讲演录》，合肥：黄山书社，1987年，第26页。
[②] 程颢、程颐，《二程集》，卷十八，北京：中华书局，1981年，第233页。
[③] 朱熹，《朱子语类》，卷九十六，上海：上海古籍出版社，2010年，第3254页。
[④] 朱熹，《序》，《梅溪先生文集》，上海：商务印书馆，1912年。

载"①。《三国志平话》叙事粗略，但是对三国时期的史实大部分都有记载。《三国志平话》有大量的艺术加工成分，对正史进行了基于想象的夸张和加工。话本在民间的流传度高于正史，彼时老百姓大多不识字，仅能听懂讲史话本。《三国志》中诸葛亮的形象最原始最真实，但是诸葛亮的形象在历史长河中不是一成不变的。经过《三国志平话》等作品的艺术加工和传播，诸葛亮的形象也有演变。《三国志平话》中的诸葛亮形象是宋元讲史书场上诸葛亮形象的代表，有许多想象的成分，带有强烈的民间传说色彩，和《三国志》相比被神化了，具体被神化的细节后文将详细阐述。这或许也是《三国演义》诸葛亮形象的来源之一。《三国志平话》还有一定的过渡作用，因为其创作时间和内容介于《三国志》与《三国演义》之间，它的创作依托于《三国志》的史料，又影响了《三国演义》的创作。"《三国演义》作为一部世代累积型的小说，在长时期流传中，经历了从民间传说到文人加工的反复创作过程。"②《三国志平话》是民间传说的集大成之作，为《三国演义》的成书奠定了一定的基础。《三国志》尊曹魏为正统，以曹魏集团的活动为重点，曹魏集团本身也是三国时期历史发展的主流。民间对历史的评价是基于百姓朴素的价值观，尊刘贬曹的倾向一直存在，而《三国志平话》"更强调刘备作为刘汉血统的高贵与正统地位，歌颂刘备为仁义之君；称曹操为篡逆，把他作为罪恶的化身加以鞭挞；视出身低贱的孙坚为小人"③。《三国志平话》体现了尊刘贬曹的倾向，与《三国演义》如出一辙，因而《三国演义》对诸葛亮形象的神化也与《三国志平话》一脉相承。换言之，正是尊刘贬曹的倾向才导致了诸葛亮形象的神化。

《三国志平话》开篇就写了秀才司马仲相在阴司断公事："……交蒯通生济州，为琅琊郡，复姓诸葛，名亮，字孔明，道号卧龙先生，于南阳邓州卧龙冈上建庵居住，此处是君臣聚会之处……"④ 蒯通，是秦末汉初辩士、谋士，辩才高超，擅长分析利弊，做过韩信的谋士，献出了灭齐之策和三分天下的计

---

① 涂秀虹，《〈三国志平话〉叙事的原则与视角》，《文史哲》2009年第2期，第46页。
② 黄毅，《〈三国志平话〉与元杂剧"三国戏"——〈三国演义〉形成史研究之一》，《明清小说研究》2007年第4期，第80页。
③ 涂秀虹，《〈三国志平话〉叙事的原则与视角》，《文史哲》2009年第2期，第47页。
④ 不题撰人，《三国志平话》，上海：上海古典文学出版社，1955年，第6页。

谋。《三国志平话》开篇就写智士蒯通转生为诸葛亮,为诸葛亮的形象添上神秘色彩。

《三国志平话》中徐庶向刘备举荐诸葛亮时说:"南有卧龙,北有凤雏,凤雏者是庞统也;卧龙者诸葛也,见在南阳卧龙冈盖一茅庐,复姓诸葛,名亮,字孔明,行兵如神,动止有神鬼不解之机,可为军师。"① 徐庶说诸葛亮是卧龙,带兵打仗的方法有如神明,行为举止所含的意义连神鬼也不清楚,这一段介绍为诸葛亮形象的神化奠定了基础。接下来在《三谒诸葛》这一章中,作者直接这样描写诸葛亮:"诸葛亮本是一神仙,自小学业,时至中年,无书不览,达天地之机,神鬼难度之志;呼风唤雨,撒豆成兵,挥剑成河。司马仲达曾道:来不可□,□不可守,困不可围,未知是人也,神也,仙也?"② 这里将诸葛亮的形象神仙化,直接称诸葛亮为一神仙:从小博览群书,到了中年,所有的书籍无一不习,通晓天地机密,鬼神也无法洞悉他的心机。他可以呼风唤雨,撒豆成兵,挥剑成河。且用魏国军师司马懿之词表示诸葛亮未有敌手,是不败神话。这种直接把诸葛亮神化的描写书中还有多处。在《军师使计》这一章中,曹操问徐庶诸葛亮是一个怎样的人,徐庶说:"那人有测天之机,今观天下如拳十指。"③ 徐庶说诸葛亮有预知天地机密的能力,看天下如同看自己的十指。《三国志平话》卷下载,诸葛亮七擒七纵孟获之后,孟获说道:"诸葛非人也,乃天神也!"④《三国志平话》借孟获之口感叹诸葛亮是天神而不是凡人。在《三国志平话》中,诸葛亮俨然变成了一位深不可测、神机妙算的神仙。

除了直接描述诸葛亮是神仙,《三国志平话》还赋予了诸葛亮几种超自然的能力,如祭风、调节温度、驱使鬼神等,以此来神化他。

在历史上的赤壁之战中,吴军借助东风用火攻打败了曹魏大军。《三国志》记载:"时风盛猛,悉延烧岸上营落。"⑤ 这里的风是自然现象,并不是人为操控的。而在《三国志平话》中,赤壁之战的东风却是诸葛亮带来的。在

---

① 不题撰人,《三国志平话》,上海:上海古典文学出版社,2013 年,第 65 页。
② 同上,第 67 页。
③ 同上,第 71 页。
④ 同上,第 132 页,
⑤ 陈寿,《三国志》,北京:中华书局,1999 年,第 934 页。

与周瑜等人讨论火攻魏军时，诸葛亮说："众官使火字，吾助其风。"① 诸葛亮表示自己可以驱使风来帮助吴军进行火攻，周瑜起初持怀疑态度，说："风雨者，天之阴阳造化，尔能起风？"② 周瑜认为刮风下雨是天注定的，诸葛亮告诉他："有天地三人而会祭风：第一个轩辕黄帝，拜风侯为师，降了蚩尤；又闻舜帝拜皋陶为师，使风困三苗。亮引收图文，至日助东南风一阵。"③ 这里说天地间有三个人会祭风：帮助黄帝降蚩尤的风侯，助力舜帝困三苗的皋陶，第三个就是诸葛亮。诸葛亮还承诺到时会帮助吴军祭来东南风。后来吴军到了夏口，诸葛亮看见西北火起，便"披着黄衣，披头跣足，左手提剑，叩牙作法，其风大发"④。这里描写诸葛亮身披黄衣，披发光脚，左手提剑，牙齿上下碰撞作法，果然引来了大风。借助这阵东风，吴军大破魏军，魏军的战船大部分被烧毁。《三国志平话》将本来是自然天气现象的东南风描写成是诸葛亮祭来的，赋予诸葛亮祭风这种超自然的能力，神化了诸葛亮的形象。

除了赤壁之战，《三国志平话》还有两处描写了诸葛亮的祭风能力。蜀军收西川时，"军师祭风，黄忠出马，有十员名将随黄忠一同上桥。响亮一声若雷，沙石四起，顺风者赢，逆风刮折松梢，跳楼坠水"⑤。诸葛亮祭风帮助黄忠收西川，祭风时响声若雷，沙石四起，顺风的蜀军优势很大，于是川将元帅张任被黄忠斩于马下。在《诸葛七擒孟获》一章中，孟获在高处令人撒下毒药，这时"武侯急下马，披头跣足，持剑祭风"⑥。孟获在南方，诸葛亮祭北风，孟获的军队都被风吹倒在地，北风助诸葛亮擒获孟获。

关于诸葛亮调节温度的能力，《三国志平话》中也有记载。诸葛亮南征平孟获时，军队到了泸水江，因江水温度很高不能渡江，于是诸葛亮抚琴，江水就冷却下来。"其江泛溪热，不能进。武侯抚琴，其江水自冷。"⑦ 同样，在《诸葛七擒孟获》这一章："军师引军过焦红江，其热不可受，皆退。其头发戴七盘中。军师又行数日，其热不能行也。武侯又说焦红江岸，其江三里阔，

---

① 陈寿，《三国志》，北京：中华书局，1999 年，第 84 页。
② 同上，第 84 页。
③ 同上。
④ 同上，第 84—85 页。
⑤ 不题撰人，《三国志平话》，上海：上海古典文学出版社，2013 年，第 114 页。
⑥ 同上，第 131 页。
⑦ 同上，第 130 页。

百尺深,望梅止渴,又抚琴。"①诸葛亮带领军队到了焦红江,军队不能忍受天气的炎热,无法前行,于是诸葛亮抚琴调温,六月里竟天降大雪。《三国志平话》中诸葛亮抚琴使江水冷却、六月飘雪,这无疑也是对他的神化描写。

诸葛亮还被赋予了驱使鬼神的能力。刘备去世时,他"压住帝星"。五丈原病逝前,他又"压住将星":"当夜,军师扶着一军,左手把印,右手提剑,披头,点一盏灯,用水一盆,黑鸡子一个,下在盆中,压住将星。武侯归天。"②帝星和将星都是古星名。帝星也称天帝,俗称紫微星,在古代象征皇帝,将星即象征大将的星宿。《三国志平话》中的诸葛亮拥有压住帝星、将星的能力,这显然也是超自然的。诸葛亮去世之后,书中甚至还写诸葛亮可以驱使鬼神来给司马懿传书:"至当夜,狂风过处,见一神人言:'军师令我来送书。'"③《三国志平话》赋予诸葛亮祭风、调节温度、驱使鬼神这几种超越自然的力量,将他变成了一个神仙一样的人物。

《三国志平话》还根据当时的生产经验和科技成就,夸张和神化了诸葛亮本身拥有的一些能力,如布阵、制木牛流马。同时,还赋予了诸葛亮一些《三国志》没有记载的能力,如行医、释天象、造风轮。

在历史上,诸葛亮的八阵,就是步、弩、车、骑多兵种合成编组的方阵,是用密集队形组成的八个小队,不管敌人从什么角度进攻,彼此都可以相互支援依靠。《三国志平话》写诸葛亮在刘禅即位后,"差一万军民去白帝城东,离二十里下寨,搬八堆石头,每一堆石上有八八六十四面旗"④。吕蒙对诸葛亮所布之阵的评价是:"摆木为阵,火也;草阵,水也;石阵为迷也。众官不见每一堆石上有六十四面旗,按周公八卦,看诸葛会周天法,八百万垓星官,皆在八堆石上。"⑤他说诸葛亮以周天行法,派驻八百万垓星官在这些石堆之上。吕蒙又说:"非太公、孙武子、管仲、张良,不能化也。"⑥话还没说完,士兵就来报告说诸葛亮劫了元帅大寨。《三国志平话》这里的描写显然夸张和神化了诸葛亮的布阵能力。

---

① 不题撰人,《三国志平话》,上海:上海古典文学出版社,2013年,第132页。
② 同上,第142页。
③ 同上,第143页。
④ 同上,第128页。
⑤ 同上。
⑥ 同上。

上文提到，木牛和流马都是诸葛亮设计出来运输物资的交通工具。一架木牛可以装载一名士兵一年的粮食，群牛每日可以行进二十里，木牛流马本质上是一种省力的推车，人行六尺，牛行四步，可以节省力气，不会太过劳累。而《三国志平话》中，诸葛亮制造的木牛流马，"打一杵可行三百余步"①，夸张了木牛流马的功能。司马懿派人抢夺木牛流马十数只，下令军中的木匠拆开木牛流马，测量尺寸，按照样子重新制造了百余只，打一杵却只能行几步。于是司马懿就问周仓为什么，周仓回答："军师木牛流马，提杵人皆念木牛流马经。"② 这更是给木牛流马增添了一层神秘色彩。

《三国志》并没有对诸葛亮行医能力的记载。但《三国志平话》在《诸葛七擒孟获》这一章节中却有相关记载。孟获疼痛了三日，卧床不起，关平说道："你识俺军师善能行医。"③ 于是"蛮王随关平见军师。军师教药酒治病，吃了无片时，蛮王复旧如初"④。这里描写诸葛亮高超的医术，将诸葛亮原本没有的能力赋予他，进一步神化了诸葛亮的形象。

释天象的能力在《三国志》中没有提及，不过在《三国志平话》中，诸葛亮则可以通过天象来预测事情的发展。刘禅见赤气上冲狮子宫，就问诸葛亮是吉兆还是凶兆。诸葛亮回答："往者先君收川，有殿前太尉雍闿，有不忿之心。先帝曾言收川，又斩川县百姓必怨，今封云南郡太守作患。"⑤ 他说之前先主收川时，太尉雍闿心怀不忿，川县的百姓有怨言，如今应该是云南郡的太守要作乱了。后来果然如此："后三日，伊籍奏言江南反了三镇，云南郡太守雍闿结构不危城太守吕凯，又有云南关太守杜旗，三镇结构起九溪十八洞蛮王孟获皆反。"⑥ 云南郡太守雍闿联合吕凯、杜旗和孟获一起作乱。《三国志平话》赋予诸葛亮解释天象的能力，这显然也是在神化他。

关于造风轮的能力，在《三国志》中也并没有记载，但在《三国志平话》中诸葛亮却拥有造风轮的能力。建兴二年，大军行到了焦红江，江水深，江面

---

① 不题撰人，《三国志平话》，上海：上海古典文学出版社，2013 年，第 138 页。
② 同上，第 139 页。
③ 同上，第 131 页。
④ 同上。
⑤ 同上，第 129 页。
⑥ 同上。

宽，士兵们无法通过，于是"军师令人造风轮，随风而过，正落在住处蒲关"①。蒲关是孟获的住处，诸葛亮制造的风轮居然可以让士兵们跨过大江，直接落在蒲关，这种具有大胆想象力的描写无疑使诸葛亮更加神秘莫测。

《三国志平话》的尾声部分提到苏东坡对诸葛亮的赞颂："密如神鬼，疾若风雷，进不可当，退不可追，昼不可攻，夜不可袭，多不可敌，少不可欺，前后应会，左右指挥，移五行之性，变四时之令。人也，神也，仙也，吾不知之，真卧龙也！"②这是《三国志平话》对诸葛亮形象神化的总结。

《三国志》是记载诸葛亮的最早的文献，其内容也是最真实的。通过对文本的细读和归纳，我们可以把《三国志》中的诸葛亮总结为政治家形象、隐士形象、忠义清廉形象和智慧形象。这四个形象可以看作诸葛亮的元形象，后世的《三国志平话》《三国演义》等再创作都以《三国志》中的诸葛亮形象为蓝本。与《三国志》相比，《三国志平话》最明显的不同是用想象和夸张的手法赋予了诸葛亮一些超自然的能力，将诸葛亮变成了一个神仙式的人物。《三国志平话》对诸葛亮的神化在一定程度上也影响了《三国演义》对诸葛亮形象的塑造。

二、《三国演义》中的诸葛亮形象

《三国演义》③是元末明初小说家罗贯中根据陈寿《三国志》和裴松之注解以及民间三国故事传说，经过艺术加工创作而成的长篇章回体历史演义小说。罗贯中倾注毕生心血，在小说《三国演义》中成功地塑造了一位忠贞、智慧、充满理想主义色彩的诸葛亮，给读者展现了近乎完美的诸葛亮形象。正如裴度在《蜀丞相诸葛武侯祠堂碑》（"三绝碑"）碑文中言："度尝读旧史，详求往哲，或秉事君之节，无开国之才；得立身之道，无治人之术。四者备矣，兼而行之，则蜀丞相诸葛公其人也。"④诸葛亮的品行、才能都值得高度赞扬。总体来讲，从文学作品中挖掘诸葛亮形象塑造的过程是一件非常有意义的事情，不仅响应了国家对文化复兴的号召，而且对于学者和普通读者来说，

---

① 不题撰人，《三国志平话》，上海：上海古典文学出版社，2013年，第132页。
② 同上，第136页。
③ 本书所引《三国演义》版本为人民文学出版社2005年版。
④ 裴度，《蜀丞相诸葛武侯祠堂碑》，公元809年刻。

也是一种精神享受。早在三国时期，对诸葛亮的研究就已经开始了，后世对《三国演义》小说中诸葛亮形象的研究也一直十分活跃。清代毛纶、毛宗冈父子评价他"比管、乐则过之，比伊、吕则兼之，是古今来贤相中第一奇人"①；鲁迅认为他"多智而近妖"②；袁行霈则评价他为"忠贞的典范""智慧的化身"③等等。尽管对《三国演义》中诸葛亮形象的评论纷繁复杂，但毋庸置疑，《三国演义》中的诸葛亮足智多谋，忠肝义胆，近乎完美，其在用人方面存在的缺憾也不过是白璧微瑕。《三国演义》中的诸葛亮的形象可从以下几方面来讨论。

1. 外貌形象

罗贯中对诸葛亮的外形设定有助于塑造其儒雅的气质和超凡的才智。在《三国演义》小说中，罗贯中对诸葛亮人物外形的描述为身长八尺，面如冠玉，头戴纶巾，身披鹤氅。类似描述："玄德见孔明身长八尺，面如冠玉，头戴纶巾，身披鹤氅，飘飘然有神仙之概。"④"旗开处，推出一辆四轮车，车中端坐一人，头戴纶巾，身披鹤氅，手执羽扇，用扇招邢道荣曰：'吾乃南阳诸葛孔明也。……'"⑤"孔明乘四轮车，纶巾羽扇而出……"⑥"孔明头戴纶巾，身披鹤氅，手执羽扇，乘驷马车，左右众将簇拥而出。"⑦"孔明纶巾羽扇，身衣道袍，端坐于车上。"⑧"……拥出一辆小车；车中端坐一人，纶巾羽扇，身衣道袍，乃孔明也。"⑨"……孔明金冠鹤氅，亲自临祭……"⑩"大旗之下，一人纶巾羽扇，道袍鹤氅，端坐于车上。"⑪"忽然一辆小车从山坡中转出。其人头戴纶巾，身披鹤氅，手摇羽扇，乃孔明也。"⑫"门旗影下，中央一辆四轮

---

① 罗贯中著，毛宗岗批评，《毛宗岗批评本三国演义》，南京：凤凰出版社，2010年，第4页。
② 鲁迅，《中国小说史略》，北京：中华书局，2010年，第78页。
③ 袁行霈，《中国文学史》第四卷，北京：高等教育出版社，2005年，第25页。
④ 罗贯中，《三国演义》，北京：人民文学出版社，2009年，第317页。
⑤ 同上，第426页。
⑥ 同上，第530页。
⑦ 同上，第729页。
⑧ 同上，第741页。
⑨ 同上，第746页。
⑩ 同上，第749页。
⑪ 同上，第763页。
⑫ 同上，第769页。

车，孔明端坐车中，纶巾羽扇，素衣皂绦，飘然而出。"① "孔明乃披鹤氅，戴纶巾，引二小童携琴一张，于城上敌楼前，凭栏而坐，焚香操琴。"② "只见一人纶巾羽扇，鹤氅道袍，大叫曰：'汝二人来的迟了！'二人视之，乃孔明也。"③ "只见孔明端坐于四轮车上，手摇羽扇。"④ "懿自出营视之，只见孔明簪冠鹤氅，手摇羽扇，端坐于四轮车上……"⑤ "……只见中军数十员上将，拥出一辆四轮车来；车上端坐孔明：纶巾羽扇，鹤氅皂绦。"⑥ 尺是一种长度单位，在中国古典文学中多用于形容人物的身高。《三国演义》成书的元明时期，一尺约30厘米，由此可推测诸葛亮身形高大且长相俊俏，头戴纶巾，手执羽毛扇，身披鹤氅。在《诸葛亮服饰论考》一文中，谈梁笑探究了诸葛亮的纶巾、鹤氅、羽扇、四轮车等服饰打扮的历史依据、形成过程、具体式样等问题。谈梁笑指出，罗贯中是受了裴启所著《语林》对诸葛亮服饰描写的启发。其文曰："诸葛武侯与宣皇在渭滨，将战，宣皇戎服莅事，使人密觇武侯，乃乘素舆，著葛巾，持白羽扇，指麾三军。众军随其进止。宣皇闻而叹曰；'诸葛君可谓名士矣。'"⑦ 据裴启此段文字，"罗贯中以'名士'为基调，根据汉晋时文士服饰的特征，参照唐、宋、元各朝文人的有关描写，加以增改，使文中的巾、扇和舆等服从人物塑造的需要，并改元代道袍为鹤氅，把诸葛亮的外观形象确定下来"⑧。谈梁笑还指出，"罗贯中最后确定诸葛亮的服饰，无疑还受到宋、元诗词的影响"⑨，正如苏轼《犍为王氏书楼》诗："书生古亦有战阵，葛巾羽扇挥三军"。元代诗人萨都剌在《回风波吊孔明先生》诗中更有"仰天一出摧奸锋，纶巾羽扇生清风"的描写。这些都为罗贯中确定诸葛亮的外观形象提供了参考。

2. 儒家隐士形象

在刘备三顾茅庐请诸葛亮出山之前，诸葛亮是名副其实的隐士，"明显具

---

① 罗贯中，《三国演义》，北京：人民文学出版社，2009 年，第 771 页。
② 同上，第 790 页。
③ 同上，第 814 页。
④ 同上，第 830 页。
⑤ 同上，第 836 页。
⑥ 同上，第 868 页。
⑦ 转引自谈梁笑，《诸葛亮服饰论考》，《社会科学研究》，1994 年第 5 期，第 94 页。
⑧ 同上。
⑨ 同上，第 95 页。

有疏离政治的隐士心态"①。诸葛亮的隐士形象可从以下几方面进行探究。

小说中的人物对话展现了诸葛亮的隐士心态。首先可从徐庶离行前的推荐之言得以窥之。"后玄卒，亮与弟诸葛均躬耕于南阳。尝好为《梁父吟》。所居之地有一冈，名卧龙冈，因自号为'卧龙先生'。此人乃绝代奇才，使君急宜枉驾见之。若此人肯相辅佐，何愁天下不定乎！"②诸葛亮具有超凡才德学识，却与其弟躬耕于南阳，"'躬耕陇亩'是隐士典型的生活方式"③。此外，诸葛亮所作的《梁父吟》，"现存歌词内容与晏婴二桃杀三士的故事有关，大意是感慨追逐名利的下场，这恰好是当时诸葛亮淡泊名利心态的反映"④。再有，徐庶感念刘备恩情，担心诸葛亮不会出山辅佐刘备，特意亲自入草庐见诸葛亮道："玄德即日将来奉谒，望公勿推阻，即展平生之大才以辅之，幸甚！"⑤但"孔明闻言作色曰：'君以我为享祭之牺牲乎！'说罢，拂袖而入"⑥。可见诸葛亮此时无意于仕途，只想过宁静的田园生活，因此他对徐庶的推荐甚是不满。最后，诸葛亮在被刘备"三顾茅庐"的赤诚之心感动而决定出山时，也不忘嘱咐诸葛均"汝可躬耕于此，勿得荒芜田亩。待我功成之日，即当归隐"⑦。可见，诸葛亮即便出山，最终的理想也依然是归隐山林，过怡然自得的隐居生活。最后，从诸葛亮《出师表》中的肺腑之言"臣本布衣，躬耕南阳，苟全性命于乱世，不求闻达于诸侯"⑧中也可以看出他淡泊明志的布衣情怀。

小说所引诗歌从侧面烘托了诸葛亮的隐士形象。刘备初访茅庐时，听闻耕田农夫吟唱诸葛亮所作之歌，全文为："苍天如圆盖，陆地似棋局；世人黑白分，往来争荣辱；荣者自安安，辱者定碌碌。——南阳有隐居，高眠卧不足！"⑨刘备感悟颇深。诸葛亮先写天地如棋盘，蕴含古人天圆地方之观点；再写世人争名逐利、成王败寇之现象；最后写自己隐居与世无争、自得其乐的

---

① 王猛，《从诸葛亮的隐士心态看三顾茅庐》，《求索》2007 年第 10 期，第 183 页。
② 罗贯中，《三国演义》，北京：人民文学出版社，2005 年，第 307 页。
③ 王猛，《从诸葛亮的隐士心态看三顾茅庐》，《求索》2007 年第 10 期，第 183 页。
④ 同上，第 183 - 184 页。
⑤ 罗贯中，《三国演义》，北京：人民文学出版社，2005 年，第 307 页。
⑥ 同上。
⑦ 同上，第 319 页。
⑧ 同上，第 754 - 755 页。
⑨ 同上，第 310 页。

态度，道出了隐居生活的快乐。

　　除了引用人物对话、诗歌，罗贯中还通过描写山清水秀的景色来侧面渲染诸葛亮的隐士形象。诸葛亮居住之地环境清幽，宛如世外桃源。刘备初次拜访时未见到诸葛亮，离去后"勒马回观隆中景物，果然山不高而秀雅，水不深而澄清；地不广而平坦，林不大而茂盛；猿鹤相亲，松篁交翠：观之不已"①。另有对卧龙冈与茅庐的景色描写："襄阳城西二十里，一带高冈枕流水：高冈屈曲压云根，流水潺潺飞石髓；势若困龙石上蟠，形如单凤松阴里；柴门半掩闭茅庐，中有高人卧不起。修竹交加列翠屏，四时篱落野花馨；床头堆积皆黄卷，座上往来无白丁；叩户苍猿时献果，守门老鹤夜听经；囊里名琴藏古锦，壁间宝剑挂七星。庐中先生独幽雅，闲来亲自勤耕稼；专待春雷惊梦回，一声长啸安天下。"② 由此可见，诸葛亮居所周围山上白云缭绕，山间松竹掩映，层峦叠嶂，流水潺潺。茅庐外边柴门半掩，野花环绕。室内古卷堆集，名琴藏于囊中，宝刀挂于壁上。更有猿猴时常前来进献山果，老鹤会在夜间守门听经。这些清新秀丽的环境描写衬托出诸葛亮田园生活的怡然自得。诸葛亮更是将"淡泊以明志，宁静以致远"③ 作为门中对联，其隐士心态不言而喻。

　　诸葛亮在隆中多年，与石广元、崔州平、孟公威等隐士皆为好友。刘备在拜访诸葛亮途中曾偶遇三人，并邀三人共谋天下大事，却被一一回绝。第三十七回中，玄德请崔州平"同至敝县"，"州平曰：'愚性颇乐闲散，无意功名久矣；容他日再见'"④；也被石广元以"吾等皆山野慵懒之徒，不省治国安民之事，不劳下问"⑤ 等理由拒绝。石广元、崔州平、孟公威皆是当时著名的绝意仕途的隐士。也就是说，"诸葛亮周围基本上形成了一个隐士群体"⑥，必然对诸葛亮的隐士心理产生影响。最后刘备三顾茅庐才得以见到诸葛亮真容。初次拜访茅庐时，刘备问及诸葛亮的去处。"童子曰：'踪迹不定，不知何处去了。'""归期亦不定，或三五日，或十数日。"⑦ 回程途中再遇崔州平，刘备又

---

① 罗贯中，《三国演义》，北京：人民文学出版社，2005年，第311页。
② 同上，第310页。
③ 同上，第313页。
④ 同上，第312页。
⑤ 同上，第313页。
⑥ 王猛，《从诸葛亮的隐士心态看三顾茅庐》，《求索》2007年第10期，第183页。
⑦ 罗贯中，《三国演义》，北京：人民文学出版社，2005年，第310-311页。

问诸葛亮去处。"州平曰：'吾亦欲访之，正不知其何往。'"① 数日后，刘备第二次拜访诸葛亮时，遇到诸葛亮之弟诸葛均，问诸葛亮去处，答曰："或驾小舟游于江湖之中，或访僧道于山岭之上，或寻朋友于村落之间，或乐琴棋于洞府之内：往来莫测，不知去所。"② 及至刘备三顾茅庐终见诸葛亮时，距离第二次拜访已近一年，可见诸葛亮一直过着闲云野鹤般来去自由的隐士生活。

3. 经世济民的政治家形象

毋庸置疑，《三国演义》中的诸葛亮是一位极具政治谋略的政治家。无论是出山前对天下大势的分析，抑或在辅佐刘备、刘禅治理蜀国时所推行的一系列治国、用人、外交政策，都充分证明了诸葛亮是名副其实的政治家。

未出茅庐，已知三分天下。刘备三顾茅庐后得见诸葛亮，那时年仅二十七岁（虚岁）的诸葛亮便提出著名的《隆中对》③。他全面分析了天下局势——曹操占尽天时，拥有百万大军，挟天子以令诸侯，因此势单力薄的刘备不能与他争锋。而孙权占据江东，已历三代人，地势险要，民众归附，任用贤才，因此只可以把孙权作为外援，共伐曹操。诸葛亮除了描绘出魏、蜀、吴鼎足三分天下的蓝图，还为刘备成就蜀汉大业规划了一条明确而又完整的军事路线：一是要夺取荆益两州，因荆州北靠汉水、沔水，一直到南海的物资都能得到，东面和吴郡、会稽郡相连，西边和巴郡、蜀郡相通，这是兵家必争之地，但刘表没有能力守住它，所以刘备可占领之。益州地势险要，有广阔肥沃的土地，自然条件优越，汉高祖凭借它建立了帝业。但刘璋昏庸懦弱，不知道爱惜人民与物产，有才能的人都渴望得到贤明的君主，刘备亦可取而代之。二是要西和诸戎，南抚夷越，外结孙权，内修政治，等时机成熟，从荆、益两州分别北伐，以此实现汉室复兴大业。纵观后来的三国局势，刘备集团从无安身之地、被动挨打，到占据荆益，鼎足一方，皆可表明诸葛亮准确地预见了未来天下大势的基本走向，为刘备拟定了最佳发展战略。诸葛亮高瞻远瞩的政治眼光，连罗贯中也情不自禁地赞颂道："孔明未出茅庐，已知三分天下，真万古之人不及也！"④

---

① 罗贯中，《三国演义》，北京：人民文学出版社，2005 年，第 312 页。
② 同上，第 314 页。
③ 同上，第 318 页。
④ 同上，第 318 页。

舌战群儒，智激孙权与周瑜。诸葛亮的政治谋略也体现在其外交能力上。最典型的例子是舌战群儒。赤壁之战前，诸葛亮奉命出使东吴，劝孙权抵御曹军。当时刘备兵败夏口，形势不妙，急需借助江东孙权之力联合对抗曹操以化解危机。但精明的曹操先下手为强，在诸葛亮前往东吴之前发布檄文，声言统帅百万大军，要与孙权"共伐刘备，同分土地，永结盟好"[1]。孙权集团内部对于是否应战一直争论不休，孙权本人也举棋不定。但对蜀国集团来讲，曹吴抗衡才是最有利的局面，诸葛亮便出使游说孙权迎敌。到了东吴，诸葛亮先是在大堂上舌战群儒，沉着应对东吴谋士的诘问，抓住破绽，有理有据，一一驳倒，最后"众人见孔明对答如流，尽皆失色"[2]。在此节中，诸葛亮超高的辩驳能力和机智的政治家形象一览无余。接着，诸葛亮面见孙权便知"此人相貌非常，只可激，不可说"[3]，用激将法游说孙权。因知孙权的顾虑，诸葛亮先声明曹操拥兵百万，东吴如果能战，那就应当早日准备应战。如果不能战，那就应该听从谋士之见，忍气吞声，束手投降。当孙权问为何刘备不降时，诸葛亮趁机答道："昔田横，齐之壮士耳，犹守义不辱。况刘豫州王室之胄，英才盖世，众士仰慕。——事之不济，此乃天也，又安能屈处人下乎！"[4] 其实这是诸葛亮通过赞扬刘备实力虽弱但铁骨铮铮不向曹操低头，来暗讽孙权实力虽强却懦弱不堪，孙权果然被孔明的这招激怒，拂衣而起，步入后堂。其实，孙权本人是不甘心投降的，但碍于群臣劝诫而犹豫不决，诸葛亮用言语激孙权后又好言相劝，逐一分析曹军情况及孙刘联盟的益处，这才使得"权大悦曰：'先生之言，顿开茅塞。吾意已决，更无他疑。即日商议起兵，共灭曹操'"[5]。正所谓知己知彼百战百胜。善于识人心打心理战也是诸葛亮的政治谋略之一。诸葛亮在说服孙权的过程中，紧紧抓住孙权的心理，先用激将法，后对局势条分缕析，成功地达到了说服孙权联合抗曹的目的，展现了高超绝妙的智慧与政治谋略。东吴还有一位关键人物——周瑜，毕竟"内事不决问张昭，外事不决问周瑜"[6]。周瑜精明能干，却心胸狭隘善妒。面对足智多谋、神机妙算的

---

[1] 罗贯中，《三国演义》，北京：人民文学出版社，2005年，第354页。
[2] 同上，第359页。
[3] 同上，第360页。
[4] 同上，第361页。
[5] 同上，第362页。
[6] 同上，第363页。

诸葛亮，他明面上敬重，实则妒其才能，意图加害。所以，诸葛亮想说服这样一位有着矛盾心理、时时将自己视为眼中钉的周瑜，比说服孙权的难度要大很多。曹操爱美人，天下人皆知。东吴两大美人——大乔与小乔分别是孙策和周瑜的妻子，诸葛亮便以此二人挑起周瑜对曹操的怨恨，使其心甘情愿地劝孙权抗曹。为了使周瑜深信曹操欲霸占其妻，诸葛亮引用曹操所作诗歌《铜雀台赋》中的"揽'二乔'于东南兮，乐朝夕之与共"①，"周瑜听罢，勃然大怒，离座指北而骂曰：'老贼欺吾太甚！'"②。其实"赋中之'二乔'，当即指这两条桥。小说是写诸葛亮的机智，巧妙地曲解此二字（'乔'姓古时本作'桥'，后来才省作'乔'），用作曹操想夺取孙策和周瑜妻子的证据，借以激怒周瑜"③。在说服周瑜的过程中，诸葛亮亦展现了超高的政治谋略，精明的周瑜只顾暴怒，不知中计。也难怪之后周瑜被诸葛亮活活气死时仰天长叹"既生瑜，何生亮"④。最终，诸葛亮凭借超高的政治谋略实现了他联吴抗魏的战略，助东吴取得赤壁之战的胜利，这场战役亦是形成三国鼎立局面的一个重要转折点。虽然赤壁之战是以周瑜率领的孙吴军为主，但是诸葛亮对促成孙刘联盟及取得最后胜利功不可没。

实行开明的少数民族政策。诸葛亮的少数民族政策也是值得称道的，"其开明的民族思想和切合实际的民族政策，对民族地区的稳定和蜀汉政权的巩固有着积极意义"⑤。首先，诸葛亮在南征的过程中，始终坚持攻心为上的指导思想，以德服人，这样才能完全收服民心，使民众心悦诚服。对孟获的"七擒七纵"就是最好的例子。此外，平定南中后，诸葛亮任用当地人为官，不留外人，因"如此有三不易：留外人则当留兵，兵无所食，一不易也；蛮人伤破，父兄死亡，留外人而不留兵，必成祸患，二不易也；蛮人累有废杀之罪，自有嫌疑，留外人终不相信，三不易也。今吾不留人，不运粮，与相安于无事而已"⑥。这就是诸葛亮倡导的是"以夷制夷"的民族自治政策。诸葛亮

---

① 罗贯中，《三国演义》，北京：人民文学出版社，2005年，第366页。
② 同上。
③ 同上，注释1，第366页。
④ 同上，第463页。
⑤ 唐建兵、周良发，《西和诸戎　南抚夷越——诸葛亮民族政策思想探析》，《中华文化论坛》2012年第1期，第77页。
⑥ 罗贯中，《三国演义》，北京：人民文学出版社，2005年，第747页。

开明的民族政策行之有效，赢得了少数民族的拥戴，"于是蛮方皆感孔明恩德，乃为孔明立生祠，四时享祭，皆呼之为'慈父'；各送珍珠金宝、丹漆药材、耕牛战马，以资军用，誓不再反"①。

任用贤才。正如李恩来在其文章《浅论诸葛亮的政治策略》中所说："诸葛亮作为蜀汉丞相，采取高超的政治策略来治理国家，使用人才，是他作为政治家施展雄才大略的具体行为的一部分。"② 蜀国集团内部，张飞、关羽、赵云等人皆是心高气傲的猛将，且都与刘备本人关系甚亲，因此要使蜀国集团繁荣发展，协调内部关系就变得甚是重要。关羽善待卒伍而骄于士大夫，张飞爱敬君子而不恤小人，但二人又与刘备"寝则同床，恩若兄弟"。诸葛亮对这些猛将，既看得到他们的弱点，原谅其小过，而以适当方法抑其所短，又看得到他们轻死重义、心为社稷的优点，而充分尊重他们的个性，用其所长，待之以诚，使这些跋扈将军心悦诚服，纳于正规。诸葛亮的高明之处体现在其用兵遣将尤其是处理与关羽、张飞、赵云之间的关系时善于运用激将法。

在第五十二回中，当刘备取得荆州、南郡、襄阳，欲作长远之计时，马良献计南征武陵、长沙、贵阳、零陵四郡。在刘备与诸葛亮取得零陵后，问何人愿取贵阳，赵云和张飞争执不下。"张飞怒曰：'我并不要人相帮，只独领三千军去，稳取城池。'赵云曰：'某也只领三千军去。如不得城，愿受军令'。"③ 蜀中名将皆不受激将，斗志昂扬，诸葛亮大喜，选了三千精兵交给赵云取城。赵云计取贵阳后，被封为贵阳太守，受刘备厚赏。引得好胜心强的张飞不服，并道只需三千军去武陵郡，便能活捉太守金璇献上。诸葛亮知张飞的性格，便以赵云激之："前者子龙取桂阳郡时，责下军令状而去。今日翼德要取武陵，必须也责下军令状，方可领兵去。"④ 张飞哪里受得了如此激将法，便欣然领三千军前往，最后成功夺取武陵郡。在第六十五回中，刘备惊闻东川张鲁遣马超、马岱攻打葭萌关，告知诸葛亮应立即派遣张飞迎战。诸葛亮深知张飞傲慢，忧其轻敌对刘备说："主公且勿言，容亮激之。"⑤ 果然，张飞闻马

---

① 罗贯中，《三国演义》，北京：人民文学出版社，2005年，第747页。
② 李恩来，《浅论诸葛亮的政治策略》，王汝涛、于联凯、王瑞功主编《诸葛亮研究三编》，1988年，济南：山东文艺出版社，第96－97页。
③ 罗贯中，《三国演义》，北京：人民文学出版社，2005年，第428页。
④ 同上，第431页。
⑤ 同上，第536页。

超攻关，急于应战。诸葛亮先是"佯作不闻，对玄德曰：'今马超侵犯关隘，无人可敌；除非往荆州取关云长来，方可与敌'"①。张飞不甘于人下，便称自己有单枪匹马战曹操百万大军的功绩。诸葛亮再曰："翼德拒水断桥，此因曹操不知虚实耳；若知虚实，将军岂得无事？今马超之勇，天下皆知，渭桥六战，杀得曹操割须弃袍，几乎丧命，非等闲之比。云长且未必可胜。"②诸葛亮分析战事，用关羽、马超激将张飞，层层递进，最后激得张飞立下军令状必胜马超。同时，诸葛亮安排刘备与魏延同往确保万无一失。在第七十回中，诸葛亮也用了同样的方法激将老将黄忠和严颜。张郃兵胜葭萌关，霍峻写文书到成都请求支援。诸葛亮在堂上故意说张郃乃魏之名将，除了张飞，无人能敌，引得老将黄忠不满："军师何轻视众人耶！吾虽不才，愿斩张郃首级，献于麾下。"③诸葛亮接着以黄忠年老为由，婉拒其应战要求，黄忠硬是不依，坚持带严颜一起出战。事后，赵云心有疑虑，担心老将不能应战，诸葛亮却道"汝以二人老迈，不能成事，吾料汉中必于此二人手内可得"④，可见其心中早有定论。在第八十七回中，初擒孟获时，孟获方三洞元帅分兵三路而来，诸葛亮故意以赵云、魏延不熟识地形环境为由"以言激子龙、文长之锐气"⑤，其目的是激二人深入重地，先破金环三结，后再分兵左右从寨后抄出，并让王平、马忠接应二人。诸葛亮深知赵云和魏延两名老将气傲，使用激将法后，赵云和魏延果然不负众望成功刺探军情，大破敌军。正所谓"军师决胜多奇策，将士争先立战功"⑥。

诸葛亮在治蜀时，知人善任，重用贤能，懂得运用正确的方法和手段协调集团内部的矛盾，使处于劣势的蜀国走向昌盛，使复兴汉室成为可能。但是，即便是碧玉也有瑕疵，诸葛亮在用人方面也有过失误，其失误主要与关羽、马谡、魏延等人有关。

诸葛亮安排关羽独自驻守荆州，最后导致"孙刘"联盟破裂而失掉荆州。荆州是孙权和刘备长期明争暗斗争夺之地，曹操也一直对荆州虎视眈眈。所以

---

① 罗贯中，《三国演义》，北京：人民文学出版社，2005年，第536页。
② 同上。
③ 同上，第581页。
④ 同上，第582页。
⑤ 同上，第718页。
⑥ 同上，第430页。

刘备在攻守兵力的配置上，留守荆州的将士远比攻取西川的人马精良。就连关羽自己也道："荆州乃重地，干系非轻。"① 然而，当庞统战死刘备求援时，诸葛亮却只留下刚愎自用、骄傲自满且缺乏政治智慧的关羽守荆州。虽然诸葛亮在移交荆州印绶时语重心长地嘱咐关羽"北拒曹操，东和孙权"②，可是关羽却逐步破坏了他为蜀汉制定的"联吴抗曹"的基本国策，最后导致荆州被夺、自己丧命、张飞遇难、刘备驾崩等一系列悲剧。

对于有勇有谋的魏延，诸葛亮未予适当的引导和重用。魏延算是《三国演义》中的一个悲剧性人物。尽管他为蜀国的建立与发展立下赫赫战功，但最后却身败名裂被视作叛贼。魏延是刘备集团的重要成员之一。他最初投奔刘备并不是在刘备建功立业、打下江山之时，而是在刘备势单力薄、被曹操大军追得惶惶奔走之际。在《三国演义》第四十一回中，刘备在曹操大军的压力下放弃樊城，带领大批百姓来到襄阳城下，欲联合刘琮抗击曹操，但刘琮不敢接纳刘备，惧而不出，蔡瑁、张允更是呵斥军士乱箭射出。在城外百姓皆望城楼号哭的危急之中，"城中忽有一将，引数百人径上城楼，大喝：'蔡瑁、张允卖国之贼！刘使君乃仁德之人，今为救民而来投，何得相拒！'众视其人，身长八尺，面如重枣；乃义阳人也，姓魏，名延，字文长"③。正是魏延力主迎刘备入城，大叫"刘皇叔快领兵入城，共杀卖国之贼！"④。而与文聘敌对。可见魏延本是忠义之士，一心拥护刘备这位仁君，后因"自襄阳赶刘玄德不着，来投奔韩玄"⑤，可见魏延一直想要效忠的都是仁君刘备。刘备派关羽攻打长沙时，韩玄认为部将黄忠通敌欲斩之，魏延大怒其残杀忠义之士，一刀杀死韩玄，献城投奔刘备。诸葛亮一见，便"喝令刀斧手，推下斩之"。其理由是："吾观魏延脑后有反骨，久后必反，故先斩之，以绝祸根。"⑥ 诸葛亮要杀魏延的理由十分荒唐。事实上后来魏延为蜀汉帝业冲锋陷阵，建功立业，也曾献出兵子午谷之计未被诸葛亮采用。诸葛亮在死前与杨怡等安排身后之事时，也忽视了二人的矛盾，最后导致魏延叛变。

---

① 罗贯中，《三国演义》，北京：人民文学出版社，2005 年，第 522 页。
② 同上。
③ 同上，第 340 页。
④ 同上。
⑤ 同上，第 434 页。
⑥ 同上。

诸葛亮另一大失误便是重用马谡。马谡第一次出现是在第五十二回。当刘备取得荆州、南郡、襄阳欲作长远之计时，伊籍向刘备推荐贤士"荆襄马氏兄弟五人"，可见马谡算是一个人才。但从后期失街亭事件来看，马谡易轻敌，不擅将军事理论运用到实战中去。在第九十五回，诸葛亮料定司马懿出关必取街亭，马谡自荐守街亭。诸葛亮再三叮嘱马谡不能轻敌：因地势原因，街亭难守；司马懿非等闲之辈，麾下更有名将。但马谡却自视甚高："某自幼熟读兵书，颇知兵法。岂一街亭不能守耶？""休道司马懿、张郃，便是曹睿亲来，有何惧哉！"更是立下军令状"若有差失，乞斩全家"。① 临行前，诸葛亮还不忘嘱咐王平到街亭后画地形图呈回，一起商议计策，万万不可贸然行事。接着又安排高翔、魏延等人暗中接应，以确保万无一失。可是到了街亭，马谡不顾王平劝谏，一意孤行，屯兵山上，只因"兵法云：'凭高视下，势如劈竹'"②。果不其然，最后马谡失街亭，铸成大祸。就连司马懿也感叹道：马谡"徒有虚名，乃庸才耳！孔明用如此人物，如何不误事"③！其实刘备在世时，就已洞察马谡之为人，并在临终时嘱咐过诸葛亮。"先主以目遍视，只见马良之弟马谡在傍，先主令且退。谡退出，先主谓孔明曰：'丞相观马谡之才何如？'孔明曰：'此人亦当世之英才也。'先主曰：'不然。朕观此人，言过其实，不可大用。丞相宜深察之。'"④ 此番对话，首先说明刘备在世时曾认真细致地观察过马谡，并且意识到马谡不是可完全信赖的人。再者，也许正是因为刘备早已注意到诸葛亮对马谡的过分重视，才会在临终时嘱咐马谡"不可大用"。但可惜的是诸葛亮没有听取刘备的忠告，才酿成失街亭的大祸。

4. 运筹帷幄、用兵如神的军事家形象

在《三国演义》中，罗贯中通过描写多场战役，将诸葛亮刻画成运筹帷幄、决胜千里的军事家形象。诸葛亮能根据不同的战争形势，如地形、敌人的特点、军力等，谋划出最佳的应敌计谋和破敌战术。诸葛亮取胜是"他对具体情况进行了调查、分析的结果。诸葛亮事先观察地形，调查对方兵力部署，

---

① 罗贯中，《三国演义》，北京：人民文学出版社，2005年，第785页。
② 同上，第786页。
③ 同上，第787页。
④ 同上，第697页。

根据地形和客观实际情况，制定了有利的作战方案，击败了敌人"①。

诸葛亮出山后的第一战即火烧博望。曹操一心想平定江南，这一日聚集文武，商议南征。徐庶说诸葛亮有经天纬地之才，刘备得之便如虎生双翼。夏侯惇不以为然，向曹操请命，要生擒刘备，活捉诸葛亮。曹操大喜，立即命夏侯惇为都督，于禁、李典、韩浩为副将，统兵十万，进军新野。刘备请诸葛亮破敌，拜其剑印。诸葛亮先是实地考察地形，"博望之左有山，名曰豫山；右有林，名曰安林：可以埋伏兵马"②，然后根据对方兵力部署与实地情况制订作战方案：命云长引一千兵往豫山埋伏，等敌军至，放走不应战，因其辎重粮草必在后面，当看见南面火起时，方可纵兵出击，就焚烧其粮草。命翼德可引一千军去安林背后山谷中埋伏，只看南面火起，便可出，向博望城旧屯粮草处纵火烧之。关平、刘封可引五百军，预备引火之物，于博望坡后两边等候，至初更兵到，便可放火矣。又命赵云为前部，不要赢，只要输。主公自引一军为后援。诸葛亮这一军事安排可谓神机妙算。夏侯惇与副将于禁、李典率军来到博望时，赵云为前部，刘备引兵接应诈败而走，诱敌入博望。夏侯惇欺刘备兵少力弱，放心追赶，时天色已晚，道路狭窄。李典、于禁恐遭火攻，急提醒夏侯惇，惇猛醒悟，但为时已晚，此时火光四起，曹军大乱，赵云回军赶杀，刘、关、张亦分头杀出，曹军大败，夏侯惇狼狈逃走。诸葛亮初出茅庐第一战正应了刘备所说"岂不闻'运筹帷幄之中，决胜千里之外'"③。首次用兵便以区区数千人的兵力，一把火烧得曹兵狼狈而逃，使得之前不服气的关张拜服于他车前，承认"孔明真英杰也"④！博望坡一战让诸葛亮在蜀国集团建立了崇高的威信，此后刘备更是对他言听计从。

第一把火烧博望坡后，夏侯惇大败，曹操大怒亲自领兵伐新野。诸葛亮建议刘备放弃新野，到樊城以避曹军，同时安排诸将听令应敌。曹仁、曹洪引军十万为前队，许褚引三千铁甲军开路至鹊尾坡时便见糜芳、刘封二人所引青红旗军。曹仁让速进兵，闻山上大吹大擂，便见诸葛亮与刘备在山顶对饮而坐，许褚引兵上攻被山上炮石止住。曹操的部将曹仁领兵到新野，见城门洞开，城

---

① 何磊，《前言》，罗贯中《三国演义》，北京：人民文学出版社，2005年，第15页。
② 罗贯中，《三国演义》，北京：人民文学出版社，2005年，第328页。
③ 同上，第329页。
④ 同上，第331页。

中无人，便引军进城驻扎。是夜，狂风大作，火光四起。这就是"新官上任三把火"的第二把火。诸葛亮上知天文下知地理，早已料定来日黄昏后必起大风，便再次布局用火攻曹军。曹仁引众将"突烟冒火"，寻路奔走，闻说东门无火，急急奔出东门，谁知再次中计。军士自相践踏，死者无数。曹仁等方才脱得火灾，背后喊声大起，张飞引军赶来混战，败军各逃性命。正奔走间，糜芳引一军至，又冲杀一阵。曹仁大败，夺路而走至白河边。关羽按诸葛亮安排，在上流以布袋止住河水，待闻下游人喊马嘶便放水淹军，曹军死伤无数。曹仁行至博陵却又遇张飞，曹军大败。新野这一战，火攻之外，辅以伏击战、水攻、多路夹击战术，诸葛亮对御敌战事的布局环环相扣，可见其军事能力出神入化。

刘表死，刘琮投降曹操，刘备被迫南逃夏口。在这危急时刻，诸葛亮显示了他的非凡才能，一方面他成功地说服孙权、周瑜抗敌，另一方面他精心设计的草船借箭也是赤壁之战得以胜利的关键。周瑜意欲加害诸葛亮，便提出限十天造十万支箭的要求，机智的诸葛亮一眼识破这是一条害人之计，却淡定地表示只需要三天。后来，在鲁肃的帮助下，诸葛亮利用曹操多疑的性格，调了几条草船临岸诱敌，终于"借"到了十万余支箭。除了军事布阵，诸葛亮还通天文、识地理、知奇门、晓阴阳。观天象，诸葛亮便已料定三天后必有大雾可以利用，因此即便他知道十日内造箭是周瑜意欲杀他的借口，也欣然应允。事后当周瑜得知这一切以后自叹不如。诸葛亮凭借智谋后来又在赤壁之战中运筹帷幄实现了联吴抗曹。赤壁之战的胜利，成功地遏制了曹操称霸天下的野心，奠定了三国鼎立的基础。

空城计亦是诸葛亮的一件军事杰作。马谡失街亭后，魏都督司马懿率领十五万得胜大军，兵临西城下，看到的却是一派祥和之景。城门大开，百姓低头洒扫街道，旁若无人。"孔明乃披鹤氅，戴纶巾，引二小童携琴一张，于城上敌楼前，凭栏而坐，焚香操琴。"① 司马懿大疑，便教退军。次子司马昭不解其故，司马懿说："亮平生谨慎，不曾弄险。今大开城门，必有埋伏。我兵若进，中其计也。汝辈岂知？宜速退。"② 于是两路兵尽皆退去。空城计的成功

---

① 罗贯中，《三国演义》，北京：人民文学出版社，2005 年，第 790 页。
② 同上，第 790 页。

一方面得益于诸葛亮对敌军情况的把控,深知司马懿了解自己"平生谨慎,不曾弄险",从而利用司马懿对自己的"了解",采用"弄险"的疑兵之计,出奇制胜。另一方面,空城计也展示了诸葛亮善于分析实际情况的才能。司马懿退军后,众人皆道换作是他们必会选择弃城,而诸葛亮却能根据实际情况做出正确的选择。此时己方兵力只有二千五百人,将领之中只有几个文官,弃城是跑不远的,反而会被司马懿的十五万大军所擒。诸葛亮更高明的是,为防司马懿疑中计而返城,料定司马懿必引军投山北小路去,便令张苞和关兴在那里等候作障眼法。此举更是加深了司马懿对空城计的判断"吾若不走,必中诸葛亮之计矣"[1]。最后蜀军安全返回汉中也是得益于空城计的成功。空城计妙就妙在诸葛亮知己知彼,这是空城计成功的关键。诸葛亮抓住了司马懿生平谨慎的性格特点,以疑兵之计使多疑的司马懿中计而退,错失制胜良机。空城计的成功表明诸葛亮的军事能力已经炉火纯青,正如其部下所称"丞相之机,神鬼莫测"[2]。

总而言之,在刘备集团经历的历次战役中,"诸葛亮运筹帷幄、料事如神,镇定自若地将所有危机一一化解,刘备集团这一方所有的胜仗都是出于诸葛亮的指挥"[3],诸葛亮乃用兵如神的军事奇才。

5. 善于发明创造的智慧形象

诸葛亮在《三国演义》中"是被作为杰出的政治家和军事家来歌颂的,作者对他倾注了强烈的爱和崇敬,把他作为'忠贞'和'智慧'的化身,特别对诸葛亮的'智慧',更是用尽笔力,大肆渲染"[4]。除了前文讨论的诸葛亮政治家和军事家形象,在小说中诸葛亮的智慧形象还通过以下两方面得以体现。

罗贯中用铺垫等艺术手法烘托诸葛亮的智慧形象。早在诸葛亮出山之前,读者已从各方贤士的口中闻知诸葛亮这一足智多谋的人物,即便还未读到有关诸葛亮的具体情节,读者心中已初步有了诸葛亮的智慧形象。《三国演义》第三十五回,刘备遇名士水镜先生,两人在草堂促膝长谈,水镜见刘备有志向却

---

[1] 罗贯中,《三国演义》,北京:人民文学出版社,2005年,第791页。
[2] 同上,第790页。
[3] 贯井正,《〈三国志演义〉诸葛亮形象生成史》,北京:中国社会科学院研究生院博士学位论文,2002年,第53页。
[4] 何磊,《前言》,罗贯中《三国演义》,北京:人民文学出版社,2005年,第15页。

一事无成，便道"伏龙、凤雏，两人得一，可安天下"①。但当时水镜先生并未解释伏龙、凤雏二人是谁，如此一来，既引起了读者的好奇心，也为后来徐庶推荐诸葛亮埋下伏笔。因母亲被曹操挟持，徐庶无奈之下投靠曹魏，在临行前向刘备举荐诸葛亮时，连用三个对比来渲染诸葛亮的智慧。先是"以某比之，譬犹驽马并麒麟、寒鸦配鸾凤耳"②。徐庶说如果将自己比作劣马，那么诸葛亮就是天上的麒麟；如果我是寒鸦，那么诸葛亮就是天上的凤凰。再有"此人每尝自比管仲、乐毅；以吾观之，管、乐殆不及此人"③。在徐庶看来，就连春秋战国时期有名的政治家管仲与上将乐毅都不及诸葛亮，评价颇高。"此人有经天纬地之才，盖天下一人也！"④ 诸葛亮的本领通天彻地，甚至放眼全天下都没人能与他相提并论。"此人乃绝代奇才，使君急宜枉驾见之。若此人肯相辅佐，何愁天下不定乎！"⑤ 至此，伏龙的身份才被揭开。后刘备欲拜访诸葛亮时，水镜先生登门谈及诸葛亮时说道："孔明与博陵崔州平、颍川石广元、汝南孟公威与徐元直四人为密友。此四人务于精纯，惟孔明独观其大略。"⑥ 崔州平、石广元、孟公威、徐元直四人是当时有名的能士，与他们相比，诸葛亮略胜一筹。水镜先生又道："可比兴周八百年之姜子牙、旺汉四百年之张子房也。"⑦ 刘备也遇到多名贤士，从对话中也能窥见诸葛亮的智慧形象。通过层层铺垫，读者对诸葛亮这个旷世奇才越来越感兴趣，诸葛亮的智者形象也愈来愈清晰、鲜活。另外，在第一百四回中，诸葛亮临终前安排后事道："吾死之后，不可发丧。……若司马懿来追，汝可布成阵势，回旗返鼓。等他来到，却将我先时所雕木像，安于车上，推出军前，令大小将士，分列左右。懿见之必惊走矣。"⑧ 果然司马懿料到诸葛亮命不久矣，蜀军退兵一定是因诸葛亮去世之故，于是率军追击。却远远见到车上端坐的孔明雕像，司马懿吓得赶紧勒马收兵不再追赶，魏军也是丢盔弃甲，四处乱窜。这就是"死诸

---

① 罗贯中，《三国演义》，北京：人民文学出版社，2005 年，第 296 页。
② 同上，第 306 页。
③ 同上。
④ 同上。
⑤ 同上，第 307 页。
⑥ 同上，第 309 页。
⑦ 同上，第 310 页。
⑧ 同上，第 864–865 页。

葛能走生仲达"①。罗贯中通过对司马懿退兵的描写，表现了司马懿对诸葛亮的恐惧，反衬出诸葛亮的智者形象。

诸葛亮构思制作木牛流马也能体现他的智慧。木牛和流马，是诸葛亮北伐期间发明的运输工具。"每牛载十人所食一月之粮，人不大劳，牛不饮食"②，每日行程为"独行者数十里，群行二十里"③，为蜀汉十万大军运输粮食。木牛流马的设计复杂而精巧，而"蜀兵用木牛流马转运粮草。人不大劳，牛马不食"④，解决了战争时期物资运输的一大难题，既不劳累士兵，也不需要喂粮草，运输效率也极高。司马懿见木牛流马运输粮食便利，便派人抢回几匹木牛流马，命工匠拆解照原样造之。司马懿此举正中诸葛亮下怀，诸葛亮安排人扭转木牛流马里的"舌头"，"牛""马"就不能行动，再安排五百军士扮怪异状驱赶"牛""马"，魏军惊慌失措，不敢追赶。

6. 忠义形象

正如何磊在《三国演义·前言》中评价的，罗贯中对诸葛亮甚是偏爱，除了将他视作智慧化身，也视他为忠义的化身。对于诸葛亮的忠义，《三国演义》进行了多方面的描写。

诸葛亮自出山以来便尽心尽力辅佐刘备建立蜀国大业。一方面辅佐蜀国集团赢得多场战役，另一方面忠心事主，从无二心。赤壁之战时，周瑜嫉妒诸葛亮的才能，担心他辅佐刘备成为江东之患，便派诸葛瑾游说诸葛亮加入东吴集团。客观地讲，此时的刘备集团的局势不稳，东吴集团的实力明显更强且人才济济，但诸葛亮未曾动摇，反而劝其兄投靠刘备，可见他对刘备的忠贞之心。刘备托孤之时曾言："若嗣子可辅，则辅之；如其不才，君可自为成都之主。"⑤ 刘备去世后，诸葛亮更是不忘自己在刘备白帝城托孤时所做的承诺："臣安敢不竭股肱之力，尽忠贞之节，继之以死乎！"⑥ 平定南方后，诸葛亮北伐前上《出师表》："先帝不以臣卑鄙，猥自枉屈，三顾臣于草庐之中，谘臣

---

① 罗贯中，《三国演义》，北京：人民文学出版社，2005 年，第 868 页。
② 同上，第 849 页。
③ 同上。
④ 同上，第 850 页。
⑤ 同上，第 697 页。
⑥ 同上。

以当世之事，由是感激，遂许先帝以驱驰。后值倾覆，受任于败军之际，奉命于危难之间：尔来二十有一年矣。先帝知臣谨慎，故临崩寄臣以大事也。受命以来，夙夜忧虑，恐付托不效，以伤先帝之明；故五月渡泸，深入不毛。今南方已定，甲兵已足，当奖帅三军，北定中原，庶竭驽钝，攘除奸凶，兴复汉室，还于旧都：此臣所以报先帝而忠陛下之职分也。"①在这篇奏表中，诸葛亮先是表示刘备对自己有知遇之恩，表达了自己对先主的感激之情，接着表明自己会谨遵刘备生前所托，誓死效忠刘禅，为完成兴复汉室的伟业鞠躬尽瘁。这篇感人至深的奏表反映了诸葛亮对蜀国集团的忠诚。尽管后主刘禅治国无能，诸葛亮却始终未有二心。他始终牢记刘备生前所托，忠心辅佐刘禅，"日理万机，尽心竭力，为实现兴复汉室的目标而不懈奋斗"②，最后病逝五丈原。即便在生命的最后时刻，诸葛亮也依然在为汉室的将来打算，安排蒋琬、费祎、姜维等人辅佐刘禅。"诸葛亮的'忠贞'的出发点，既有封建的'正统'观念，也有'士为知己者死'的'义'的思想。"③

罗贯中在《三国演义》中描写的诸葛亮是集政治家、军事家、智者、忠臣为一体的完美形象，反映了作者对忠义、智慧、理想等的向往与追求。

三、史籍记载与文学作品中的诸葛亮形象对比

《三国志》，西晋史学家陈寿所著，记载了三国时期曹魏、蜀汉、东吴割据的一段历史。《三国演义》（全名为《三国志通俗演义》，又称《三国志演义》）是元末明初小说家罗贯中根据史籍，如陈寿《三国志》，结合民间三国故事等经过艺术加工而创作出的长篇章回体历史演义小说。《三国志》是历史书籍，《三国演义》是小说，两个作品的诞生相距千余年，对诸葛亮的记载自然有所不同。陈寿所处的西晋时代，距离诸葛亮所处蜀汉时期较近，可以认为《三国志》"对诸葛亮的描述应该是最接近历史事实的，是最具权威性的"④。从《三国志》到《三国志演义》，诸葛亮的历史形象和文学形象虽然有一定出

---

① 罗贯中，《三国演义》，北京：人民文学出版社，2005年，第755页。
② 沈伯俊，《智慧忠贞万古流芳：论诸葛亮形象》，《西南师范大学学报（人文社会科学版）》2002年第5期，第153页。
③ 何磊，《四部古典小说评论》，北京：人民文学出版社，1973年，第18页。
④ 贯井正，《〈三国志演义〉诸葛亮形象生成史》，北京：中国社会科学院研究生院博士学位论文，2002年，第1页。

入,但同样光彩照人,其最本质特点没有改变,尤其是他的忠义与智慧在两部作品中都有突出体现。总的来讲,两个作品对诸葛亮的基本评价是一致的,如诸葛亮是优秀的政治家,是为蜀汉鞠躬尽瘁的忠臣。但"以《三国志》为代表的史籍文献记载的历史人物诸葛亮首先是个杰出的大政治家,是忠臣贤相,其次才是军事家"①。《三国志》重点记载的是诸葛亮精准的政治家的战略眼光,他对外联合东吴,共同抗击曹魏,对内整治蜀国,从事政务工作,领导后方建设。而对于他的军事家形象,《三国志》所用笔墨相对较少,平定南中是他军事才能的最大体现,五出祁山没有太大的收获。陈寿认为,诸葛亮的才能更多是在治军上,他并不擅长运用奇计谋略,治理民众的才能优于他带兵打仗的能力。"以《三国志演义》为代表的历史演义文学以及民间艺术所描绘的诸葛亮主要是大军事家,而且是智慧的化身、忠臣的楷模。"②《三国演义》突出诸葛亮的军事家形象,着重描写他的谋略,比如草船借箭、空城计、七擒孟获。诸葛亮的形象在《三国演义》中被极大地神化了。

综上所述,在《三国志》中,诸葛亮是一个忠义、智慧的政治家,在军事上也有一定的建树;在《三国演义》中,诸葛亮的形象趋于完美,是政治、军事、外交全才,军事家形象突出。《三国演义》对他的足智多谋着墨颇多,与《三国志》中诸葛亮"奇谋为短"的形象相比有了变化。因此,本节将对比分析历史典籍《三国志》与小说《三国演义》中诸葛亮形象的差异及其背后的原因。

诸葛亮形象在史籍和文学作品中的差异体现在诸多方面。首先,在外形上,《三国志》对诸葛亮的外形描写只有一处:"亮少有逸群之才,英霸之气,身长八尺,容貌甚伟,时人异焉"③,并未对诸葛亮的穿着打扮进行描述。而《三国演义》对诸葛亮外形包括服饰打扮的描写有 16 处,如"身长八尺,面如冠玉,头戴纶巾,身披鹤氅"④ 等。小说中的诸葛亮高大、儒雅,手执羽扇,头戴纶巾,此形象流传至今。

---

① 贯井正,《〈三国志演义〉诸葛亮形象生成史》,北京:中国社会科学院研究生院博士学位论文,2002 年,第 2 页。
② 同上。
③ 陈寿,《三国志》,北京:中华书局,1999 年,第 691 页。
④ 罗贯中,《三国演义》,北京:人民文学出版社,2005 年,第 426 页。

在指挥作战的智谋方面，《三国志》对诸葛亮的军事才能记载不多，对各项战事的描写更是一笔带过，而《三国演义》却花了大量的笔墨描写战事部署以呈现诸葛亮运筹帷幄、决胜千里的军师形象。《三国志》中，陈寿对诸葛亮军事才能的评价是"然亮才，于治戎为长，奇谋为短，理民之干，优于将略"①。此番评价说明诸葛亮的才能更多是在治理军队上，他不擅长运用奇计谋略，治理民众的才能也优于他带兵打仗的能力。所以，在陈寿的笔下，诸葛亮不擅长运用奇计谋略且军事能力稍弱，这与后世所熟知的《三国演义》中诸葛亮的运筹帷幄的军师形象是有出入的。对孟获七擒七纵的故事，在《三国志》中只有一句记载："三年春，亮率众南征，其秋悉平。军资所出，国以富饶，乃治戎讲武，以俟大举。"② 诸葛亮在短短九个月里平定南中是事实，自此之后，南中地区再无动乱。南中安定即蜀汉后方稳定，这也让诸葛亮后期能毫无顾虑着手北伐。相较于此，《三国演义》细致地描写了诸葛亮七擒七纵收服孟获的故事。建兴三年（225年）蜀汉丞相诸葛亮发动平定南中的战争。当时朱褒、雍闿、高定等人叛变，南中豪强孟获亦有参与，最后诸葛亮亲率大军平定南中。诸葛亮南征收服孟获，对其七擒七纵，使他真正服输不再与蜀国为敌。七擒孟获的战役体现了诸葛亮用兵如神的军事能力。诸葛亮南征，总体上是采用了"攻心为上，攻城为下；心战为上，兵战为下"③的用兵策略。南部蛮夷不满朝廷，若不能收服人心，再次叛乱是极其可能的，所以诸葛亮对孟获七纵七擒就是想完全收服南方蛮夷，以绝后患。在攻心为主的战术思想指导下，"一擒孟获"，诸葛亮采取诱敌深入、前后夹击的战术：前阵，先令王平与关索诈逃诱孟军进入埋伏圈，再令左路军张嶷、右路军张翼一并杀出截断孟军归路，王平、关索复返三军围攻，孟军大败；后阵，则令赵云追杀，调拨魏延把住关隘，生擒孟获，首战告捷。同时诸葛亮不忘以粮酒安抚所擒蛮兵，并释之，使得蛮兵无不感激涕零。"二擒孟获"，诸葛亮的用兵之策更是令人赞不绝口。孟获首战失利后，凭借泸水之险命人将船阀拘在南岸，并在周围筑起土城，深沟高垒坚守不战。鉴于此，诸葛亮令马岱在泸水下游一个水流缓慢之处过河，以断孟获运粮之道。马岱夺得孟获的百余辆运粮车。孟获即派董荼那

---

① 陈寿，《三国志》，北京：中华书局，1999年，第691页。
② 同上，第683页。
③ 罗贯中，《三国演义》，北京：人民文学出版社，2005年，第716页。

迎战马岱。马岱纵马向前，大骂董荼那乃背信弃义之徒。后者深觉羞愧，无言以对，不战而退。之后为报诸葛亮此前活命之恩，董荼那联合诸酋长生擒孟获，献于诸葛亮。这样并未大动干戈，诸葛亮便又擒孟获。"三擒孟获"，孟获自认为已掌握诸葛亮军力，便派遣其弟孟优诈降献宝。诸葛亮早已识破其阴谋，先是将孟优等人灌醉，等到孟获领兵入寨，将后者一网打尽。诸葛亮依然安抚蛮兵，收服人心，投降的蛮兵不计其数。"四擒孟获"，多次战败的孟获怒不可遏，率兵数十万誓与诸葛大军决一死战。孔明却下令关闭寨门不战，等待时机。等到蛮兵威势已减，孔明出奇兵夹击，孟获大败。孟获逃到一棵树下，见诸葛亮坐在车上，冲过去便要捉拿，不料却掉入陷坑反被擒获。又擒孟获后，诸葛亮亦安抚蛮兵与诸酋长。"五擒孟获"，孟获与朵思大王结盟，凭借地势之险抵抗蜀军。但银冶洞二十一洞主杨锋感激日前诸葛亮不杀其族人之恩，在秃龙洞捉了孟获，送给诸葛亮。"六擒孟获"，孟获之妻祝融夫人替君出战。祝融夫人善使飞刀，马忠等人皆战败。诸葛亮则安排马岱、赵云、魏延等人以激将法诱捕了祝融夫人。随后孟获采纳妻弟之谏，请木鹿大王出山相助。诸葛亮用提前准备好的木刻巨兽，驱散了木鹿大王驾驭的猛兽。最后诸葛亮慧眼识破孟获妻弟诈降，又生擒孟获。孟获依然不服，并扬言七擒后才"倾心归服"。在最后一役"七擒孟获"中，孟获又请来兀突骨带领的乌戈国藤甲兵，与诸葛亮决战。诸葛亮设下火攻计烧死无数蛮兵；又派人诈降于孟获，将孟军引至埋伏圈，再次一举歼灭敌军。在七擒孟获的战役中，诸葛亮始终遵循"攻心为上"的战略方针，一方面安抚蛮兵，收服人心；另一方面，面对心高气傲的孟获，他明白只能智取让孟获心服口服。最终，七擒七纵让桀骜不驯的孟获"肉袒谢罪曰：'丞相天威，南人不复反矣'"[1]，并承诺"某子子孙孙皆感覆载生成之恩，安得不服"[2]！七擒孟获之后，南方蛮夷皆感诸葛亮恩德，立祠祭祀，誓不再反。至此，诸葛亮收服南蛮，保证了蜀国后方的安定。七擒孟获充分反映出诸葛亮的足智多谋、用兵如神。

在才华智识方面，《三国志》中陈寿对诸葛亮智慧的评价是"亮性长于巧思，损益连弩，木牛流马，皆出其意；推演兵法，作八阵图，咸得其要云。亮

---

[1] 罗贯中，《三国演义》，北京：人民文学出版社，2005 年，第 747 页。
[2] 同上。

言教书奏多可观,别为一集"①。诸葛亮长于思考,构思并指导改进弓弩使之连射,制造木牛流马作为运输工具;他推演兵法,设计八卦阵图,无不深得要领。他留世的议论、教令、书信、奏疏另编成《诸葛氏集》,值得一读。《三国演义》中,罗贯中塑造的诸葛亮"是一个政治、军事、外交方面的全才,有着超人的智慧,自信而潇洒,是一个理想中的'完人':同时,他神机妙算,用兵如神,观星相、祭风雨,笼罩着浓厚的神秘主义色彩"②。鲁迅早就评价《三国演义》中的诸葛亮"多智而近于妖"③。在小说中,罗贯中用大量笔墨描写诸葛亮祭风雨、观星象、定生死、设锦囊妙计渲染诸葛亮的智慧,确有神化其形象的倾向。

如在第四十九回七星坛祭风中,诸葛亮告知周瑜:"亮虽不才,曾遇异人,传授奇门遁甲天书,可以呼风唤雨。都督若要东南风时,可于南屏山建一台,名曰'七星坛':高九尺,作三层,用一百二十人,手执旗幡围绕。亮于台上作法,借三日三夜东南大风,助都督用兵,何如?"④ 又写到当天诸葛亮的行为打扮"沐浴斋戒,身披道衣,跣足散发,来到坛前……孔明缓步登坛,观瞻方位已定,焚香于炉,注水于盂,仰天暗祝"⑤。最后周瑜也感叹道:"此人有夺天地造化之法、鬼神不测之术!"⑥ 其实,诸葛亮只是通过观天象推算得知那日会有东风,而并不是他有着借东风的超能力。罗贯中描写其"借东风"的过程无疑是想表现诸葛亮具有神仙似的超凡能力。

此外,罗贯中还描写了诸葛亮在知凶定吉、断言生死方面的超能力。在《三国演义》中,每逢重要人物去世,诸葛亮皆能通过观星象或气象得知。如在第六十三回中,刘备先已阅诸葛亮派人送来的书信,即诸葛亮通过"夜算太乙数,今年岁次癸巳,罡星在西方;又观乾象,太白临于雒城之分",预判"主将帅身上多凶少吉"⑦。而庞统不听刘备劝阻贸然进军,最后死于乱箭中。

---

① 陈寿,《三国志》,北京:中华书局,1999年,第689页。
② 贯井正,《〈三国志演义〉诸葛亮形象生成史》,北京:中国社会科学院研究生院博士学位论文,2002年,第8页。
③ 鲁迅,《中国小说史略》,北京:中华书局,2010年,第78页。
④ 罗贯中,《三国演义》,北京:人民文学出版社,2005年,第402页。
⑤ 同上,第403页。
⑥ 同上,第404页。
⑦ 同上,第519页。

当时正逢七夕佳节，诸葛亮大会众官，"只见正西上一星，其大如斗，从天坠下，流光四散"①。诸葛亮见此星象便道："吾前者算今年罡星在西方，不利于军师；天狗犯于吾军，太白临于雒城，已拜书主公，教谨防之。谁想今夕西方星坠，庞士元命必休矣！"② 罗贯中先是写诸葛亮能预知生死，再写他能通过观星象知生死，一步步强化了诸葛亮神机妙算的神化形象。在第九十七回中，"忽一阵大风，自东北角上而起，把庭前松树吹折"，通过此不祥之兆，诸葛亮便知："子龙休矣！"③ 在第一百三回五丈原诸葛禳星中，诸葛亮预言自己的死期道："若七日之内主灯不灭，吾寿可增一纪；如灯灭，吾必死矣。"④ 结果魏延飞步入告军情竟将主灯扑灭。诸葛亮过世后，罗贯中也不忘神化其形象。显圣定军山，诸葛亮死后在定军山下托梦给钟会。"是夜，钟会在帐中伏几而寝，忽然一阵清风过处，只见一人，纶巾羽扇，神衣鹤氅，素履皂绦，面如冠玉，唇若抹朱，眉清目朗，身长八尺，飘飘然有神仙之概。"⑤ "吾有片言相告：'虽汉祚已衰，天命难违，然两川生灵，横罹兵革，诚可怜悯。汝入境之后，万勿妄杀生灵。'"⑥ 这里，罗贯中通过描写其外形来展现诸葛亮神化气质。罗贯中设计这一情节无疑是为了渲染诸葛亮的神化形象。

每逢要事，诸葛亮总会把装有妙计的锦囊交予执行任务的人，并嘱咐对方到时再打开。按照锦囊里的安排，任何问题都能迎刃而解，这不免把诸葛亮写成了"先知"⑦ 般的人物。在第五十四回中，荆州被刘备所占，东吴一心想夺回。此时正逢刘备的夫人去世，周瑜便献计孙权，让孙权诈将妹妹许配给刘备，以此让刘备到东吴入赘，到时将他幽囚狱中来换取荆州，如若刘备不从，就将他斩杀。诸葛亮一早便识破周瑜之计，劝说刘备应允。临行前，诸葛亮授予与刘备一同前往招亲的赵云三个锦囊妙计并嘱咐道："汝保主公入吴，当领此三个锦囊。囊中有三条妙计，依次而行。"⑧ 第一个锦囊妙计乃是借周瑜之

---

① 罗贯中，《三国演义》，北京：人民文学出版社，2005 年，第 521 页。
② 同上，第 522 页。
③ 同上，第 801 页。
④ 同上，第 861 页。
⑤ 同上，第 955 页。
⑥ 同上，第 955 页。
⑦ 何磊，《前言》，罗贯中《三国演义》，北京：人民文学出版社，2005 年，第 16 页。
⑧ 罗贯中，《三国演义》，北京：人民文学出版社，2005 年，第 442 页。

丈人乔国老与吴国太之力以助刘备，弄假成真，令刘备得以再续佳偶。吴国太爱女，起初得知孙权之计愤恨不已。在乔国老的劝说下，吴国太应允先见刘备，再定亲事。果不其然，见"有龙凤之姿，天日之表"① 的刘备后，吴国太大喜，应允了婚事。周瑜再次献计孙权，欲将刘备软禁于吴中，让他沉迷于美色享乐，久而久之与关羽、张飞、诸葛亮的情谊自然会变淡，最后再以兵击之，夺回荆州便不在话下。诸葛亮的第二个锦囊妙计再次破局。住到第二年时，赵云依照吩咐打开第二个锦囊，按锦囊之计，让刘备以荆州危急，请孙夫人出面向吴国太谎说要往江边祭祖，乃得以逃出东吴。孙权派人全力追捕，临危之际，又打开第三个锦囊。刘备向孙夫人说明当初婚事的缘由，借妇人之力喝退拦路之兵。后有诸葛亮派船在岸边接应道："主公且喜！诸葛亮在此等候多时。"② 同时亦有关羽、黄忠、魏延三支军队杀退周瑜的追兵。诸葛亮早在刘备出发前就已识破东吴的一系列计谋，且未与他人商量就制订好了应敌之策。事前就预知事态发展，过于理想化，这确有神化诸葛亮形象的倾向。

尽管罗贯中在展现诸葛亮的智谋时有夸大的成分，但正如沈伯俊之评价："所谓'近妖'，即指有的地方对诸葛亮的谋略夸张过甚，表现出神化倾向；但这绝不意味着作品对诸葛亮形象塑造的根本失败。"③

在治国理政方面，《三国演义》中罗贯中花了大量的篇幅渲染诸葛亮神机妙算的军师形象、足智多谋的智者形象，对于诸葛亮治国和为官清廉方面的描写却屈指可数。而陈寿的《三国志》对诸葛亮治国、清廉的描述较为详细。沈伯俊评价诸葛亮"不仅是公认的一代贤相，而且是公认的一代廉相"④。

《三国志》对诸葛亮治国理政的描述："立法施度，整理戎旅，工械技巧，物究其极，科教严明，赏罚必信，无恶不惩，无善不显，至于吏不容奸，人怀自厉，道不拾遗，强不侵弱，风化肃然也。"⑤ 诸葛亮建立法律制度，整训军队，规章明确，赏罚分明，朝中官员个个正直，社会风气良好。

《三国志》中，诸葛亮在给后主的上表中谈及自己的家产："成都有桑八

---

① 罗贯中，《三国演义》，北京：人民文学出版社，2005 年，第 445 页。
② 同上，第 453 页。
③ 沈伯俊，《智慧忠贞万古流芳：论诸葛亮形象》，《西南大学学报（人文社会科学版）》2002 年第 5 期，第 153 页。
④ 沈伯俊，《一代廉相诸葛亮》，《中华文化论坛》2009 年第 2 期，第 70 页。
⑤ 陈寿，《三国志》，北京：中华书局，1999 年，第 691 页。

百株，薄田十五顷，子弟衣食，自有馀饶。至于臣在外任，无别调度，随身衣食，悉仰于官，不别治生，以长尺寸。若臣死之日，不使内有馀帛，外有赢财，以负陛下。"① 罗开玉、谢辉援引历史文献指出，诸葛亮可谓是我国"历史上第一个自报家产的丞相"②。与当时蜀汉豪族相比，诸葛亮的家产和日常生活，可以说是只能过日子，连"富足"二字都说不上。建兴十二年（234年），诸葛亮长逝。临终前他对后事的安排是："……葬汉中定军山，因山为坟，冢足容棺，敛以时服，不须器物。"③ 当时，达官贵人下葬，皆需配以陪葬并厚葬，但诸葛亮要求从简薄葬。此外，诸葛亮的廉政建设措施也值得探讨，如严格控制宫城、陵墓的规模以节约开支。"三国时期，魏、吴两国皇帝都曾大规模地扩建宫城，营建陵墓。而在诸葛亮执政的蜀汉，宫城是三国中最小的，而且多年没有扩建；刘备的陵墓'惠陵'，则是历代皇帝陵墓中规模最小者之一。"④ "诸葛亮大搞廉政建设，后主减少后妃之数，应是带头示范之一。从有关史料看，诸葛亮在世之时，后主外出游玩也是受到限制的。"⑤ 总之，诸葛亮的"廉政思想和实践，在历史上产生了深远的影响"，也"可以为今天的反腐倡廉提供有益的借鉴"⑥。

总的来讲，史书《三国志》中记载的诸葛亮是一位杰出的政治家、外交家、忠臣良相，而小说作品《三国演义》中的诸葛亮还是一名神奇的军师，是智慧的化身。尽管历史文献与小说中的诸葛亮形象有一定的差别，但毋庸置疑，诸葛亮这一人物是中国文学史乃至中国历史上一颗璀璨的星星。

导致诸葛亮形象出现差异的原因有两点：一是《三国志》与《三国演义》体裁不同带来的变异，二是罗贯中"尊刘贬曹"的倾向带来的变异。

首先，《三国志》与《三国演义》的体裁不同。《三国志》作为一部纪传体史书，最重要的是真实性，要尽可能记录和还原真实的历史。陈寿（233—

---

① 陈寿，《三国志》，北京：中华书局，1999年，第689页。
② 罗开玉、谢辉，《诸葛亮与蜀汉廉政建设初论》，《成都大学学报》（社科版）2007年第6期，第5页。
③ 陈寿，《三国志》，北京：中华书局，1999年，第689页。
④ 沈伯俊，《一代廉相诸葛亮》，《中华文化论坛》2009年第2期，第71页。
⑤ 罗开玉、谢辉，《诸葛亮与蜀汉廉政建设初论》，《成都大学学报》（社科版）2007年第6期，第7页。
⑥ 沈伯俊，《一代廉相诸葛亮》，《中华文化论坛》2009年第2期，第75页。

297），字承祚，巴西郡安汉县（今四川省南充市）人，是三国时蜀汉及西晋时著名史学家。陈寿与诸葛亮所处同一时代，同是蜀汉人。《晋书·陈寿传》提道："陈寿撰魏、吴、蜀《三国志》，凡六十五篇。时人称其善叙事，有良史之才。夏侯湛时著《魏书》，见寿所作，便坏己书而罢。张华深善之，谓寿曰：'当以《晋书》相付耳。'其为时所重如此。"① 陈寿撰写魏国、吴国、蜀国的史书《三国志》，一共六十五篇，当时的人都说他擅长叙事，是一位优秀的史学家。夏侯湛写《魏书》，看到陈寿所写的《三国志》就毁掉了自己写的《魏书》并且永不再写。张华深以为然，对陈寿说：应该把这件事写进《晋书》。显然，陈寿的《三国志》被文人士大夫阶层大力赞扬，是一部彪炳千秋的史册，更是"二十四史"中评价最高的"前四史"之一。《三国志》对诸葛亮的记载应该是最接近历史的。

《三国演义》是中国四大古典名著之一，是中国第一部长篇章回体历史演义小说，作者罗贯中是元末明初的著名小说家。小说最基本的特征就是它的虚构性。《三国演义》是历史演义小说，有一定的特殊性。"长期以来，中国古代把小说看成是'史之余''补史'等，认为小说有'客观之辞'，有'一言可采'，而不把小说同'虚构'等同起来。"② 中国的古典小说源于经史典籍，和虚构性没有天然的连接，并且历史在中国古代文类中的地位相当高，所以明清历史演义小说基本都在尊重史实的前提下进行创作。因此《三国演义》的总体框架和历史走向是以《三国志》为基础的，罗贯中也没有改变历史的结果，即便他个人是有爱憎恶喜的。诸葛亮的形象也同样如此，他的忠义、智慧的形象得到了最大程度的保留，甚至有所发展。但是随着小说这一文类的发展，越来越多的人意识到，艺术是可以虚构的。冯梦龙提出："人不必有其事，事不必丽其人。其真者可以补金匮石室之遗，而赝者亦必有一番激扬劝诱、悲歌感慨之意。事真而理不赝，即事赝而理亦真，不害于风化，不谬于圣贤，不戾于诗书经史，若此者其可废乎？"③ 也就是说，写人不一定要写他真实发生的事，写事也不一定要依附于人来写。真实的部分可以补充古代国家秘

---

① 房玄龄等，《晋书》，北京：中华书局，2012 年，第 4222 页。
② 王委艳，《慕史·虚构·幻化：中国 17 世纪通俗小说理论的几个维面》，《中华文化论坛》，2018 年第 11 期，第 89 页。
③ 冯梦龙，《警世通言·叙》，上海：上海古籍出版社，1992 年。

藏重要文书遗落的部分，而虚构的部分也有它慷慨悲歌的意义所在。真实事件展现的道理不虚假，而虚构事件展现的道理同样真实。小说不损害民族风化，不篡改圣贤之言、诗书经史，有其存在的必然性。小说创作者，即使是历史演义创作者，为了情节的生动，为了小说的可读性强，为了服务于自己的创作目的，也不可避免地会进行虚构。《三国演义》的虚构也是必然的，否则就变成白话版本的史书了。所以，罗贯中在尊重历史框架和走向的前提下，对三国时期发生的事件和人物进行了一定的虚构。在建构诸葛亮形象时，罗贯中"吸收了大量野史、传记、戏剧等有关诸葛亮的传说故事，他把正史和传说这两大系统积极地融汇在一起，几乎将所有有利于塑造诸葛亮形象的材料都用在他塑造的诸葛亮身上"[①]。罗贯中融入了自己的感情倾向，所以他笔下的诸葛亮更像一个完人，一个集政治家、军事家、外交家身份于一体的全才。《三国演义》中的诸葛亮是一个被神化了的形象，比如把赤壁之战的胜利归功于诸葛亮（历史上周瑜是赤壁之战的主帅），虚构了一些人们津津乐道的故事，比如草船借箭、三气周瑜、空城计等。毫无疑问，这些虚构丰满了诸葛亮的人物形象，大大增加了《三国演义》的文学价值。

罗贯中在创作《三国演义》时的感情倾向是"尊刘贬曹"，这也是诸葛亮形象变异的第二个原因。"在西晋时，因为中国是完全统一的，所以正闰论还不是人们所关注的问题，在中国悠久历史上有以统治中原者为正统的传统，因此陈寿的《三国志》以曹魏为正统，蜀、吴为僭伪，北宋著名史学家司马光在编著编年史《资治通鉴》时也是以曹魏为正统。"[②] 除了中国有以统治中原者为正统的传统，还因陈寿是晋朝朝臣，晋朝承曹魏而得天下，所以《三国志》尊魏为正统。所以魏志有本纪、列传，蜀、吴二志只有列传。《三国志》中魏书三十卷，吴书二十卷，蜀书十五卷，从篇幅也可以看出曹魏的重要性。虽然尊魏为正统，但是作为一个高水平的史学家，陈寿还是如实记载了三国时期的史实，并没有贬抑蜀国和东吴，诸葛亮的形象也贴近真实的历史形象。而后世"尊刘贬曹"这一倾向的由来可以分两条脉络来探讨，一条是统治者士大夫阶层，另一条是平民阶层。诸葛亮形象也可以从这两个方向来探讨。

[①] 贯井正，《〈三国志演义〉诸葛亮形象生成史》，北京：中国社会科学院研究生院博士学位论文，2002年，第8页。

[②] 同上，第21页。

首先是统治者士大夫阶层。西晋末年，五个少数民族先后建立政权，西晋王朝土崩瓦解，匈奴攻占了长安。公元317年，司马睿在建康（今江苏南京）建立新朝，史称东晋。东晋王朝偏安一隅，中原地区落入少数民族手中，这个时候强调曹魏的正统地位就显得不合时宜，于是东晋统治者开始"尊刘贬曹"。《晋书》记载，东晋史学家习凿齿就提出："蜀以宗室为正，魏武虽受汉禅晋，尚为篡逆。"[1] 他倡导"帝蜀寇魏"论，东晋王朝以复兴晋室为目标，自比"兴复汉室"的蜀汉，而将"五胡"看作篡权夺位的曹魏，这种以血统为王的论调强调了东晋政权的正当性。无独有偶，南宋时期，汉族政权同样偏安一隅，于是统治阶层也"尊刘贬曹"，用血统来强调自己政权的正统性。总的说来，尊刘贬曹的传统从东晋开始就一直存在。"尊刘"也意味着尊诸葛，士大夫阶层文化素养高，所以诸葛亮的形象大多数时候还是跟历史形象较为接近的，是一个忠义的贤相形象，这种人物形象也为杜甫、李白等历代文人所赞颂。

平民阶层的"尊刘贬曹"倾向也是从东晋开始的。由于东晋的百姓也无法接受少数民族政权占领中原，所以强调汉室血统的蜀国就成为百姓心中的正统。"从古代中国商朝以来的传统文化中的血缘关系对汉民族来说一直是很重要的，刘备受尊崇的最主要原因就是他是'汉室宗亲''帝室之胄'。"[2] 除了血统，蜀汉获得百姓支持的另一个重要原因是，刘备的仁厚、诸葛亮的忠义都符合百姓朴素的道德观。相比曹操，刘备无疑是一个更受百姓欢迎的统治者，是一个明君。关于诸葛亮，除了士大夫和平民都耳熟能详的忠义形象，民间传说更强调他的军事家形象，而不是政治家形象。因为政治家的治国之策，需要一定的文化素养才能理解。而一个料事如神的军事家形象没有接受的门槛，识字与否都能听懂这些传奇故事，因此在民间传说中诸葛亮神奇军师的形象更深入人心。

罗贯中身处这两条脉络的交汇点，在时代的影响下，情感倾向自是尊刘贬曹的。同时，《三国演义》面向的是大众，所以他创作的诸葛亮形象集忠义、智慧于一体，集政治家、军事家、外交家形象于一身。"《演义》中的诸葛亮

---

[1] 房玄龄，《晋书》，北京：中华书局，1996年，第4259页。
[2] 贯井正，《〈三国志演义〉诸葛亮形象生成史》，北京：中国社会科学院研究生院博士学位论文，2002年，第43页。

形象是千百年来民间对于诸葛亮形象塑造的集成，是民间塑造的诸葛亮的代表形象。"① 这样一个集中了忠义、智慧等中华民族传统美德的形象无疑体现了中国人民的民族精神，具有丰富的文化内涵。

第四节
中国影视、戏曲作品中的诸葛亮形象

一、影视剧中的诸葛亮形象

目前基于罗贯中章回体小说《三国演义》改编而成的电视剧有1994年《三国演义》和2010年《三国》。1994年《三国演义》是由中国电视剧制作中心、中央电视台制作的84集电视连续剧。该剧由王扶林担任总导演，著名演员唐国强饰演诸葛亮。2010年版《三国》是由中国传媒大学电视制作中心、北京小马奔腾影视文化发展有限公司等联合出品的95集历史剧。该剧由高希希指导，陆毅饰演诸葛亮。两部电视剧在海内外都产生了极大的影响。1994年版《三国演义》首播时，全国收视率高达47%。该剧突破了当时电视剧的传统创作模式和制作水准，呈现了一种全新的艺术形式。2010年版《三国》则带来了更强烈的视觉震撼。在海外，这两部电视剧也享有盛名，不仅引起了西方观众对中国古代史的兴趣，打破了西方人对中国古代的某些刻板印象，在一定程度上也开启了西方观众的历史想象，还通过精致的画面、华丽的服装和场景，使西方观众对中国古代有了更全面的了解。

首先在人物外形上，两版电视剧中的诸葛亮皆身材高大、五官俊俏，符合原著对诸葛亮外形"身长八尺，面如冠玉"的描述，并且演员的服饰也符合原著对诸葛亮服饰"手执羽扇，头戴纶巾，身披鹤氅"的设定。

---

① 贯井正，《〈三国志演义〉诸葛亮形象生成史》，北京：中国社会科学院研究生院博士学位论文，2002年，第56页。

诸葛亮作为《三国演义》的灵魂人物，是两版电视剧重点塑造的角色。原著中诸葛亮是一位具有超高政治谋略的政治家、善用兵法的军事家，更是智慧和忠义的化身，此形象早已根植在人们心中。因此，1994年版《三国演义》和2010年版《三国》都遵从原著，将诸葛亮塑造成运筹帷幄、决胜千里的军事家，忠心于刘备、为蜀汉王朝鞠躬尽瘁的政治家。他的智慧和才华在剧中得到了充分的体现。如他用智慧帮助刘备取得赤壁之战的胜利，为蜀汉王朝出谋划策、建立稳固政权等，这些情节都让观众对诸葛亮这个人物有了更深入的了解。此外，在剧中，诸葛亮还被描绘成一个仁慈、正直、忠诚和有远见卓识的人物。他关心国家大事，关心百姓疾苦。他以身作则，为人民做出表率。这些品质都让观众对诸葛亮这个人物产生了崇高的敬意。总之，1994年版的电视剧《三国演义》和2010年版的电视剧《三国》通过对诸葛亮形象的塑造，让观众更加直观地了解这位历史人物，促进了诸葛亮形象的传播。

除此之外，由香港导演吴宇森执导，于2008年上映的中日合拍电影《赤壁》在海内外也备受推崇。该影片以三国时期以弱胜强的赤壁之战为主题。赤壁之战是中国历史上第一次在长江流域进行的大规模江河作战，在这场战役中，孙刘联军最后以火攻大破曹军，曹操北回，孙、刘各自夺取荆州的一部分，奠定了三国鼎立的基础。电影《赤壁》在票房和评价方面都取得了不俗的成绩。该电影在中国内地上映后，票房收入超过10亿元人民币，成为当时票房第一的电影，在日本上映后连续5周夺得日本电影票房榜冠军。其中，由金城武饰演的诸葛亮秉持"为天下治理，为山河安定"的崇高理念，不以敌人之损为己利，不屠杀俘虏，始终行仁义之道。他也反对让妇女上阵，体现出极高的人文素养。所以，电影《赤壁》塑造的诸葛亮是既睿智理性又富有人文情怀的军师，这也使观众产生了强烈的情感认同。

二、戏曲中的诸葛亮形象

除了电视剧，以三国为主题的戏曲作品也较为丰富，如京剧《借东风》、川剧《空城计》、豫剧《诸葛亮吊孝》等。总体来讲，戏剧作品中的诸葛亮形象都是符合原著设定的，是智慧和忠义的化身。但是由于戏剧作品的服装独特性，戏剧中的诸葛亮人物外形往往是穿着戏服，与原著中"身长八尺，面如冠玉，头戴纶巾，身披鹤氅"的外形设定有一定出入。

《借东风》是京剧传统经典剧目，取材于古典小说《三国演义》，于1957年由北京电影制片厂制作发行，由著名的影剧大师马连良饰演诸葛亮。在此剧中，诸葛亮依然是神机妙算、上知天文下知地理的智者形象。曹操伐吴，在长江驻扎军队。庞统献连环计，劝诱曹操钉锁战船，以利火攻，曹操中计。然时值隆冬，独缺东风，难将火势引向曹营，周瑜因之忧思成病。而诸葛亮料定甲子日东风必降，借探病之机向周瑜建言，自称能借得东风。周瑜为他在南屏山搭筑坛台，诸葛亮登台"作法"，东风果然如期而至。但周瑜却嫉妒诸葛亮才能，遣将追杀，诸葛亮早有防备，在赵云接应下返回夏口。

　　川剧《空城计》是较为有名的剧目，讲述了马谡违背诸葛亮的指令失街亭后司马懿带领大兵来攻打诸葛亮驻扎的西城的故事。当时神机妙算的诸葛亮身边没有兵将，只得以空城为计，大开城门，故弄玄虚，司马懿唯恐内有埋伏，因而撤兵离去。一谈到川剧，大家都会想起川剧中的变脸。川剧变脸是川剧艺术中塑造人物的一种特技，是揭示剧中人物内心思想感情的一种浪漫主义手法。变脸的手法大体上分为抹脸、吹脸、扯脸三种。此外，还有一种"运气变脸"。传说已故川剧名演员彭泗洪在扮演《空城计》中的诸葛亮时，当琴童报告司马懿大兵退去以后，他运气使面色由红变白，再由白转青，意在表现诸葛亮如释重负后的后怕。

　　豫剧《诸葛亮吊孝》也是较为经典的戏剧曲目，由著名豫剧名家张枝茂饰演诸葛亮。该剧目讲述了周瑜与诸葛亮之间的智谋之争。三国东吴大都督周瑜精通兵法，才智超群，和诸葛亮共商破曹大计，又想加害诸葛亮。周瑜攻打南郡时，曾身中毒箭。诸葛亮趁乱用计先取南郡、荆州、襄阳后，周瑜一气之下箭伤复发。病中的周瑜仍想智取荆州，均被诸葛亮识破。周瑜一气再气，在"既生瑜，何生亮"的怨恨声中死去。诸葛亮得知周瑜死讯，决定带赵云前往吊孝。诸葛亮在灵前痛哀周瑜之早逝，力述孙刘联盟之利、破裂之弊。周瑜之妻小乔见诸葛亮哀悼之情切，不忍下手，内心十分矛盾，最后诸葛亮安然而归。

　　《三国演义》被多次翻拍成电视剧，同题材的戏曲作品也层出不穷。总的来讲，影视、戏曲作品对诸葛亮人物形象的塑造基本遵从原著，将诸葛亮塑造为足智多谋的政治家、军事家，是智慧和忠义的楷模。

　　总而言之，自罗贯中的《三国演义》流行于世，"三国"已从一个时代之名衍生为一种艺术题材。作为重要的历史题材作品，《三国演义》具有深厚的群众基础，其艺术风格独具魅力，故事情节家喻户晓，人物形象更是深入人心，受到诸多影视创作者的关注和青睐。将文学作品和历史典籍中的模糊形象具体化，不仅促进了诸葛亮形象的传播，也取得了向大众普及知识的良好效果。在塑造诸葛亮影视形象的过程中，创作者一般都坚持从原著的基本思想倾向出发，对诸葛亮人物形象进行解构，对碎片化的信息进行重组和融合，将其形象特征细节放大，使诸葛亮形象更加具体生动。总体而言，在各类影视、戏曲作品中，诸葛亮足智多谋的政治家、军事家形象极大满足了人们对"英雄"的想象。

第二章

中国史籍与文学作品中的诸葛亮在英语世界的译介与传播

19世纪初,与工业革命后的西方国家相比,中国在政治、经济、文化、军事、科技等方面都十分落后。这一时期,西方主要资本主义国家已经完成了产业革命,生产力大幅提高,国内的资源与市场远远不能满足高速发展的需求。随着科技不断进步,海上航道开辟,西方列强开始向海外大肆殖民扩张。通过两次鸦片战争,西方列强用坚船利炮打开了中国的大门,在中国沿海建立通商口岸,设立使领馆机构,派遣外交节、海关官员。同时,海外冒险家、传教士、商人、旅行者、留学生等纷纷踏上中国的土地。西方文化、科技逐渐传入中国,中国的古代典籍也纷纷走向国外,在异域传播。

诸葛亮是三国时期著名的政治家,其智慧贤德在中国广为传颂。历代胸怀壮志的文人志士、帝王将相颂扬他的智慧和忠君思想,一代又一代的民众歌颂他的品德和修养,各类文艺作品反复书写他的传奇,诸葛亮已然成了中华民族的一个文化符号。正如美国北卡罗来纳大学学者埃里克·亨利(Eric Henry)所说:"对于大多数熟悉中国文化的人来说,诸葛亮囊括了中国古代政治家可能令人钦佩的每一种特质。"①(For most people conversant with Chinese culture, Chu-ko Liang epitomizes every trait for which an ancient Chinese statesman could possibly be admired.)可见,随着《三国志》《三国演义》等史籍与文学作品的海外译介,诸葛亮这一历史人物也成为海外学者关注和研究的对象。相较于《三国演义》在海外的译介与传播,《三国志》的海外译介与传播相对较少,除了零星的节译、摘译或编译,迄今没有全译本。记载三国历史的典籍《三国志》《资治通鉴》虽在东南亚译介与传播较多,时间也较早,但在欧美国家的传播却较少,且时间较晚。

---

① Eric Henry, "Chu-Ko Liang in the Eyes of His Contemporaries", *Harvard Journal of Asian Studies*, 1992, 52, pp. 589 - 612. (引文为笔者自译,全书引文若非特别说明,均为笔者自译。)

第一节
《三国志》《资治通鉴》中的诸葛亮在英语世界的译介与传播

一、《三国志》中的诸葛亮在英语世界的译介

1. 角田柳作与《三国志》

日本历史学家角田柳作（Tsunoda Ryūsaku）节选《三国志》卷三十《乌丸鲜卑东夷传》的内容进行翻译，其译本名为《中国历代史上的日本：后汉至明朝》（*Japan in the Chinese Dynastic Histories: Later Han Through Ming Dynasties*）。该译本于 1951 年在美国加利福尼亚州南帕萨迪纳出版，并被摘录在教科书《日本传统渊源卷一：从最早期到公元 1600 年》（*Sources of Japanese Tradition: From Earliest Times to 1600*）中，为西方日本学研究者提供了史料基础。

角田柳作 1877 年出生于日本一个农民家庭，1896 年从日本早稻田大学毕业后进入新闻界，曾在多家出版社任编辑。1909 年 5 月，角田柳作只身前往夏威夷，到火奴鲁鲁夏威夷中学任校长。他参与了日本移民子女教育的扩展工作，在本波本愿寺附属学校传播佛教和法德思想。1917 年 3 月，40 岁的角田柳作到达旧金山，怀着对"美国主义"的兴趣，他决定到哥伦比亚大学深造。除在科罗拉多州丹佛市的半年，他在美国的大部分岁月都在纽约度过，在那里他担任日本和美国之间的桥梁。角田柳作致力创建日本文化中心（也称日本图书馆），1931 年起负责开发哥伦比亚大学图书馆的日语和文学馆藏。第二次世界大战期间，他历经磨难，在哥伦比亚大学努力推动日本文

化研究，取得了成效，因此被誉为哥伦比亚大学的"日本学之父"。

2. 杜志豪与《三国志》

美国著名汉学家杜志豪（Kenneth J. DeWoskin），密歇根大学兼职汉学教授、德勤中国高级顾问、德勤中国研究与洞察力中心主席。他于 1965 年在哥伦比亚大学获得学士学位，1974 年在哥伦比亚大学获得哲学博士学位，曾就读于台湾大学和京都大学。杜志豪醉心于中国的"怪异叙事"，关注充满想象力的中国古典文学作品。1983 年，他节选自《三国志》卷二十九《方技传》的译作《方技传：中国古代的医生、占卜师和魔术师》（*Doctors, Diviners, and Magicians of Ancient China: Biographies of Fang-shih*）由哥伦比亚大学出版社出版。1996 年，他出版了《搜神记》的合译本《搜神记——文字记载》（*In Search of the Supernatural: The Written Record*）。他热爱中国文学文化，于 1982 年出版的文学专著《音乐与中国早期的艺术观念》（*A Song for One or Two: Music and the Concept of Art in Early China*），以《左传》所载的季札观乐为基础，讨论了古代中国音乐和艺术理论的演变。

杜志豪在准备翻译《方技传》时，做了大量的研究工作。这本译作为外国学者提供了大量关于中国占卜的材料。

除了方技，杜志豪还转而研究许多复杂的课题，如前汉正式确立的"五经"和"五经之文"、预言和预兆、古代中国医学、甲骨文、天文学和占星术、炼丹术、巫术、宫廷故事等。

3. 迈克尔·考特尼·罗杰斯与《三国志》

美国东亚研究教授迈克尔·考特尼·罗杰斯（Michael Courtney Rogers），1923 年出生于圣安娜。1942 年进入加州大学伯克利分校从事蒙古语研究，协助系主任编纂了世界上第一本蒙古语—英语词典。第二次世界大战期间，他学习日语，在冲绳战役中担任翻译和口译员。战后他曾在中国短暂服役，1946 年回到伯克利学习汉语和藏语，两年后到中国继续学习。他四处旅行，曾在西藏的一个佛教寺院里与僧侣们一起生活了几个月。1953 年，罗杰斯在伯克利大学获得东方语言博士学位，同年加入东方语言系，教授中文、日文和韩文，后任东亚研究系主任。1956 年他出版了《朝鲜语语法大纲》（*Outline of Korean Grammar*），1968 年出版了注释性的历史译本《富坚纪事：典范历史的一个案例》(*The Chronicle of Fu Chien: A Case of Exemplar History*)。澳大利亚悉尼大学中文、东亚语言和文化教授，中国研究中心主席杰弗里·里格尔（Jeffrey Riegel）曾称赞他是"一位一丝不苟的学者和语言学家"①。1985 年，因罗杰斯对韩国古代的学术性原创研究，他被韩国政府授予宝冠奖。

罗杰斯对 918 年至 1392 年的韩国高丽历史进行了广泛的研究，发表了关于中国和韩国历史关系的系列文章。他曾翻译《三国志》卷三十《乌丸鲜卑东夷传》中关于韩国的部分内容，其译文 "Accounts of the Eastern Barbarians" [From san-kuo chih 30：840 – 853] 被摘录在《韩国文明起源卷一：从早期到 16 世纪》（*Sourcebook of Korean Civilization, Vol. 1: From Early Times to the Sixteenth Century*）一书中，该书于 1993 年由哥伦比亚大学出版社出版。这本书帮助人们在定义、思考时代问题时听到历史上韩国人的声音，也可为教学和其他学术讨论提供新的可能性。②

4. 约翰·希尔与《三国志》

加拿大学者约翰·希尔（John E. Hill），1943 年出生在加拿大的蒙特利尔，在特立尼达的西班牙港长大。在特立尼达接受过病毒学实验室技术员的培训，1962—1993 年间在阿拉斯加从事渔业研究，曾就读于哥伦比亚大学。1967 年从澳大利亚悉尼大学毕业后，他成为一名注册精神病护士。在 1979—1981 年间，希尔和家人在印度生活，从事印度和中国西藏历史的研究，由此对古代亚洲历史产生了浓厚的兴趣，对亚洲、欧洲和非洲之间的民族、文化、宗教以及贸易往来非常着迷。

在印度生活期间，希尔开始翻译工作。他的第一个译本即《后汉书：西域传》的注释稿 "The Western Regions According to the Hou Hanshu"，于 2002 年 5 月发表在"丝绸之路西雅图"的网站上。希尔于 2004 年 9 月在该网站公布了《魏略》注释译本的草稿（"The Peoples of the West from the Weilue 魏略 by Yu Huan 鱼豢：A Third Century Chinese Account Composed between 239 and 265 CE"）。该文译自北京新华书店出版社 1975 年出版的五卷本《三国志》中的

---

① https://senate.universityofcalifornia.edu/_files/inmemoriam/html/michaelcrogers.html.
② J. K. Haboush, "Review of the book *Sourcebook of Korean Civilization, Vol. 1: From Early Times to the Sixteenth Century*, by P. H. Lee", *The Journal of Asian Studies*, 1994, 53 (1), pp. 242 – 244.

《魏略》卷三十第 858—863 页的内容。在翻译过程中，希尔给出了大量的注释和引文，包括多位法国汉学家如著名语言学家、汉学家伯希和（Paul Pelliot）的英文译文。2009 年希尔出版了一部较为权威的历史译著——《穿过玉门关去罗马》（Through the Jade Gate to Rome），得到了学术界的广泛认可。①

5. 爱德华·基德与《三国志》

爱德华·基德（J. Edward Kidder），日本国际基督教大学（ICU）荣誉教授、考古学家，1922 年出生于中国鸡公山的一个传教士家庭。1943 年至 1945 年，他在巴顿的第三军团服役。于 1943 年获得玛丽维尔学院学士学位，1949 年获纽约大学硕士学位，1955 年获纽约大学博士学位。他曾在华盛顿大学圣路易斯分校担任过讲师和助理教授。在京都大学担任富布赖特学者时，他被介绍到日本国际基督教大学，从 1956 年到 1993 年他一直在该校任教，还先后担任考古研究中心主任、学术事务副校长、文学院院长等行政职务。从 1957 年到 1993 年退休，他指导了日本各地的考古发掘工作。鉴于他对日本史前遗址的保护工作所做的贡献，1992 年日本天皇给他颁发了"帝国圣宝勋章"，以表彰他对日本文化的贡献。

基德专门研究日本考古学和艺术史，撰写了十多本书籍及若干论文，其研究成果得到了广泛认可，许多作品被列为日本和亚洲艺术研究的参考资料，如 1959 年的《佛教之前的日本》（Japan before Buddhism）、1965 年的《日本艺术的诞生》（The Birth of Japanese Art）。此外，他还翻译了《三国志》卷三十《乌丸鲜卑东夷传》部分内容，其译文"The Wei Zhi and the Wa People"收录于他的专著《卑弥呼女王与神秘的日本邪马台部落酋长：考古、历史与神话》（Himiko and Japan's Elusive Chiefdom of Yamatai: Archaeology, History, and Mythology）中，该书于 2007 年由夏威夷大学出版社出版。该书有日本古代的最新学术信息来源，是近年来关于日本古代历史的权威书籍之一，也是日本学学者的必读书目。②

6. 马克·拜因顿与《三国志》

马克·拜因顿（Mark E. Byington），美国哈佛大学韩国研究所早期韩国

---

① https://www.amazon.com/stores/author/B002U9J7DA/about.
② Matsumura K., "Himiko and Japan's Elusive Chiefdom of Yamatai: Archaeology, History, and Mythology – By J. Edward Kidder", *Religious Studies Review*, 2009, 35, pp. 305–306.

项目的创始人和项目主任，英国剑桥大学韩国研究所的主席和项目主任，《早期韩国》(Early Korea)编辑。《早期韩国》是哈佛大学韩国研究所早期韩国项目的刊物，该系列旨在促进和推动英语世界的早期韩国历史和考古学研究。拜因顿的主要研究兴趣集中在韩国早期国家的形成和发展，特别是高丽和韩国(Koguryŏ and Puyŏ)。2009年哈佛大学出版社出版了马克主编的《早期韩国》第二卷《韩国历史中的三韩时期》(Early Korea 2: The Samhan Period in Korean History)，其中有三篇文章是对公元4世纪前朝鲜半岛南部的历史发展和贸易关系的研究，以及对这一时期的现有历史资料研究的调查。其他文章介绍了三韩时期相关原始资料研究的注释性翻译，以及与三韩社会相关的重要考古遗址资料的概述。拜因顿翻译的《三国志》卷三十《乌丸鲜卑东夷传》中关于韩国的部分内容"The Account of the Han in the Sanguozhi: An Annotated Translation"也收录在这本书中。

7. 蒂莫西·戴维斯与《三国志》

蒂莫西·戴维斯(Timothy M. Davis)，美国杨百翰大学亚洲和近东语言系教授，于1996年在杨百翰大学获中国语言和文学学士学位，1999年在科罗拉多大学获东亚语言与文明专业硕士学位，2002年在哥伦比亚大学获东亚语言和文化学硕士学位，2008年在该校获东亚语言与文化博士学位。他主要从事亚洲研究、俄罗斯研究和斯堪的纳维亚研究。

戴维斯翻译的"Ranking Men and Assessing Talent Xiahou Xuan's Response to an Inquiry by Sima Yi"于2014年发表在《中世纪早期的中国》(Early Medieval China: A Sourcebook)期刊上，这篇文章摘译了《三国志》卷九《诸夏侯曹传》中摄政王夏侯玄和精英将士司马懿之间的部分往来书信，为反思当时政治紧张、冲突频繁的时代的亲情和权力关系提供了一条途径。《中世纪早期的中国》这本创新的资料书对文学、历史、宗教和批评文本进行了原创性选择和安排，建立了对220—589年中国的动态理解。

8. 迈克尔·法默与《三国志》

迈克尔·法默(J. Michael Farmer)，美国得克萨斯大学达拉斯分校的中国研究副教授，《中世纪早期的中国》的编辑之一。他1992年获得克萨斯大学奥斯汀分校东方和非洲语言与文学学士学位，1994年获威斯康星大学麦迪逊分校中国历史硕士学位，1966 年又获中国文学硕士学位，2001 年获中国文学博士学位。在进入得克萨斯大学达拉斯分校前，他曾在杨百翰大学、威斯康星大学麦迪逊分校和科罗拉多大学博尔德分校任教六年，教授多门中国历史课程，如"早期中国""中世纪中国""传统中国""现代中国""中国艺术史""丝绸之路""传统中国女性"。

法默专门研究早期和中世纪中国的历史、文学、思想和文化。他发表了若干有关中世纪中国的文章，包括早期中国学院的教学插图、中世纪四川的地方史学、诗歌在历史叙事中的运用等。其专著《蜀才》（*The Talent of Shu*）于 2007 年由纽约州立大学出版社出版。该书用著名古典学家和历史学家谯周的批判传记来透视早期四川的社会知识分子的历史。他还从事中国中世纪早期的文学、历史和哲学文本的翻译工作。他翻译的《三国志》卷四十二《杜周杜许孟来尹李谯郤传》中关于谯周的内容"Sanguo Zhi Fascicle 42: The Biography of Qiao Zhou"，于 2017 年发表在《中世纪早期的中国》上，这篇文章主要介绍了谯周的政治活动、学术工作的重要性，以及裴松之《三国志》注。法默目前从事 4 世纪地方史《华阳国志》的翻译和研究工作。

9. 张磊夫与《三国志》

张磊夫（Rafe de Crespigny），1936 年出生于澳大利亚，先后就读于英国剑桥大学历史系、澳大利亚国立大学远东历史系，获博士学位，是当代澳大利亚史学界研究中国东汉及魏晋史的先驱，现为澳大利亚国立大学亚太学院终身讲座教授、澳大利亚国立大学学院行馆荣誉成员。他著有《北方边境：东汉的政与策》（*Northern Frontier: The Policies and Strategy of the Later Han Dynasty*，1984）、《东汉与三国人物志：前 23 年到 220 年》（*A Bibliographical Dictionary of Later Han to the Three Kingdoms 23 BC –220 AD*，2007）、《国之枭雄：曹操传》（*Imperial Warlord: A Biography of Cao Cao*，2010）等作品。

1966 年，张磊夫在《孙坚传：对百衲本陈寿〈三国志〉第四十六卷第一至八 a 页的注解》（"The Biography of Sun Chien: Being an Annotated Translation of Pages 1 to 8a of Chüan 46 of the San-kuo Chih of Ch'en Shou in the Po-na Edition"）一文中，节译了《三国志》卷四十六《吴书一》中孙坚的传记部分。该文在澳大利亚国立大学东方研究中心的《东方研究》（*Journal of Oriental Studies*）

发表后引起了西方学者的广泛关注。1970 年，张磊夫的《论三国志》（*The Records of the Three Kingdoms*）由澳大利亚国立大学出版社出版。

张磊夫在 2019 年 9 月和 10 月 6 日接受《中华读书报》的专访中提道："汉学是一门有价值的、合理的学问。但我个人认为汉学过于碎片化……西方历史学家总是把一个时代看作一个完整的体系而非许多个别的现象。而这正是西方汉学缺乏的。"在专访中，张磊夫也承认自己对"三国"的研究常被学界批评为过于结构主义，还有学者认为张磊夫对陈寿的研究紧跟中国传统学者的研究关注点，如陈寿的史学诚信和政治压力。张磊夫在 1966 年至 1968 年间还发表了几篇关于后汉和三国的重要文章。①

10. 伊佩霞与《三国志》

伊佩霞（Patricia Buckley Ebrey），1947 年出生于美国，哥伦比亚大学东亚研究博士，1985—1997 年任美国伊利诺伊大学东亚研究及历史学教授，1997 年任华盛顿大学历史学教授。其代表作有《中国文明和社会文献选编》（*Chinese Civilization and Society: A Sourcebook*，1981）、《内闱：中国宋代妇女的婚姻与生活》（*The Inner Quarters: Marriage and the Lives of Chinese Women in the Sung Period*，1993）、《中国唐代和宋代的宗教与社会》（*Religion and Society in Tang and Song China*，1993）等。其中，《内闱：中国宋代妇女的婚姻与生活》于 1995 年获约瑟夫·利文森奖，是海外中国妇女史的开山之作。

1981 年，伊佩霞在其专著《中国文明和社会文献选编》的第 20 节"起义"（"Uprising"）中，节译了《三国志》卷八部分内容，讨论了四个反叛宗教领袖的教义和实践，尤其强调了张修的生平事迹。该书由美国纽约自由出版公司（Free Press）出版。

伊利诺伊大学芝加哥分校的爱德华·W. 拉夫斯（Edward W. Laves）称，伊佩霞的这本资料手册包含中国社会各方面的大量文献，为中国文化的初学者提供了可靠的文献和史料。不过，拉夫斯认为该书的潜力与价值并未发挥至最大，其糟糕的翻译和草率的编辑大大减弱了该书作为优秀教科书的吸引力。②

---

① 徐缅，《西洋镜里鉴三国——专访澳大利亚国立大学张磊夫教授》，《中华读书报》2020 年 1 月 22 日 9 版。

② Edward W. L.,"*Chinese Civilization and Society: A Sourcebook*. Edited by Patricia Buckley Ebrey", *Journal of Asian Studies*, 2011, 41 (2), pp. 322-323.

11. 梅维恒与《三国志》

梅维恒（Victor H. Mair），1943年出生于美国，现任宾夕法尼亚大学亚洲及中东研究系教授、宾夕法尼亚大学学考古及人类学博物馆顾问，在京都大学、香港大学、北京大学、四川大学等多所高校兼任教职。其研究领域包括中国语言文学、中古史、敦煌学。参与编写了《汉语大词典词目音序索引》（2003），主要著作有《唐代变文：佛教对中国白话小说及戏曲产生的贡献之研究》（*T'ang Transformation Texts: A Study of the Buddhist Contribution to Rise of Vernacular Fiction and Drama in China*, 2011）、《绘画与表演》（*Painting and Performance*, 2011）、《梅维恒内陆欧亚研究文选》（2014）、《哥伦比亚中国文学史》（*The Shorter Columbia Anthology of Traditional Chinese Literature*, 2016）等。梅维恒于2000年出版了《哥伦比亚中国文学史》，该书由哥伦比亚大学出版社出版，他在书中节译了《三国志》卷二十九相关内容。在该书第191节中，梅维恒教授翻译了华佗的生平事迹，介绍了他在医学上的造诣及行医故事。

12. 傅惠生与《三国志》

我国学者傅惠生，1955年出生于安徽，现任华东师范大学对外汉语学院主任、博士生导师。他的主要研究方向为翻译学、中西文化比较。傅惠生校注的《老子（汉英对照）》（1999）收入"大中华文库"（国家"九五"重点项目，获国家图书荣誉奖）；译有 *The Zhou Book of Change*（2000）；与人合译《李约瑟游记》（1999），与人合作编译了《汉英对照千家诗》（1992）等作品。

傅惠生在《大中华文库：三国志（汉英对照）》中节译了《三国志》卷一、卷十六、卷十九、卷二十一、卷二十八、卷二十九、卷三十、卷三十五、卷四十三、卷四十四、卷四十七、卷五十四、卷五十八、卷六十四相关内容，选取了《三国志》中19位重要人物如诸葛亮、周瑜等的生平事迹进行翻译。该书于2008年由岳麓书社出版。

13. 高德耀与《三国志》

高德耀（Robert Joe Cutter），美国东方学学会前主席，主要研究东方学，尤其是中国汉代末期与三国时期的历史与文学。曾就读于美国亚利桑那州立大学和华盛顿大学，分别获得文学硕士、文学博士学位。曾担任威斯康星大学麦迪逊分校东亚语言和文学系的教授、系主任，东亚研究中心主任。2005年任亚利桑那州立大学历史文化学院教授、院长。他的主要著作有《皇后与嫔妃：陈寿〈三国志〉裴松之注选译》(Empresses and Consorts: Selections from Chen Shou's Records of the Three States with Pei Songzhi's Commentary) 和《斗鸡与中国文化》(The Brush and the Spur: Chinese Culture and the Cockfight)。他的"San kuo chih 三國志"和以上两本书收录于《印第安纳中国古典文学指南》(The Indiana Companion to Traditional Chinese Literature) 1998年第2期。①

《皇后与嫔妃：陈寿〈三国志〉裴松之注选译》的翻译由高德耀与威斯康星大学另一位学者威廉·戈登·克罗威尔（William Gordon Crowell）共同完成。在该书序言②中，高德耀简要说明了其译介动机："1985年夏天，在威斯康星州麦迪逊的一次谈话中，我们决定选择一个适合由两个人共同完成的项目。虽然我们一个对文学感兴趣，另一个对社会经济史感兴趣，但都对中国典籍有深厚的兴趣。"③ 该书选译了《三国志》裴松之注版本中的魏、蜀、吴三个分册来共同服务于作品中三国时期女性问题这一主题。译者的初衷是将《三国志》裴松之注版完整地翻译出来，但是最终未能得偿所愿。《三国志》中有大量的中国三国时期社会宝贵资料，虽未能完整译介，但为中国经典作品的传播做出了一定贡献，为研究三国时期的历史、文学及文化的美国汉学家提供了宝贵的参考文献。《皇后与嫔妃：陈寿〈三国志〉裴松之注选译》一书主要攫取卷五、卷三十四和卷五十中有关宫廷女性的记载进行翻译。中国古代皇后、妃嫔以及皇室贵族与政治权力直接相关，翻译她们的传记不仅可以揭示她们与皇室的关系，而且可以揭示内宫的政治阴谋。译者通过翻译皇后与妃嫔传记使读者关注生活在权力中心附近的女性，为那些无法阅读一手中文传记资料的人们提供了解相关信息的机会。同时，这些篇章也帮助研究者获取当时的信息，分析妇女在中国悠久历史中的地位。美国印第安纳州迪堡大学现代语言系副教授牟雪莉（Sherry J. Mou）2001年写过一篇书评《〈皇后与嫔妃：陈寿

---

① Robert Joe Cutter, "San kuo chih 三國志", *The Indiana Companion to Traditional Chinese Literature*, 1998 (2), pp. 134-138.
② 详见附录四。
③ Robert J. C. & William G. C., *Empresses and Consorts: Selections from Chen Shou's Records of the Three States with Pei Songzhi's Commentary*, Hawaii: University of Hawaii Press, 1999.

《三国志》裴松之注选译〉书评》（"Review of *Empresses and Consorts: Selections from Chen Shou's Records of the Three States with Pei Songzhi's Commentary*"）发表在《中国研究书评》（*China Review International*）上。该书评提道：高德耀与威廉·戈登·克罗威尔在书中的角色与裴松之作为《三国志》的评述者是相似的。在序言和丰富的注释中，两位译者向现代读者阐述了陈寿和裴松之了解历史的记述方法、价值观和标准。也就是说，他们非常详尽地阐释了中国史学的规则，否则这三卷对于没有相关知识基础的读者来说只是宫廷佚事。① 另一位匿名学者在《中世纪早期的中国》上发表的书评则认为该书没有太大的文学价值："事实上，这本书的大部分内容都是干瘪的人名、人物关系、头衔的介绍以及对关键事件的简单叙述。尽管译者尽量缩小关注点，但却不断倾向于触及更大且更具历史意义的问题。因此，读此书会让人既着迷又沮丧。"② 但总的来说，该书为三国历史、三国文化在英语世界的传播做出了一定的贡献，为读者理解这段历史提供了一个新的视角。

14. 索耶与《三国志》

拉尔夫·索耶（Ralph D. Sawyer），美国学者。索耶本科就读于麻省理工学院，学习哲学、科学史和电子工程，研究生就读于哈佛大学，主要研究历史，随后自学中国古代汉语并专注于中国古代及当代战争理论及实践的研究。他的主要学术成就体现在对中国军事史的研究以及对中国军事典籍的翻译上。索耶代表性研究成果有《中国古谍史话》（*The Tao of Spycraft: Intelligence Theory and Practice in Traditional China*）。该书于1998年由西部视点出版社（Westview Press）出版，并于2004年再版。《中国古谍史话》第一次把传统中国历史上令人肃然起敬的间谍情报工作以及大量的理论材料和历史事件演变展示在读者面前。《火战与水攻》（*Fire and Water: The Art of Incendiary and Aquatic Warfare in China*）于2004年由西部视点出版社出版。在该书中，索耶详细收集了中国典籍中从周朝到明朝大量用水和火克敌制胜的战例。《奇谋战略》（*The Tao of Deception: Unorthodox Warfare in Historic and Modern China*）于2007

---

① Sherry J. M., "Review of *Empresses and Consorts: Selections from Chen Shou's 'Records of the Three States' with Pei Songzhi's Commentary*", *China Review International*, 2001, 8 (2), pp. 359-360.

② Anonymous, "Book Reviews", *Early Medieval China*, 2000 (1), p. 124.

年由基础书籍出版社（Basic Books）出版。在该著作中，索耶通过展示这些中国历史上的军事遗产来让人们了解当今中国的战略及作战原则。《中国古代战争史》（*Ancient Chinese Warfare*）一书于 2011 年由基础书籍出版社出版，该书梳理了中国古代从有考古记录开始到商朝灭亡这段时期发生过的战争。

索耶的《诸葛亮战略》（*Zhuge Liang: Strategy, Achievements, and Writings*）一书，于 2014 年由创作空间独立出版公司（Create Space Independent Publishing Platform）出版。该书是海外首部对诸葛亮军事策略、军事成就和写作进行研究的鸿篇巨制，书中还有对诸葛亮军事著作部分的翻译。该书以陈寿的《三国志》为史料基础，对诸葛亮尤其是诸葛亮的军事能力进行了详尽的介绍。

《诸葛亮战略》除了对诸葛亮所有的军事著作以及他的书信、纪念物进行完整的注释翻译，还概述了诸葛亮的军事背景，考察了他的战略思想，并分析了刘备死后诸葛亮指挥的诸多战役。尽管此书未对《三国志》进行完整的翻译，但它对《三国志》中诸葛亮相关内容的翻译，对研究诸葛亮在海外的形象具有一定的参考价值。

索耶在书的序言①中对创作这部作品的目的进行了详细的说明。在中国的史籍及文学作品中，不同的作品从不同的角度对诸葛亮的形象进行了描绘。诸葛亮的传记可从陈寿的《三国志》和张澍的《诸葛忠武侯文集》两部作品中找到。但因《诸葛忠武侯文集》是张澍对前人收集到的诸葛亮资料的收集与整理，该书出版后受到"诸葛迷"的质疑。读者谴责该书遗漏了一些非常具有代表性的材料，是不可靠的学术作品。于是，索耶将研究的重点放在了《三国志》上，希望给诸葛亮的军事材料提供一个相对全面的理解与翻译，不能仅仅局限于对诸葛亮生平的翻译，还应包括军事纪念物以及其他一些信件和沉思录。索耶认为，创作的目的是更好地理解这位历史人物，而不是重述和评价他作品的潜在真实性，同时也是对过去二十多年相关质疑的一个回应。

《诸葛亮战略》作为一部专门研究诸葛亮军事策略的英文书籍，其学术价值是毋庸置疑的。美国军事史杂志上一篇书评曾提道："索耶提供了第一本专门讨论诸葛亮生平和思想的英文书，东亚人把他视为军事奇才的缩影。这本书

---

① 详见附录五。

对诸葛亮的职业生涯和军事思想提出了宝贵的见解。因此，任何对中国三国时期感兴趣的人都必读这本书。"①

香港大学学者袁文得（Man-tak Kwok）对《诸葛亮战略》一书从正反两个方面进行了评价。一方面，他认为索耶的著作很好地介绍了中国历史上最著名的人物之一——诸葛亮，并认为这是一部丰富的中国早期军事思想资料集，会受到普通读者和学者的欢迎。索耶对诸葛亮成就的大多数评价都取决于他对中国古典军事文献的论述，以避免毫无根据的"后见"之明。另一方面，他也直接指出该书有许多明显的印刷错误以及漏译之处。此外，他认为索耶对非军事问题的假设关注不足。②

15.《中国丛报》与《三国志》

《中国丛报》（Chinese Repository），旧译《澳门月报》，是西方传教士在清末创办的一份英文期刊，由美部会传教士裨治文（Elijah Coleman Bridgeman）创办于1832年5月，主要发行地点是广州。《中国丛报》在鸦片战争期间一度搬到澳门和香港，1845年再移回广州。美部会另一位传教士卫三畏（Samuel W. Williams）1833年开始在广州负责处理《中国丛报》的刊行事务。1847年后，卫三畏代裨治文负责该刊的编撰。1851年12月《中国丛报》停刊。该刊共发行20卷，共232期。《中国丛报》在刊行的长达20年的时间里，详细记录了鸦片战争前后中国的政治、经济、文化、宗教、社会生活等诸多方面的内容，同时也是海外汉学界研究中国社会最为重要的文献资料，在海外汉学界具有重要影响。

1843年发行的《中国丛报》第12卷用10页篇幅用英文对诸葛亮进行了介绍。③

《三国志》英译始于19世纪40年代初鸦片战争后。1832年，西方传教士裨治文在广州创办了一份英文期刊《中国丛报》（旧译《澳门月报》），在鸦片战争期间一度搬到澳门和香港，1845年再移回广州，1851年12月停刊。该期刊共发行20卷，总232期。在刊行的20年时间里，该期刊详细记录了第一

---

① https://www.ralphsawyer.com/works.htm.
② Man-tak Kwok, "Book Reviews: Zhuge Liang: Strategy, Achievements and Writings", Journal of the Royal Asiatic Society, 2015, 25 (2), pp. 370-374.
③ 详见附录二。

次鸦片战争前后中国的政治、经济、文化、宗教、社会生活等诸多方面的内容，是海外汉学界研究中国社会最为重要的文献资料，在海外汉学界具有重要影响。1843 年在《中国丛报》第 12 卷上，编者用 10 页篇幅专章用英文对诸葛亮进行介绍。这是《三国志》内容在英语世界译介的滥觞。随后西方不少学者开始关注《三国志》，并进行摘译、节译，将《三国志》译介到英语世界。日本历史学家角田柳作的工作是早期的重要贡献之一。他将《三国志》中的部分内容引入西方的日本研究领域。美国汉学家杜志豪通过对《三国志》中特定章节的翻译与研究，进一步拓宽了西方对这一时期中国历史的认识。迈克尔·考特尼·罗杰斯的工作不仅体现在翻译上，还有在教育和学术研究方面的贡献。其他学者如约翰·希、爱德华·基德、马克·拜因顿、蒂莫西·戴维斯、迈克尔·法默、张磊夫、伊佩霞、梅维恒、傅惠生、高德耀、拉尔夫·索耶等的翻译和研究工作，极大地丰富了西方对《三国志》及其相关人物如诸葛亮的理解。他们的文本翻译工作，相关历史背景、文化和军事战略的深入分析研究，使得《三国志》在西方学术界、读者中占据了重要地位，由此《三国志》成为连接中国与西方学术及文化交流的重要桥梁。《三国志》的英语译介，作为中国古典历史文献在西方世界的重要传播渠道，反映了多个时期的学术努力和翻译实践。《三国志》不仅记录了三国时期的历史事件，而且深刻描绘了那个时代的文化、政治和军事景观。20 世纪初以来，一系列学者对这部作品进行了深入的翻译和研究，为西方读者提供了宝贵的历史视角。特别值得一提的是，这些学者的翻译工作常常伴随着对文化背景的深入分析和对历史人物的全面评价。例如，他们对诸葛亮等重要人物的研究不仅在学术上具有重要价值，还为普通读者提供了深入了解这些历史人物的机会。他们的工作使《三国志》成为一座沟通中国与西方历史、文化的桥梁，对于推动跨文化的历史学术交流起到了不可或缺的作用。总而言之，这些学者的工作不仅提高了《三国志》在西方的知名度，还丰富了西方对中国古代历史和文化的理解。在他们的努力下，《三国志》不再是一部遥远的东方古籍，而是全球学术界共同关注的文化遗产。

二、《资治通鉴》中的诸葛亮在英语世界的译介

20 世纪以前，《资治通鉴》是海外了解中国历史的重要文献来源。门多萨

(Juan Gonsales de Mondoza)编著的《中华大帝国史》(*Historia del Gran Reino de la China*)、法国传教士冯秉正(Joseph-Francois-Marie-Annede Moyriacde Mailla)编写的《中国通史》(*Histoire generale de la Chine*)的文献来源为《资治通鉴》。这两本著作在海外史学界和汉学界均有重要影响。迄今,《资治通鉴》有四个代表性英译节译本,即华裔学者方志彤(Achilles Fang)的《三国志》(*The Chronicle of the Three Kingdoms*, 1952)以及澳大利亚史学家张磊夫的《资治通鉴汉末篇译注》(*The Last of the Han*, 1969)、《恒灵二帝》(*Emperor Huan and Emperor Ling*, 1989)、《建安》(*To Establish Peace*, 1966)。

1. 方志彤与《资治通鉴》

方志彤,哈佛大学东亚语言与文明系教授,1910年8月20日出生在中国山西安邑,在日本统治下的朝鲜度过了他痛苦的童年,15岁回到上海读高中,1927年进入清华大学学习哲学。1934至1936年,方志彤在广西省立医学院任教。随后的十年,他在北平辅仁大学担任《华裔学志》(*Monumenta Serica*)的编辑,与当时的著名学者陈垣、张星烺、田清波、卫德明等同为编委,为这本重要的汉学期刊的发展做出了重要贡献。1939至1945年他在中德学会担任教师和《中德学志》的编辑,这一阶段,"方志彤在北京德国汉学界以及美国学者中声名鹊起"[1]。1947年,方志彤应哈佛大学燕京学社社长叶理绥之邀前往哈佛大学,并参与《哈佛汉英词典》的编辑工作(该词典未完成)。方志彤停止编纂工作后,在哈佛远东语言系任教,同时攻读比较文学博士学位,于1958年获得博士学位。在对庞德诗歌的研究过程中,他与庞德结下了深厚的友谊,成为庞德研究中国诗歌的得力助手。随后,他在哈佛大学长期讲授古代汉语、中国文学理论和文艺批评等。方志彤注解了《德语津梁》,有《陆机〈文赋〉英译》、《资治通鉴》卷六十九至七十八英译和注释。

虽然方志彤著作不多,但其作品给学界留下了宝贵的财富。他性格高傲,治学严谨,手不释卷,"工作期间,仅靠着几份微薄的收入,他也经常不停地购置旧书,收集齐了全套《四部丛刊》、'二十四史'等"[2],而这种严谨的态度也体现在他对《资治通鉴》的翻译中。1952年,哈佛大学出版社出版了方

---

[1] J. R. Hightower, "Obituaries", *Monumenta Serica* 1, 1997, pp. 399-449.
[2] 同上,第400页。

志彤节译自《资治通鉴》中魏纪十卷的节译本 The Chronicle of the Three Kingdoms，这是《资治通鉴》英译活动真正开始的标志。该译本得到了学界的广泛认可。汉学家薛爱华（Edward Hetzel Schafer）讲道："在我的认知中，还没有哪位汉学家能够将《资治通鉴》中长篇话语翻译成欧洲语言的，负责出版的每个人都应该对这位东方的历史学家心存感激。"[1] 除此以外，担任编辑的拜克斯特（Glen W. Baxter）认为，该书是"西方第一部详尽介绍三国历史的译著"[2]。方志彤的节译本还向英语世界学者和读者介绍了司马光撰写三国时期史书的规划和方法。拜克斯特说："方志彤选取《资治通鉴》魏纪部分进行翻译的目的，不仅因为这是史书中最精炼的部分，更重要的是这部分能够体现司马光是如何组合、编排史料的。"[3] 因此，该译本不仅是《资治通鉴》英译本的先锋，而且对三国历史在海外的传播也起到了重要的推动作用。

方志彤节译本的第一册完整翻译了《资治通鉴》第六十九卷到七十八卷的三国时期和第七十九卷的晋统治初期的内容。方志彤挖掘并探讨了司马光所编写的公元220至265年间每一个事件的原本，以确定他如何在相互矛盾的语句中进行选择，如何对较长的叙述进行删减，以及如何进行重点转移或文体变化。对此，怀特（A. F. Wright）评价了方志彤高超的文本理解和文本翻译技能："在甄选翻译段落以及解释其选取理由这些方面，方志彤总是充满智慧，成功完成了任务。因此，欣赏该节译本就像参观这位伟大的历史学家的思想工作室，在那里他努力浓缩了手下工作人员准备的大量草稿。"[4] 方志彤不仅翻译了司马光撰写的史料，还标注出《三国志》和《三国演义》对应的段落和自己的评论，甚至添加了三国作品的其他译本。方志彤遵守朱熹历史研究

---

[1] Edward Hetzel Schafer, *The Chronicle of the Three Kingdoms* (220-265), *Chapters 69-78 from the Tzŭ chih t'ung chien of Ssû-ma Kuang (1019-1068)*. Translated and annotated by Achilles Fang. Edited by Glen W. Baxter. Volume I. Harvard-Yenching Institute Series VI. Cambridge, MA: Harvard University Press, 1952.

[2] G. W. Baxter, "Editor's Preface", in Achiles, F. ed., *The Chronicle of the Three Kingdoms (220-265)*, Cambridge, MA: Harvard University Press, 1965, pp. xi-xv.

[3] 同上

[4] A. F. Wright, *The Chronicle of the Three Kingdoms (220-265): Chapters 69-78 from the Tzŭ chih T'ung Chien of Ssû-ma Kuang (1019-1086)*. Translated and annotated by Achilles Fang. Volume II. Edited by Bernard S. Solomon. Harvard-Yenching Institute Studies (Cambridge, MA: Harvard University Press, 1965, pp. ix, 693).

的方法，经他精心编排的索引和解释可为英语学者提供更多的参考。值得一提的是，方志彤的节译本为英语学界提供了"原始资料研究"。他认为，"如果要迎合西方读者的偏好和要求，那就得另写一本三国时期的史书"①，因此他在翻译时尽力保留中文的韵味和中华文化的纯粹。

方志彤《资治通鉴》英译本是第一部用西方语言详尽介绍三国历史的译著。在出版后的短短数年间，就有多位国际知名汉学家撰写书评，其学术影响力可见一斑。1965 年由哈佛大学出版社出版的 *The Chronicle of the Three Kingdoms* 为方志彤译《资治通鉴》六十九至七十八章。方志彤是一位汉学家、比较文学家，也是哈佛大学东亚语言与文明系教授。鉴于他对中国传统人文研究和哈佛大学东亚研究做出的巨大贡献，哈佛大学授予他"哈佛方基奇奖"。方志彤也被公认为以源文化为导向的译者。

2. 张磊夫与《资治通鉴》

从 1969 年到 1996 年，张磊夫历时近 30 年翻译《资治通鉴》。关于三国，张磊夫共出版了三个节译本，分别为《东汉末年》（1969）、《桓灵二帝》（1989）和《建安》（1996）。翻译内容从《资治通鉴》卷五十四孝桓皇帝永寿三年到卷六十九曹操去世。在翻译过程中，张磊夫对《资治通鉴》进行了深入的研究，把《资治通鉴》的隐喻和文化形象生动地翻译了出来。他的译文以通达易懂而著称，在翻译研究学界占据重要的地位。②

张磊夫说自己选择翻译《资治通鉴》的理由是，"对于欧洲人和大多数中国人而言，《资治通鉴》及其相关著述是研究中国历史的首要来源……这种编年史体的名著便于阅读，史料可靠；这本史书优于中国众多历史时期其他史料"③。因此，他认为翻译并注释司马光的著作对西方世界研究东汉这一伟大时期大有裨益。除此以外，张磊夫还认为，相比于正统的史书，三国时期的小说或其他艺术形式的作品受到的关注更多。所以，他希望通过对几处史料记载

---

① A. Fang, *The Chronicle of the Three Kingdoms (220 – 265): Chapters 69 – 78 from the Tzŭ Chih T'ung Chien of Ssu-ma Kuang*. Cambridge, MA: Harvard University Press, 1965.
② 详见附录二。
③ R. de Crespigny, *The Last of the Han: Being the Chronicle of the Years 181 – 220 A. D. as Recorded in Chapters 58 – 68 of the Tzu-chih T'ung-chien of Ssu-ma Kuang*, Canberra: Australian National University, 1969, p. xvii.

与小说记载存在的差异进行比较,更客观准确地理解这个波澜壮阔、英雄辈出的历史时期,从而引导学者和读者了解真正的历史,这也是身为史学家的职责所在。张磊夫的译本相较于前人有进一步的提升,研究也更深入。正如评论家罗威(M. Loewe)所言:"张磊夫翻译的大部分内容都是关于东汉和三国时期重大的军事事件以及魏蜀吴三国在汉帝国不同地区的建立。张磊夫的研究成为继方志彤《资治通鉴》节译本后的又一代表作品,为读者提供全面了解魏、蜀、吴三国崛起的材料。"[1]

在魏、蜀、吴三国中,张磊夫首先专注于吴国。他在 1964 年的论文中专门讨论了吴国《南方中华帝国的发展:三国中吴国的起源讨论》(*The Development of the Chinese Empire in the South: A Discussion of the Origins of the State of Wu of the Three Kingdoms*)。他还翻译了孙坚的传记,后又撰写了专著《南方的将军》(*Generals of the South*, 1990)。他对吴国的兴趣源于罗贯中在《三国演义》中将属于吴国的许多功绩加在蜀汉的头上,吴国成为探讨历史小说真实性与虚构性的切入点。在其著作《南方的将军》第九章中,张磊夫讨论了以损坏吴国形象为代价赞颂蜀汉的行为,特别是以牺牲周瑜的能力和魅力来突出诸葛亮伟大形象的写作方法。张磊夫最不感兴趣的国家就是蜀汉。正如他在接受 Medievalists. net 采访时说:"有些惭愧地说,我从来没有真正研究过刘备这个擅长为背叛者和两面派辩护的领导者。"此外,张磊夫也没有出版过关于蜀汉的书或发表过相关文章。在对吴国进行研究之后,他更多地关注汉朝本身的问题:东汉灭亡的原因和过程也成为他创作《桓灵二帝》《建安》等作品的出发点。尽管张磊夫对三国时期的研究重点不在蜀汉,但其翻译中介绍的关于蜀汉或者诸葛亮的事件依然对诸葛亮形象在英语世界的传播起到了一定作用。值得一提的是,张磊夫最早使用"伟大的巫师"(the great magician)来形容诸葛亮。在《资治通鉴》中,关于诸葛亮的史料从卷六十五出场展开,到卷七十二去世,但三个节译本均没有完整翻译有关诸葛亮部分。

---

[1] M. Loewe, Rafe de Crespigny *The last of the Han: being the chronicle of the years 181 – 220 A. D. as recorded in chapters 58 – 68 of the Tzu-chih t'ungchien of Ssu-ma Kuang*. (Australian National University, Centre of Oriental Studies, Monograph 9.) xxxiv, 560 pp., 2 maps. Canberra: Centre of Oriental Studies, Australian National University, 1969. *Bulletin of the School of Oriental and African Studies*, 35 (1), 176 – 177.

进入 21 世纪，关于《资治通鉴》的英译活动持续不断，其中具有代表性的是澳大利亚国立大学亚太学院的马克·斯特兰奇（Mark Strange）、美国译者约瑟夫·亚浦（Joseph P. Yap）和华裔学者孔旭荣对《资治通鉴》进行的不同篇幅、形式和目的的译介。

第二节
《三国志平话》《三国演义》在英语世界的译介

一、《三国志平话》在英语世界的译介

《三国志平话》的英文译本 Records of the Three Kingdoms in Plain Language 由奚如谷（Stephen H. West）、伊维德（Wilt L. Idewa）和一位匿名译者共同完成。该书于 2016 年在哈克特出版有限公司（Hackett Publishing Company, Inc.）出版，是《三国志平话》在英语世界里的第一个全译本。

伊维德，荷兰著名汉学家，1944 年出生于荷兰德伦特省库福尔登。1968 年在莱顿大学汉语言文化系获得学士学位后，他在该校继续攻读博士学位，师从荷兰著名汉学家何四维，1974 年博士毕业并留校任教，担任中国语言与文学教授。伊维德曾两度担任莱顿大学人文学院院长，先后赴美国夏威夷大学、加州伯克利大学和法国高等研究应用学院访问。2000 年，伊维德担任美国哈佛大学中国文学教授，并被评为荷兰皇家艺术与科学学院院士。2004 年以后，他先后任哈佛大学费正清东亚研究中心主任、哈佛大学东亚语言与文学系主任以及哈佛大学中国文学研究讲座教授。伊维德对早期的中国戏剧、中国近现代女性文学、中国流行叙事民谣以及早期白话小说极感兴趣。曾英译《西厢记》《倩女幽魂》《窦娥冤》《汉宫秋》等多部元代戏剧，被认为是当代欧美汉学研究的最高成就者之一。

奚如谷，美国著名汉学家、语言学家和翻译家。早年曾游学于澳大利亚、

德国、荷兰、中国、日本等地，精通多国语言，包括中文、德语、日语、法语和西班牙语。1972 年，奚如谷获得美国密歇根大学博士学位，同年执教于亚利桑那大学。1986 至 2004 年在加州大学伯克利分校任东亚语系教授。目前在美国亚利桑那州立大学担任亚洲研究中心主任，任该校全球研究学院语言和文学系讲座教授。奚如谷的研究主要为中国早期戏剧、历史典籍、文字，以及晚期的城市文化和文化史，开设的课程涵盖了宋元时期的诗词散文。他与荷兰汉学家伊维德志同道合，曾合译多部中国经典作品。与哈佛大学著名汉学家宇文所安（Stephen Owen）并称为"美国东西两个 Stephen"。

就海外传播和影响力而言，相比《三国志》《三国演义》，《三国志平话》稍显逊色。中外学界对《三国志平话》的研究深度与广度都不及《三国志》和《三国演义》，且主要关注《三国志平话》和《三国演义》的联系。他们似乎也意识到了这一点，曾经提道："与后来的同题材小说相比，《三国志平话》在许多方面都是一个简单得多的文本。但我们不应该简单地站在《三国演义》的语境来解读这些简洁的故事。虽然这些故事所涵盖的情节远少于后来的小说，而且所涵盖的许多情节都是以一种非常粗略的方式进行处理的。但是，如果单个情节并不总是像后一部小说中的情节那样复杂，那么它们往往更自然、更有说服力。"[①] 可见，他们看到了《三国志平话》独特的价值，认为其故事性和内在的张力对研究中国早期话本和叙事风格具有重大意义。他们用清晰明了的语言以及快节奏的叙事，向读者讲述了许多中国历史上激动人心的故事。即使在各类文学作品层出不穷的今天，《三国志平话》作为介绍中国传统文化的作品，仍是值得翻译并广泛传播的。

Records of the Three Kingdoms in Plain Language 自出版以来，受到学界的广泛好评。宾夕法尼亚大学东亚系教授金鹏程（Paul R. Goldin）对这本书的评价极高，他曾说："能将一个个生动的故事完整地翻译成英文，并提供清晰明了的注释参考，非常适合本科教学。在这方面伊维德和奚如谷是做得最好的两

---

① Stephen H. W., Wilt L. I., Anonymous, "Preface", *Records of the Three Kingdoms in Plain Language*, trans. Stephen H. W., Wilt L. I. & Anonymous, Indianapolis: Hackett Publishing Company, 2016, p. xxx.

位!"① 密歇根大学教授大卫·罗尔斯顿（David Rolston）首先对伊维德和奚如谷翻译水平进行了高度赞扬："他们一直致力中国白话文学著作的学术研究和翻译工作，其作品为学术性、准确性和可读性设定了非常高的标准。"罗尔斯顿紧接着提道："*Records of the Three Kingdoms in Plain Language* 全面地介绍了在中国非常有名且值得在西方更为人熟知的所有主要人物（刘备、关羽、张飞、曹操、周瑜等）和事件（桃园三结义、赤壁之战、单刀会等）。"② 伦敦大学教授伊万·麦克唐纳（Ewan MacDonald）评论道："与他们早期的作品一样，奚如谷和伊维德巧妙地处理了文学翻译中固有的张力。该译作成功地完成了一项艰巨的任务，既贴近原文的语言结构，同时又产生了可读性和愉快的效果。大量的注释解释了历史背景和文化背景，并讨论了翻译的取舍及理由。这部作品以话本故事的形式对三国时期的历史传说进行了深入介绍并提供了更多的佐证资料。详尽的中英文书目是研究这一课题的宝贵资源，译者严谨的翻译方法进一步提高了翻译的资源价值。总之，这是现有英译本中对中国早期叙事文学的一个高质量补充，也是研究三国整套故事和话本形式的优质资源。"③ 可见，《三国志平话》英译本在国外已有一定的接受度和认可度，为三国历史人物在海外的传播起到了一定的助推作用。

二、《三国演义》在英语世界的译介

19世纪初，随着第一位英国新教传教士罗伯特·马礼逊（Robert Morrison）来到中国，中国古典小说开始踏上西行之旅。《三国演义》是中国文学史上第一部章回小说，也是历史演义小说的开山之作，被列为中国四大古典名著之一，在海内外的影响广泛、深刻。1814年，随马礼逊一同来到中国的有一位专业印刷技师彼得·佩林·汤姆斯（Peter Perring Thoms）。出于对中华文化的强烈兴趣和帮助西方了解中华文化的目的，汤姆斯于1820年首次翻译出版了《三国演义》的英译版本。他以毛纶、毛宗岗父子的评改本《三国

---

① https://www.hackettpublishing.com/records-of-the-three-kingdoms-in-plain-language-4117.

② 同上。

③ E. MacDonald, "Book Reviews: *Records of the Three Kingdoms in Plain Language*", *Bulletin of the School of Oriental and African Studies*, 2017, 80 (2), pp. 409-410.

志演义》为底本（简称"毛评本"），其英译的首末两段分别出自第八回"王司徒巧使连环计　董太师大闹凤仪亭"第三段与第九回"除凶暴吕布助司徒　犯长安李傕听贾诩"最后一段，由此开启了《三国演义》的英译之路。

《三国演义》英译本有全译本和节译本两种。就目前资料来看，接受范围较广的全译本译者有英国译者邓罗（Charles Henry Brewitt-Taylor）、美国译者罗慕士（Moss Roberts）、英国著名道学家彭马田（Martin Palmer）以及中国学者虞苏美和张亦文（Cheung Yik-man）五位译者。

在全译本中，1925 年由上海别发洋行发行的邓罗全译本 *Romance of the Three Kingdoms* 出现最早、影响最大，是其后的 70 年间《三国演义》唯一的一部英文全译本。该译本问世时间早、广受读者欢迎且多次重印，这两个因素在很大程度上筑牢了该译本在英语世界的地位。直到今天，当这部古典小说在英语国家被提起时，大家都会提到邓罗译本使用的" Romance of the Three Kingdoms"这一译名，这充分表明了邓罗译本在英语世界的深远影响。

罗慕士 1976 年的节译本书名是 *Three Kingdoms: China's Epic Drama*（《三国：一部史诗剧作》）。当时，译者将这部小说解读为史诗或戏剧体裁，译本中所有人物对话都以戏剧剧本的形式展现。他在 1991 年的全译本中增加了 40 页后记、大量尾注和人物说明。

虞苏美翻译的 *The Three Kingdoms*（汉英对照版），2017 年 9 月由华东师范大学出版社出版，是首部由中国人翻译的一百二十回《三国演义》英文全译本。

除了全译本，流传较广的节译本译者有英国彼得・佩林・汤姆斯、美国传教士卫三畏（S. W. Williams）、英国汉学家司登得（G. C. Stent）、英国传教士美魏茶（William C. Milne）、英国学者亚历山大（G. G. Alexander）、德国传教士郭实腊（Charles Gützlaff）等 18 位。其中多为英、美等国来华的传教士或者驻华官员，他们的节译本多选择原作的一至三回、七至九回、二十一至二十九回、四十一至四十六回作文本，且以上节译者对《三国演义》的译介多出于对中华文化的兴趣与促进文化交流、传播的目的。

国内较早对《三国演义》译本展开翔实、全面的文献收集整理的代表作品为王丽娜编著的《中国古典小说戏曲名著在国外》（1988 年）。此后相关论文、专著不断出现，目前学界对《三国演义》英译本的研究主要集中于其中的诗词翻译、翻译理论、翻译策略的研究,各译本评述以及该作的英译史研究。王燕、郭昱、郑锦怀等学者对王丽娜作品里资料的遗漏、错误进行增补、订正,带动了国内《三国演义》英译研究的热潮。王燕于 2018 年出版的《19 世纪〈三国演义〉英译文献研究》,在王丽娜的研究成果基础上,着重选择了 19 世纪 7 位节译、选译《三国演义》的译者展开了深入、翔实的文献收集整理。郑锦怀在史料研究的基础上,对王丽娜在《〈三国演义〉在国外》一文中对《三国演义》早期英译情况的考录介绍加以订正补遗,更加准确、全面地向读者展现了《三国演义》在英语世界的传播情况。郭昱在《〈三国演义〉英译史研究》(2017 年)一书中将《三国演义》两百多年的英译史划分为三个时期,并详细描述了各个时期翻译活动的主要特征,揭示了《三国演义》在英语世界翻译和传播的历史趋势。

国外对《三国演义》的英译研究也主要集中于英译本中的中国思想、译本、翻译过程,以及作品中的人物形象研究。美国圣母大学学者彼得·穆迪(Peter R. Moody, Jr.) 1975 年发表的《〈三国演义〉与中国通俗政治思想》("The Romance of the Three Kingdoms and Popular Chinese Political Thought")一文对邓罗全译本的《三国演义》中出现的中国儒家思想、治国之道进行了系统分析探讨;英国学者简立言(Isidore Cyril Canon)于 2005 年开展了对邓罗的背景介绍和译介过程研究;海外学者谭·迈克尔·钱德拉(Tan Michael Chandra)在"The Process of Translation, Adaptation, and Question of Feminism in Luo Guanzhong's *Romance of the Three Kingdoms*"一文中通过剖析《三国演义》翻译作品中的男女关系来探讨女性地位的缺失;拉尔夫·索耶所著《诸葛亮战略》对《三国演义》和《三国志》中的诸葛亮形象进行了详细的解读,尤其关注其中的军事策略和政治思想。

从 1820 年英国人彼得·佩林·汤姆斯第一次将《三国演义》节选译文 "The Death of the Celebrated Minister Tung-Cho"(《著名丞相董卓之死》)发表在《亚洲杂志》(*The Asiatic Journal*)上算起,《三国演义》的英译史长达两百多年。其间,海外传教士、汉学家、海关官员、外交官等不同职业的译者以及国内学者对《三国演义》进行摘译、节译或全本译介,为推动三国历史、文化和重要人物在海外传播起到了巨大的作用。关于《三国演义》在海外的译介,国内学者郑锦怀、王丽娜、王燕、许多等进行了大量严谨而又细致的研究，并取得了极具学术价值的丰硕成果，为学界研究《三国演义》以及三国历史、文化、人物在海外的传播提供了宝贵的文献参考。迄今，国内外共有二十多位译者对《三国演义》进行了译介，为推动《三国演义》这部名著在海外的传播做出了巨大贡献。下文将对《三国演义》在各个时期的译介情况进行梳理，为本书后面专章讨论诸葛亮在海外的形象建构提供参考。

1. 彼得·佩林·汤姆斯与《三国演义》

彼得·佩林·汤姆斯（Peter Perring Thoms），19世纪初英国来华传教士。汤姆斯在中国工作长达十年之久，译介了大量中国古代文学作品。他是最早将《三国演义》摘译成英文的外国人，在中英文化交流史以及中国文学的英译方面贡献卓著。1814年，东印度公司为推动中英贸易，赞助第一位英国来华新教传教士马礼逊印制他编纂的《华英字典》，出资在英国雇用了专业技师汤姆斯。汤姆斯印刷的《华英字典》在当时受到了普遍赞赏。在与中国人及中国文化日复一日的密切接触中，汤姆斯逐渐由一名职业印刷技师变成了一位中国文学的爱好者和翻译者。1814年至1825年十年间，他不仅印制了六卷《华英字典》，还排印了大量与中国语言、文学相关的书籍。他对中国文学文化产生了浓厚的兴趣，曾将多种中国古代文献译成英文，如广东弹词《花笺记》《博古图》等。汤姆斯译作篇幅最长、影响最大的作品是广东木鱼书《花笺记》（*Chinese Courtship*），该书于1824年在澳门印刷所排印成书。汤姆斯将《三国演义》第一回至第九回译成英文，标题为"The Death of the Celebrated Minister Tung-cho"（《著名丞相董卓之死》），分三期连载于《亚洲杂志》上①。该译文以"毛评本"为底本，首末两段分别出自第八回第三段和第九回最后一段。他在标题的脚注中指出："本文节译自《三国志》，一本囊括了中国最著名内战的史书。中国人非常重视这本史书，不仅是因其文学价值，还因它包括（如同他们想象的那样）相关历史时期的战争与灾难的大量准确叙述。"②

郑锦怀认为，在此处，汤姆斯似乎将《三国演义》与《三国志》混为一谈，但其学术价值却不可否认。汤姆斯认为《三国演义》是一部充斥着战争

---

① 刊载期次与页码如下：1820年12月第1辑第10卷，第525-532页；1821年2月第1辑第11卷，第109-114页；1821年3月第1辑第12卷，第233-242页。

② 郑锦怀，《〈三国演义〉早期英译百年（1820—1921）——〈《三国演义》在国外〉订正补遗》，《明清小说研究》2012年第3期，第86-95页。

与灾难的史书。"毛评本"第八至九回恰恰充满了战争、争权夺利、阴谋诡计、灾难等,可视为全书内容之浓缩。因此,汤姆斯应当是希望借此帮助西方读者了解中国历史。①

王燕认为,汤姆斯选译《三国演义》与马礼逊密切相关。最早将《三国演义》介绍到英语世界的西方人是马礼逊,他曾两次提及《三国演义》。汤姆斯与马礼逊、米怜交往密切,"二人对《三国演义》的重视定然对汤姆斯有所启发:既然《圣经》翻译和汉语学习都离不开《三国演义》,阅读与翻译这部作品也就成了当务之急"②。王燕指出,作为自学成才的业余汉学家,汤姆斯的翻译不可避免地存在诸多问题。文中有个别文字识别错误,尤其表现在人名的音译上。相较于《宋金郎》《花笺记》,汤姆斯给《三国演义》添加的注释较少。许多专有名词,尤其是表示人物身份与职衔的专有名词,如司徒(Tsze-too)、元帅(Yun-kewen)等,大部分只做音译而未做注解,令读者费解。"毛评本"在清代被称为"第一才子书",汤姆斯将之音译为 Te-yeh-tsae-tsze,意译为"最具文采的书"。显然,汤姆斯在译介《三国演义》时,也强调了"才子书"这一评价体系的存在。既然有所谓"第一才子书",被推许为"第八才子书"的《花笺记》自然也值得关注,这或许是他四年后翻译该作的重要原因。由此可见,汤姆斯不仅在 19 世纪 20 年代就在英语世界播撒了"才子书"的种子,还翻译了其中的两部,两种译作在早期中国文学英译史上均创造了辉煌业绩。③

2. 卫三畏与《三国演义》

卫三畏(Samuel Wells Williams),又译作卫廉士,最早来华的美国新教传教士之一,也是美国早期汉学研究的先驱者,美国第一位汉学教授。卫三畏 1833 年到中国传教,1876 年返美,在中国生活了 43 年。他一生致力研究和介绍中国传统文化,是一位"中国通"。他发表了若干多汉学著作,代表作有《中国地志》(*Chinese Topography*)、《中国总论》(*The Middle Kingdom*)等,这些作品奠定了他美国汉学第一人的学术地位。最能反映卫三畏汉学研究成就

---

① 郑锦怀,《彼得·佩林·汤姆斯:由印刷工而汉学家——以〈中国求爱诗〉为中心的考察》,《国际汉学》2015 年第 4 期,第 133-141、204 页。
② 王燕,《汤姆斯与〈三国演义〉的首次英译》,《文学遗产》2017 年第 3 期,第 187 页。
③ 同上。

的是其巨著《中国总论》，是美国最早的汉学研究著作。该书把中国文明作为整体进行研究，参考和征引了大量国际汉学家的著作，代表了19世纪国际汉学的水平，对于帮助近代西方人了解中国起到了重要的作用。《中国总论》对美国汉学研究产生了巨大影响，还被用作教材，成为数代美国人认识中国的英文模板。1876年，卫三畏从外交职务退休回国被聘为耶鲁大学汉学讲座首任教授，有美国"汉学之父"之称。1881年，卫三畏当选为美国东方学研究权威机构美国东方学会会长。

1848年出版的《中国总论》，又名《中国》，有四页篇幅摘译并介绍了《三国演义》。在第17章"中国的历史与纪年"中，卫三畏简要介绍了各个朝代的建立与衰亡，谈到了魏、蜀、吴三国的基本情况："从公元190年汉代被推翻，到公元317年东晋建立，是中国历史上最有趣的阶段之一，有众多的人物，造成了种种纷争。《三国演义》描述了这一时期的混乱，但是这一引人入胜的著作只能看作历史小说。正如司各特写的故事一样，这部书展现当日人物事件，栩栩如生，在中国文学中最受人们欢迎。后汉始于公元211年，终于265年，历两个皇帝，共44年。全国分为魏、吴、蜀三国。魏在曹操的儿子统治之下占领整个北方，定都洛阳，力量最大，持续约40年。吴国孙权，占领东部各省，从山东和黄河直到福建山区，朝廷设在南京。蜀国刘备，他是汉朝皇帝同族，因此被看作正统，他的首都在四川成都。"[①] 1849年，卫三畏又摘译了《三国演义》第二回"张翼德怒鞭督邮　何国舅谋诛宦竖"、第十一回"刘皇叔北海救孔融　吕温侯濮阳破曹操"、第八回"王司徒巧使连环计　董太师大闹凤仪亭"等[②]，并将译文编入汉语学习教材《拾级大成》（*Easy Lessons in Chinese, or Progressive Exercises to Facilitate the Study of that Language, especially adapted to the Canton dialect*）。该教材于1842年在澳门出版，成为当时外国人的汉语学习材料。

1849年6月，卫三畏的《三合会誓词及其渊源》（"Oath Taken by

[①] 卫三畏，《中国总论》（下册），陈俱译，陈绛校，上海：上海古籍出版社，2014年，第695页。

[②] Samuel W. W., "Easy Lessons in Chinese: or progressive exercises to facilitate the study of that language, especially adapted to the Canton dialeet", Macao: The Office of the Chinese Repository, 1842, pp. 149, 151, 200.

Members of the Triad Society, and Notices of Its Origin")发表在《中国丛报》第18卷第6期上,其中一个脚注选译《三国演义》第一回桃园结义相关内容。

王燕评价说:"卫三畏在《拾级大成》和《中国总论》中翻译三国故事时,大致采用'直译'的方式,中英文严格对译,尽量保留中文语序与字意。"①"虽然存在个别漏译、错译,但不少词句翻译的非常准确、巧妙。"②

3. 司登得与《三国演义》

司登得(George Carter Stent),又译作斯坦特、司登德。19 世纪 60 年代中期,司登得来到北京,就职于英使馆护卫队,后在上海、温州、汕头等地海关任职。在海关工作的十余年间,司登得致力中国语言文学和社会文化的研究,出版了几部字典和汉学专著,还在《皇家亚洲学会北华分会学报》(The Journal of the China Branch of the Royal Asiatic Society)、《通文西报》(Shanghai Evening Courier)、《远东杂志》(The Far East)、《中国评论》(The China Review)等知名英文杂志发表了系列文章,由此建立起了汉学研究的学术声望。在中国工作的十余年间,司登得还发表过孔明系列故事,刊登在当时著名的汉学杂志《中国评论》上,题名为《孔明生平概略》("Brief Sketches from the Life of K'ung-ming"),分 12 期介绍了诸葛亮的 39 个故事,并在导言中介绍了诸葛亮的生平以及他在中国民间的地位。司登得在《孔明生平概略》开篇的"绪言"(Introductory Remarks)中提到,中国从古到今的所有政治家和将领中,很少有人像诸葛亮那样因智慧、忠诚、勇敢等特质而受到崇敬;他的名字成为优良品德的代称,他是当代新晋政治家的楷模;那些想青史留名之人都学习、应用他的军事谋略;他使用的计谋成为散文与诗歌作品的主题,他的事迹也成为许多戏剧的题材。司登得介绍的诸葛亮故事大多取材于《三国演义》,也有少部分故事来自民间传说。这是英国维多利亚时代英语世界出现的篇幅最长的介绍诸葛亮的文字,对于诸葛亮海外形象的建构有深远的影响。③

---

① 王燕,《19 世纪〈三国演义〉英译文献研究》,北京:中国社会科学出版社,2018 年,第 411 页。
② 同上,第 413 页。
③ 王燕,《京剧英译之嚆矢——司登得与京剧〈黄鹤楼〉英译研究》,傅谨主编《京剧文献的发掘、整理与研究——第八届京剧学国际学术研讨会论文集》,北京:中国戏剧出版社,2021 年,第 554 - 555、559 页。

4. 翟理斯与《三国演义》

翟理斯（Herbert Giles），英国外交官、著名汉学家、剑桥大学第二任汉学教授，毕生致力介绍中华文明，其贡献主要在中国语言、文学和文化方面的研究。他撰写了第一部英文版中国文学史、第一部英文版中国绘画史、第一部英文版中国人物传记词典。他所编纂的《华英字典》影响了数代人，经他修改、确立的威妥玛－翟理斯式拼音方案影响近一个世纪之久。此外，他精选并译介了中国89位文学大家的186部作品，如《中文选珍》、《红楼梦》（摘译）、《中诗英译》、《庄子》、《聊斋志异》等，向英语读者展示了中国文学之瑰宝。

翟理斯多次节译《三国演义》。他先节译第七十八回"治风疾神医身死 传遗命奸雄数终"中的神医华佗故事片段，收录于《历史上的中国及其他概述》（*Historic China and Other Sketches*）一书中。该书1882年由伦敦汤姆斯·德·拉律公司（Thos. De la Rue & Co.）出版。1900年，他又再次翻译了华佗故事，并附上对《三国演义》的介绍，收录于《中国文学史》（*A History of Chinese Literature*）一书中。该书1901年由伦敦威廉·海涅曼公司（William Heineman）与纽约D. 阿普尔顿公司（D. Appleton and Company）出版。后来，他根据《三国演义》第二回和第三回中的"十常侍专权"故事摘译为《宦官挟持皇帝》（"Eunuchs Kidnap an Emperor"），又根据书中的关羽故事摘译为《战神》（"The God of War"），均收录于《古文选珍》（第二版）（*Gems of Chinese Literature*, Revised and greatly enlarged）。该书1922年由上海别发洋行（Kelly & Walsh）、1923年由伦敦伯纳德·夸里奇（Bernard Quarich）出版公司正式出版，分为上、下两卷。

1938年，伦敦约翰·默里出版社（John Murray）出版了其子翟林奈（Linel Giles，小翟理斯）编译的《中国列仙：传记选》（*A Gallery of Chinese Immortals, Selected Biographies*），其中第六章"三国时代"（"The Three Kingdoms"）有《三国演义》里华佗的故事，题为"Hua T'o"。

王绍祥指出："翟理斯以其独辟蹊径的广泛研究、精彩的译笔、独到的批评，对19世纪后期20世纪初的中学西渐，尤其是中国文学的西传，和英国汉学研究的崛起产生过重大影响，做出过重要贡献。"①

5. 约翰·斯悌尔与《三国演义》

约翰·斯悌尔（John Clendinning Steele），又译作施约翰，英国传教士。1905 年，斯悌尔节译《三国演义》第四十三回"诸葛亮舌战群儒　鲁子敬力排众议"，译文名为 The 43rd Chapter of the Three Kingdom Novel，"The Logomachy"，由上海美华书馆（Presbyterian Mission Press）出版。1907 年，斯悌尔节译本更名为《舌战，第一才子书三国演义第四十三回》（The Logomachy, Being the 43rd Chapter of the Three Kingdom Novel）并再版。初版与再版除书名有别，译文内容无太大差异。斯悌尔的目的是为学习中文的外国人提供有益的阅读材料，因此该译本不仅收录了《三国演义》第四十三回中文全文，还附有出版导言、译者序、人物索引、地图，以及对人名、地名、朝代名等专有名词的注释等。该书由于仅译了第四十三回，内容单薄，分量不足，未受到学者的重视，在学界影响较小。

6. 郭实腊与《三国演义》

郭实腊（Charles Gützlaff），德国传教士、翻译家、汉学家，中文译名还有郭士立、郭实猎、郭甲利、郭施拉、居茨拉夫等，笔名"爱汉者"。他 1827 年来到中国，在沿海城市传教。郭实腊入乡随俗，蓄长辫、穿华服。他在广州创办了近代中文期刊——《东西洋考每月统记传》，刊载中国政治、科学和商业方面的文章并传教。在鸦片战争期间，他任英国远东军的翻译、参谋兼向导，在《南京条约》谈判中担任英方翻译，并起草了条约的中文稿。

此后，郭实腊长期担任港英政府的中文秘书，1851 年病逝于香港，结束了其富有传奇色彩的一生。郭实腊在华长达 20 年，著述 80 多种，语种、内容纷杂，关于中国的就有 61 种，如《中国简史》（A Sketch of Chinese History，1834）、《开放的中国》（China Opened，1838）、《中国沿海三次航行记 1831、1832、1833 年》（Journal of Three Voyages Along the Coast of China, 1831, 1832, 1833）等。

1838 年，郭实腊撰写了一篇书评，名为"Notice of the San Kwǒ Che"

---

① 王绍祥，《西方汉学界的"公敌"——英国汉学家翟理斯（1845—1935）研究》，福州：福建师范大学博士学位论文，2004 年，第 1 页。

(《三国志评论》),刊载于近代著名英文报刊《中国丛报》上。书评名虽为《三国志评论》,但其实指的是小说《三国演义》。该书评虽然冠之以"Notice"之名,除了开头和结尾的几段评论,全文近四分之三的篇幅都是对原著内容的整体概述。总体看来,郭实腊的介绍基本涵盖了三国的兴衰始末,只是在内容上明显有所侧重,对前十回的概述较为详尽,主要介绍了以下几个情节:灵帝登基、黄巾起义、桃园结义、废立汉帝、诛灭董卓。郭实腊大致介绍了主要人物与故事脉络,具体细节则很少涉及。郭实腊在大量删减《三国演义》战争叙述内容的同时,保留了具有玄幻色彩的情节。在人物介绍方面,郭实腊以曹操和诸葛亮为焦点。通过介绍二人生平经历的重大事件,他不仅塑造了两人的形象,而且还串联起了魏、蜀、吴三国的兴衰存亡史,由是这两个人物遂成为译者复述三国故事的两大支柱。王燕认为,郭实腊对《三国演义》的创作年代存在误会,不过对其核心内容的整体把握和概括是大致准确的。在复述三国故事时,郭实腊多表现为一个冷静的讲述者,对《三国演义》并非一味褒扬而是有所批评和否定的。同时,郭实腊对《三国演义》的文学性给予了高度评价,将之推为中国文学的典范之作。①

总之,郭实腊的《三国志评论》虽然仅为一篇书评,但它第一次对《三国演义》做了系统注解,对于《三国演义》这部小说以及三国主要历史人物在海外的传播具有极大的助推作用。

7. 卜舫济与《三国演义》

卜舫济(Francis Lister Hawks Pott),又译作卜芳济,美国传教士、教育家。1886 年,卜舫济以传教士身份来到中国上海,任圣约翰学院(St. John's College)英文教师,后任该校校长。著有《中国之暴动》(*The Outbreak in China*)、《中国之危机》(*The Emergency in China*)。1904 年出版《中国史纲要》(*A Sketch of Chinese History*)。1928 年出版《上海简史》(*A Short History of Shanghai*)等著作。

1894 年,卜舫济节译《三国演义》部分章节,以《一部中国历史小说》为题("A Chinese Historical Novel")刊载于《字林西报》(*The North-China Daily*

---

① 王燕,《十九世纪西方人视野中的〈三国演义〉——以郭实腊的〈三国志评论〉为中心》,《中国文化研究》2016 年第 4 期,第 155 – 166 页。

News)第3版，同年，该译文又刊载于《北华捷报》(The North-China Herald and Supreme Court & Consular Gazette)第52卷总第1395期。1902年，他又节译了第二十九回"小霸王怒斩于吉 碧眼儿坐领江东"、第四十一回"刘玄德携民渡江 赵子龙单骑救主"与第四十六回"用奇谋孔明借箭 献密计黄盖受刑"三个章回，题为《〈三国演义〉节译》("Selections from 'The Three Kingdoms'")，刊载于《东亚杂志》(The East of Asia Magazine)第1卷第2号。

卜舫济认为，孙策、赵云与诸葛亮是《三国演义》一书中极具个性魅力的重要人物，因此，译介这三个人物可呈现这部小说的魅力。此外，卜舫济认为《三国演义》是一部历史小说，因此，在该译本的译后语中他将《三国演义》与英国作家威廉·萨克雷（William M. Thackeray）撰写的《四个乔治王的历史》(History of the Four Georgges)及英国作家司各特（Sir Walter Scott）的历史小说进行了类比。[1]

8. 亚历山大与《三国演义》

乔治·加德纳·亚历山大（George Gardiner Alexander），英国汉学家。1861年5月25日，英国伦敦《每周一报》(Once a Week)第4卷总第100期刊登了亚历山大翻译的《中国历史的一章：大臣的计谋》("A Chapter of Chinese History: The Minister's Strategy")。这篇译文根据《三国演义》第七、八、九章回内容翻译而成，聚焦于司徒王允的连环计，以及貂蝉与吕布、董卓的故事。该文首先介绍汉末三国历史，然后节译"毛评本"第八回"又一日，卓于省台大会百官，列坐两行"到第九回"将吏皆呼万岁"。在进入译文正文前，亚历山大用一整页篇幅介绍了《三国演义》的历史背景、主要内容及艺术价值。1869年，亚历山大将他1861年的英译版本改编为《貂蝉：一部中国五幕剧》(Teaou-shin: A Drama from the Chinese)，由英国伦敦兰肯公司（Ranken and Company）出版。这是目前由《三国演义》故事改编而成的首个英文剧本。[2]该译本为典型的戏剧体裁，描写王允的连环计和貂蝉的美人计。

---

[1] 郑锦怀，2019，《〈三国演义〉百年英译（1820—1938）：史实考辨与学理反思》，《国际汉学》2019年第4期，第146-154页；彭文青，《副文本视角下〈三国演义〉三个英文节译本研究》，《明清小说研究》2021年第2期，第240-250页。

[2] 郑锦怀，《〈三国演义〉百年英译（1820—1938）：史实考辨与学理反思》，《国际汉学》2019年第4期，第146-154页。

在译者序言中，亚历山大说明这部剧作的主要情节与人物设定都取材于其1861年的译文所依据的原本。①

郑锦怀认为，亚历山大先于1861年采用意译之法（free translation）节译了"毛评本"第八回和第九回。1869年，他又据其1861年英译版本将原故事改编为更适合西方人欣赏习惯的五幕剧。从小说到戏剧，这个变化无疑是引人注目的。② 亚历山大1869年的译本取材于原作，又参考了自己1861年的译文。他的重译将原有的小说体裁转换为戏剧文本，这种巨变体现了译者自身对原作内容的兴趣，在自己前译本的基本框架之上，做出大幅度调整，以另一种形式建构原作情节与人物。译者在1869年的版本中做了很多改编，比如增设了一些人物——王允的妻子（Mun-wha）、女仆（A-line）等，增加了人物对白，某种程度上也加强了译作中的戏剧冲突，使译作更完整、更生动、更具故事性。③

9. 美魏茶与《三国演义》

美魏茶（William Charles Milne），英国第二位来华传教士米怜之子，出生于广州，在英国长大，成年后子承父业，加入伦敦布道会，成了一名新教传教士。他也是19世纪中国历史的亲历者和记录者。他撰写了《在华岁月》（*Life in China*），又译作《在中国的生活》。该书由四部分组成，第一部分介绍了西方对中国社会生活的固有观念，并指出有些观念或认知不客观、不真实；第二部分描述了自己在宁波的真实生活情景；第三部分书写了他在几个内陆城市的所见所闻；第四部分描述他在上海六年的生活经历。该书忠实地记录了美魏茶在中国14年的所见所闻，向西方客观地介绍了19世纪中国宁波、上海等东南地区社会发展的历史场景，纠正了西方人对中国社会的偏见，以亲身经历向西方人介绍了客观真实的中国社会。④

1841年，《中国丛报》第10卷第2期发表了美魏茶译介的《黄巾起义》

---

① 彭文青，《〈三国演义〉英译重译现象中的自我指涉》，《外语与外语教学》2017年第1期，第105-113页。

② 郑锦怀，2019，《〈三国演义〉百年英译（1820—1938）：史实考辨与学理反思》，《国际汉学》2019年第4期，第150页。

③ 彭文青，《〈三国演义〉英译重译现象中的自我指涉》，《外语与外语教学》2017年第1期，第108-109页。

④ William C. Milne, *Life in China*, London: G. Routledge & Co., 1857.

("The Rebellion of the Yellow Caps"); 1843 年，该刊第 12 卷第 3 期发表了美魏茶撰写的《孔明评论》("Notice of Kungming")。这两篇文章对介绍三国故事出现的历史背景、塑造诸葛亮形象，都起了一定作用，是《三国演义》海外传播史上不可或缺的一环。

10. 德庇时与《三国演义》

德庇时（Sir John Francis Davis），又译作爹核士、戴维斯、大卫斯等，英国驻华外交官、汉学家。德庇时在中国工作达 35 年之久，被称为"中国通"，在中英文化交流史上的地位举足轻重。他也是 19 世纪第一个全面系统地介绍中国文学的英国汉学家，在中国文学的翻译方面以涉猎广而著称。熊文华称他为"19 世纪向英国读者引介中国文学成果卓著的硕儒大家"[1]。张春树、骆雪伦也曾评价道："德庇时的翻译使他名声大噪，他被选入皇家亚洲学会，成为当时英国研究中国文学和语言的主要权威。"[2] 德庇时 18 岁就到了广州，在东印度公司任职，1816 年作为英国使团随员到北京，1833 年任英国驻华商务监督，1844 年就任香港总督并兼任英国驻华公使。德庇时对中国文化颇有研究，1876 年获英国牛津大学荣誉博士学位，1890 年去世。

德庇时于 1829 年 5 月 2 日在皇家亚洲学会会议上宣读了题为"Poeseos Sinensis Commentatii. XXI. On the Poetry of the Chinese"的论文，该论文 1830 年发表于《皇家亚洲学会会议纪要》(*Transactions of the Royal Asiatic Society of Great Britain and Ireland*) 第 2 卷。德庇时将中文原文与英文译文对照，有的还附汉字注音，引用了相当多的中国诗歌，其中包括《三国演义》中的咏史诗。1834 年，东印度公司印刷所在澳门出版了单行本，题名改为《汉文诗解》("Poeseos Sinensis Commentatii. On the Poetry of the Chinese")。[3]

1843 年，德庇时节译了《三国演义》中的两个故事，名为《三国志节选》("Extracts from the History of the Three States")：其一为"造反的张氏三兄弟的命运"（"Fate of the Three Rebel Brothers Chang"），讲的是《三国演义》

---

[1] 熊文华，《英国汉学史》，北京：学苑出版社，2007 年，第 36 页。
[2] 张春树、骆雪伦合著，王湘云译，《明清时代之社会经济巨变与新文化——李渔时代的社会与文化及其"现代性"》，上海：上海古籍出版社，2008 年，第 11 页。
[3] 郑锦怀，《〈三国演义〉早期英译百年（1820—1921）——〈《三国演义》在国外〉订正补遗》，《明清小说研究》2012 年第 3 期，第 86-95 页。

第一回中通晓妖术能呼风唤雨的黄巾军张角、张宝、张梁三兄弟的故事；其二是"何进的历史与命运"（"History and Fate of Ho-tsin"），讲的是《三国演义》第三回中大将军何进被杀的故事。德庇时的这两篇译作长达三十余页，是以中英文对照的方式排印《三国演义》的第一次尝试。由于这两篇译文最初是1834年版的《汉文诗解》的附录，因此始终没有在汉学界引起足够重视。尽管如此，这两篇译作弥足珍贵，是《三国演义》英译史上的重要作品。

陈友冰提道："德庇时对于《三国演义》文体类别的探讨有着特殊的研究价值。在19世纪汉学家中，很少有人像德庇时那样对中国文学的认识如此全面。他《三国志节选》对于学习汉语的西方读者具有一定的参考价值，同时，中文的在场也使西方读者亲眼见证了《三国演义》的文字特点和历史风貌。"①

11. 邓罗与《三国演义》

邓罗（Charles Henry Brewitt-Taylor），英国驻华海关官员、汉学家。他用18年时间完成的《三国演义》英译本，是第一部由外国人完整英译的中国古典小说。从1880年到1920年的40年间，他一直生活在中国，留下了多部传记。1880年，年仅22岁的他来到中国，在福州军工厂海军学校教授数学、航海和航海天文学。在著名汉学家、副领事翟林奈的鼓励和帮助下，他开始学习汉语，对中国文学兴趣倍增。

邓罗早期的译作和书评均发表在《中国评论》上。该刊是德臣印字馆在香港发行的一份英文期刊，创刊于1872年，是晚清时期中英两国文学和文化交流的重要渠道。后来邓罗进行过两次全译《三国演义》的尝试：1900年，邓罗完成了《三国演义》英译本，义和团运动中邓罗的家被烧毁，《三国演义》英译稿被付之一炬；邓罗退休后，于1920年再度开始英译《三国演义》。1925年，上海别发印书馆出版发行了邓罗翻译的首部《三国演义》英文全译本：Romance of the Three Kingdoms。

邓罗的译本面对的读者主要是当时在中国的英国侨民以及想要学习英语的中国人。但是，由于清末民初中国国力衰微、国际地位低下，对中国文化元素真正感兴趣的西方人并不多。更多的西方读者是抱着一种猎奇心理，希望通过

---

① 陈友冰，《英国汉学的阶段性特征及成因探析——以中国古典文学研究为中心》，《汉学研究通讯》2008年第3期，第34-37页。

阅读中国古典名著来满足对这个东方神秘国度的好奇心。这就决定了邓罗的翻译目的是通过《三国演义》精彩的故事情节来吸引好奇的西方读者。他在译本的前言里说道："The San Guo (Three Kingdoms) is distinctly eastern, a book adapted for the storytellers; once can almost hear them. It abounds in names and genealogies, which seem never to tire the readers or listeners. Japanese, Thai, Korean, Vietnamese, Malay, Indonesian, and possible other versions of the San Guo have been made, and now to these I have attempted to add one in English. With what measure of success I leave to curious readers qualified to compare my rendering with the original."[①] 他希望通过翻译《三国演义》，将这样一部引人入胜的具有东方特色的小说介绍给广大读者。

目前所看到的译本是他后来重译的版本，该译本名为 Romance of the Three Kingdoms，最初出版为精装本，分上下两卷，于1925年由上海别发洋行出版发行。1929年，该出版商又推出了平装本。邓罗译本在面世之后的近70年一直是《三国演义》唯一的英文全译本。该译本在多家出版社多次重印。1959年查尔斯·E. 塔托出版公司（Charles E. Tuttle Company）发行后，该书深受读者欢迎，后来又多次重印。新加坡格雷厄姆·布拉什出版社（Graham Brash Publishing）1985年版的邓罗译本也多次重印。此外，市面上还有美国荷兰国际出版集团（Heian International）出版社1999年版译本和丝塔出版社（Silk Pagoda）2005年版译本。

问世时间早和广受读者欢迎这两个因素在很大程度上夯实了该译本在英语世界的地位，直到今天，当这部古典小说在英语国家被提起，大家都会提到邓罗译本使用的"Romance of the Three Kingdoms"这个译名。《韦氏文学大百科全书》（Merriam Webster's Encyclopedia of Literature）收入了美籍华裔女作家汤亭亭（Maxine Hong Kingsteng）撰写的词条"Romance of the Three Kingdoms"。《大英百科全书》和《美国大百科全书》关于三国时代的条目也都提到了"Romance of the Three Kingdoms"这个译名。这充分表明了邓罗译本在英语世界的深远影响。关于邓罗的翻译，学者们从不同的角度给予了评述。

[①] Luo Guanzhong, *Romance of the Three Kingdoms*, trans. Charles Henry Brewitt-Taylor, Shanghai: Kelly & Walsh, 1925.

陈甜对学界关于邓罗译本的褒贬意见进行了梳理，并对该译本的可读性、推介中国文化及其先行作用等方面进行了肯定。陈甜引述金陵大学第一任校长包文（A. J. Bowen）于1926年在《中国科学艺术杂志》（*China Journal of Science and Arts*）上对邓罗译本的评价："之前任职于中国海关的邓罗，肩负西方人之使命翻译了东方这部伟大的著作。《三国演义》在整个东方可谓是家喻户晓，获得上至贵族士大夫、下至平民百姓甚至是一文不识之人的喜爱。书中跌宕起伏的故事情节和惊心动魄的战事已是无数茶馆和驿站说书者的重要素材。《三国演义》无疑是中国最受欢迎的小说。译者做了一项异常卓越的工作。这是一部纯正的译作，没有附加任何总结陈词。再现了原作者的言语，尽可能地采用了符合英语习惯的地道英语，极力地保留了原作的语调及神韵。这绝不是一项易事，甚至是极少中国译者能做到的。可以说，邓罗取得了巨大的成功。"[①]

《文学翻译百科全书》（*Encyclopedia of Literary Translation into English*）指出，邓罗译本尚缺一些有助于西方读者理解的补充材料，如地图或人物角色列表等。1959年美国塔托出版公司重印时增加了地图和罗伊·安德鲁·米勒（Roy Andrew Miller）所作《导言》一篇，以帮助不熟悉中国传统文人文化和习俗的读者。[②]

《三国演义》另一位译者罗慕士也在其1991年全译本的致谢中提到，他本人在获得足够的汉语知识来阅读《三国演义》原作之前曾读过邓罗的译本。该译本促使他对在翻译中的各种难题进行思考，使他能够站在巨人的肩膀上，在更优越的学术条件下创造出新的全译本。[③] 致谢原文如下："A word of recognition is also due to C. H. Brewitt-Taylor, whose 1925 translation of Three Kingdoms I read long before gathering enough Chinese to confront the original."

12. 罗慕士与《三国演义》

罗慕士（Moss Roberts）1937年出生在美国纽约，毕业于美国哥伦比亚大学，主修中文和东亚文学，获文学博士学位，是美国著名汉学家、翻译家。罗

[①] 参见陈甜，《〈三国演义〉邓罗英译本的再评价》，《中州学刊》2013年第9期，第163页。
[②] 王丽娜、杜维沫，《〈三国演义〉的外文译文》，《明清小说研究》2006年第4期，第73页。
[③] Luo Guanzhong, *Three Kingdoms: A Historical Novel*, trans. Moss Roberts, Berkeley: University California Press, 1999, p. xi.

慕士现任纽约大学东亚研究学院教授，教授中国哲学、中国古典文学、中国现代文学等课程。罗慕士长期从事东亚语言与文化研究，译著有《三国演义》（*Three Kingdoms: A Historical Novel*）和《道德经》（*Dao De Jing: The Book of the Way*）等。这些译作受到国际汉学界和读者的广泛赞誉，为中国传统文化在英语世界的传播做出了重大贡献。罗慕士在大学期间就喜欢上了博大精深的中国文化，对三国文化情有独钟。罗慕士醉心于中国文化，对汉代灭亡以前的哲学、文化、文学等进行了深入的研究，尤其是早期中国哲学思想史，长期活跃在纽约高校和美国汉学界。其早期中国学研究也为他的翻译实践奠定了坚实的汉学基础。

罗慕士共出版了三次《三国演义》的英译本。1976年第一次出版的是《三国演义》的节译本，书名为 *Three Kingdoms: China's Epic Drama*（《三国：中国的史诗剧》）。该译本以人民文学出版社1972年版《三国演义》为底本，选译了原书120回中的46回，即第1回、第20-29回、第34-44回、第46-52回、第60回、第63回、第65回、第73-78回、第80-81回、第83-85回、第95回、第103和104回。译本附有地图4幅和普林斯顿大学所藏清初刻本的插图44幅。当时，译者将这部小说解读为史诗或戏剧体裁，以戏剧剧本的形式展现。这种形式从小说阅读的视角来看较为突兀，但译者的这种解读与当时的社会文化环境也有密切联系。当时西方读者对中国的历史文化背景不甚了解，《三国演义》又是一部长篇古典小说，因此，译者着重强调了叙事中的戏剧性冲突，删减了原文中的历史细节。译者的目的是清晰简洁地展现原作中的生动描写与艺术价值。

1982年，罗慕士应外文出版社邀请来到中国参与《三国演义》翻译工作。历时10年，罗慕士完成了《三国演义》全书所有章回的翻译工作。该译本于1991年由美国加利福尼亚大学出版社和北京外文出版社联合出版，书名为 *Three Kingdoms: A Historical Novel*。罗慕士在该译本中增加了40页后记、大量尾注、人物说明等，并在导言中说明了《三国演义》的版本流变、汉朝的历史背景、各朝代学者的评论、元杂剧等其他文学形式对小说的影响、清代毛宗岗父子的评注及小说对人物的改写或重塑等。彭文清认为，罗慕士全译本"所体现的学术性与其汉学家背景有密切关系，且冷战期间美国对中国的关注较多，在高校中设置相关研究基地及学科，对中国的政治文化等进行深入了解，这也推动了美国汉学家对中国古典文学不断的翻译与持续的研究"①。

罗慕士为译本所写的导言，对《三国演义》的时代背景、作者情况、思想内容、艺术成就分别进行了介绍和评论。他认为《三国演义》成书在 6 个世纪之前，其中的人物和故事之所以流传不衰，就是因为这些人物和故事所表现的精神与中国的传统文化密不可分。如果说莎士比亚是把英国的编年史编成了戏剧，那么，罗贯中则是把流传于中国几个世纪之久的许多故事组成了一部高超的、包罗万象的演义小说。罗慕士在导言中还说明其译本的选译原则是突出小说的重点，尽量把小说的精彩部分介绍给西方的读者："Where necessary the excerpts have been connected by bridging material written by the translator to ease the reader's transitions from one section of the novel to another and to preserve to the fullest extent possible the main lines of the narrative."②

1994 年，该译本再次由外文出版社和哥伦比亚大学出版社联合出版。1999 年，加州大学出版社再次出版了罗慕士《三国演义》的第三个英文节译本：*Three Kingdoms*。与 1991 的全译本相比，1999 版节译本删减了全译本中的尾注、插图和说明表，增加了一个序言。序言大致意思如下：这本《三国演义》的节译本是根据加州大学出版社—外文出版社版（伯克利，1991 年；北京，1994 年）改编的，旨在为亚洲历史和文学以及比较文学课程的学生提供服务。在必要的地方，这些节选通过译者编写的衔接部分连接起来，以便读者从小说的一个部分过渡到另一个部分，并最大限度地保留叙述的主线。大部分学术机构的未删节版已更改，删除了所有文本和后记的脚注，保留了完整的后记。那些希望更多了解小说的历史和文学背景的人，或者那些希望研究人物、事件或风格等具体问题的人，可以参考未删减版。为了方便查阅未删减版，即使是删减的章节，其章节编号和标题也保留了下来。

罗慕士的译本在西方读者和学者中引发热烈反响，很多汉学家给予了高度评价。《红楼梦》的译者、汉学家、翻译家闵福德在《远东经济评论》（*Far Eastern Economic Review*）上撰文，对罗慕士的译文称赞有加。作为翻译家，闵

---

① 彭文青，《〈三国演义〉英译重译现象中的自我指涉》，《外语与外语教学》2017 年第 1 期，第 111 页。

② Luo Guanzhong, *Three Kingdoms: A Historical Novel*, trans. Moss Roberts, Berkeley: University California Press, 1999, p. vii.

福德深知《三国演义》翻译之难："尽管小说叙述采用了文白夹杂的语言形式，其中还有大量的人名、地名和复杂的外交和军事策略，这些对于中国读者很容易引起共鸣。但要译成英文，却难上加难，罗慕士却能克服这些困难。他的叙事与对话干净利落，而且特别擅长表达小说最具戏剧性的情节。在对小说中大量诗词的翻译上，罗慕士展现出了出类拔萃的功力。他抓住了原诗的风格，大胆用韵，再现了原文的节奏与气质。"（"Though a popular novel, Three Kingdoms is a hard book to translate. It is accessible in Chinese because of the Chinese readers' familiarity with its contents. Despite the succinct, semi-classical style of the narrative, the thousands of personal and geographical names, and the often bewildering diplomatic and military complexities of the plot, the book has an easy resonance in Chinese that transfers with difficulty into English. Roberts goes much of the way to overcome this. His narrative and dialogue are always clean, and he has an ear for the book's moments of high drama. But it is his handling of the verse, with which the book abounds, that he triumphs. He boldly opts for rhyme, capturing the stylized flavor of the original, and creating the pace and texture of the original."）[1]

美国芝加哥大学巴克人文学讲座教授、美国国家人文科学院士余国藩（Anthony C. Yu）认为，罗慕士的译文超级优美，富有学术性。在未来的多年里，该译本将给西方读者带来阅读的愉悦和魅力。[2] 美国中国古典小说研究学者韩南（Patrick Hanan）认为，《三国演义》是一部由罗慕士译成英语的战争史诗，原著忠于史实，译文生动流畅……《三国演义》的故事，一直以令人惊奇的方式持久地影响着中国人的想象力。毛泽东主席也声称《三国演义》是他最喜欢的一本书。[3] 美国汉学家、历史学家，加利福尼亚大学伯克利分校教授，曾任美国历史学会和社会科学研究会会长魏斐德（Frederic Wakeman, Jr）指出，罗慕士优雅而练达地翻译了中国最重要的历史演义小说，以极富魅力的直率巧妙地传译了原作戏剧性的情节叙事。英语读者现在终于可以借此理

---

[1] 王晓晖，《邓罗与罗慕士：东西方文化架桥人 〈三国演义〉英译品读（十八）》，http://www.china.org.cn.

[2] http://www.ucpress.edu/books/pages/9328.php#reviewsTab；1999年译本封底。

[3] 同上。

解为何这部成书于 15 世纪的小说会如此持久地从谋略上影响一代又一代中国人。① 美国前资深外交官谢伟思（John S. Service）评价罗慕士："罗慕士博学而有恒心，译文忠实练达，说明和注释均为不可多得的导读。它不仅是崭新的全译本，也是第一部提供了详尽注释的译本……小说中的诗歌非常重要，而罗慕士翻译的诗词，大多数就仿佛是来自灵感的原创。"②

13. 张亦文与《三国演义》

1972 年，加拿大译者张亦文（Cheung Yik-man）的翻译作品 *Romance of the Three Kingdoms: From Chapter 43 to Chapter 50*（《三国演义：从第 43 回到第 50 回》），共 216 页，由香港文心出版社出版。③ 张亦文在该书的英文序文中称，"其译文尽量注意到忠实，有时做到一字一句，能跟原文对照"④。正文之前是他的同事和朋友所作的四篇前言，这些前言对译文进行了评价，并对译者的目的和策略进行了介绍。

周燕、周维新评价张亦文译本："张译的风格，具有自己的特色。它富有探索性和开拓性，短小精悍、简明扼要地译出了《三国演义》的巨大的思想内容、广阔的社会生活以及复杂的人物关系。它的结构宏伟壮观，又不失严密和精巧，而且苦心锤炼，确凿达旨，深入浅出，通俗易懂。"⑤

其最大的缺陷是，原著中的诗歌几乎被完全删去，这使得译本整体诗学价值大打折扣，成了一本散文，读起来不免单调乏味。

14. 国内外其他学者与《三国演义》

除以上提到的译者，国内外还有诸多译者对《三国演义》进行了译介。

阿兰德（Carl Arendt）在《希腊与中国文学的相同之处》（"Parallels in Greek and Chinese Literature"）一文中也选译了《三国演义》第 41、42、

---

① http://www.ucpress.edu/books/pages/9328.php#reviewsTab；1999 年译本封底。
② 参见陈甜，《〈三国演义〉邓罗英译本的再评价》，《中州学刊》2013 年第 9 期，第 163 页。
③ 郭昱，《〈三国演义〉英译史研究》，北京：清华大学出版社，2017 年，第 35 页。
④ 参见文军、李培甲，《国内〈三国演义〉英译研究：评述与建议》，《北京第二外国语学院学报》2011 年第 8 期，第 25 页。
⑤ 周燕、周维新，《评〈三国演义〉的英译本——兼谈中国古典小说的翻译》，《外国语》1988 年第 6 期，第 18 页。

108 回。①

英国汉学家彭马田（Martin Palmer）对《三国演义》进行了节译，取名为 Romance of Three Kingdoms。该译本于 2018 年由企鹅出版社出版发行。

英国汉学家、外交官倭讷（Edward Theodore Chalmers Werner）于 1927 在河北献县出版社（Hsien-hsien Press）出版了《中国宗教信仰与哲学观点通史》（A History of the Religious Beliefs and Philosophical Opinions, from the Beginning to the Present Time）一书。该书转译自戴遂良（Léon Wieger）的法文著作《中国宗教信仰与哲学观点通史》（Histoire des Croyances Religieuses et des Opinions Philosophiques en Chine depuis l'origine jusqu'a nos jours）。② 在该书中，倭讷选译了《三国演义》第 15、25、35、46、52 回中与三国时期民间迷信相关的内容。

潘子延（Z. Q. Parker），民国时期上海人。1925 年《中国科学美术集志》（The China Journal of Science and Arts）第 3 卷第 5、6、7、8 号连载了潘子延翻译的《三国演义之赤壁之战》（"The Story of the Three Kingdoms: The Battle of the Red Cliff"），即《三国演义》第 42 至 50 回故事的节译，从诸葛亮舌战群儒至关云长义释曹操止。这四篇译文各有标题，分别是《刘备联合孙权》（"Liu Pei's Alliance with Sun Chuan"）、《刘备会周瑜》（"The Meeting of Liu Pei and Chou Yu"）、《孔明周瑜定立破敌之计》（"Kung Ming and Chou Yu Deciding Upon the Means of Counter Plotting the Enemy"）与《借东风》（"How to Obtain the South East Wind"）。1926 年，上海商务印书馆将这些英译片段合而为一，推出了单行本。③ 这是第一位国内学者对《三国演义》的英译本。

虞苏美（Yu Sumei），1940 年出生于浙江，先后获得上海华东师范大学英语语言文学学位及英国伦敦大学教育学学位，后应美国经济学家艾弗森（Ronald C. Iverson）邀请翻译了 120 回《三国演义》全本（The Three Kingdoms），这也是《三国演义》近两百年英译史上唯一的由中国人自己翻译

---

① Carl Arendt, "Paralles in Greek and Chinese Literature",《北京东方学会杂志》（Journal of the Peking Oriental Society），1886 年第 1 期、第 2 期。

② E. T. C. Werner, A History of the Religious Beliefs and Philosophical Opinions, from the Beginning to the Present Time. Hsien-hsien: Hsien-hsien Press, 1927, pp. 739 – 740.

③ 王丽娜，《中国古典小说戏曲名著在国外》，上海：学林出版社，1988 年，第 11 – 12 页。

的全译本。2017年，上海外语教育出版社出版了中英文对照本。虞苏美翻译的全译本分为三卷：《桃园结义》《卧龙先生》《三分归晋》。上海外国语大学教授查明建评价："难能可贵的是，虞苏美的译文既忠实于原著，又注重英语读者的习惯，译笔忠实而灵活，向英语世界读者展现了中国式《荷马史诗》的厚重精彩。"①

15.《华英字典》与诸葛亮在英语世界的译介

《华英字典》(A Dictionary of the Chinese Language)②，又译作《中英字典》《中国语言字典》《英华辞典》。该字典由基督新教来华传教士马礼逊独编，由隶属英国东印度公司的澳门印刷厂印制，于1815年至1823年陆续在澳门出版，共6卷。在《华英字典》出版的年代，该字典为传教士学习中国的语言文化、社会政治、风俗习惯等提供了实用的工具，方便后人学习中文或从事翻译工作。《华英字典》对中西方的文化交流沟通发挥了积极作用，进一步传播了中国文化，具有珍贵的史料价值。在该字典1815年最早出版的第一部第一卷中，马礼逊对诸葛亮进行了介绍。

著名汉学家马礼逊是西方派到中国大陆的第一位基督教新教传教士，他首次将《圣经》全译为中文。马礼逊于1808年起编纂的《华英字典》是中国历史上第一部汉英字典，共分三部六卷，收录汉字词条达4万多个。字典中记有中国各派宗教哲学、神话传说、礼仪风俗、教育制度、科技发展以及著名历史人物的介绍，其对中国的介绍为后来传教士和学者了解中国提供了极大的便利，受到了欧洲各界尤其汉学界的赞誉。根据目前的研究成果，《华英字典》是英语世界最早提及诸葛亮这一人物和《三国演义》的文本。

"孔明"词条③位于《华英字典》第39个部首"子"部下，有两页篇幅。词条中，马礼逊在对孔明的生平介绍前述中进行了较为充实的铺设，使得诸葛亮在宏大复杂的历史背景中的出现更具传奇意义，突出其不凡的能力和伟大的

---

① 崔巍，《中国人翻译120回〈三国演义〉问世 四大名著汉英对照版出全》，新华网，2017-09-08。

② Robert Morrison, *A Dictionary of the Chinese Language*, Macao: Printed at the Honorable East India Company's Press, 1815, pp. 714-716.

③ 王燕，《19世纪〈三国演义〉英译文献研究》，北京：中国社会科学出版社，2018年，第54-56页。

形象。从"'桓灵不君'在他们掌握政权时，汉家走向灭亡"到"其时宦官弄权，据称有9次日月失色，7次山崩地裂，11次地震，4次洪水，2次饥荒易子而食，20次骚乱殃及边疆，朝廷奢靡，横征暴敛"，再至董卓掌权后被吕布杀之于掖门"董卓位居显职而为人残忍，骚乱之初就丧了命"，"其时'黄金贼张角等起'"，最后提及由被称为"中国的波拿巴"曹操、桃园三结义中的刘备和吴国国君孙权所建立的三足鼎立的局面，在对背景的长篇阐述中，马礼逊通过对东汉末年到三国时期这一阶段时间线的介绍，将孔明的出现和贡献化为历史长河的沧海一粟，增添了"乱世出英雄"的传奇色彩。

在对孔明本人进行介绍时，马礼逊用大量篇幅展示了诸葛亮的发明对后世的影响。介绍中写道："他是一位占星家，精通伏羲'八卦'，并据此发明了用一种作战队形来安营扎寨的阵列图示——八阵图（《三才图会》第97卷）。八阵图初以五人为一'伍'，十伍为一'队'；八队为一'阵'，440人；八'阵'为一'部'，3520人；此谓'小成'；每八部28160人设一'将'；八成为一'军'，225280人，此谓'大成'（详情参考《中国百科全书》）。"① 提及孔明闻名遐迩的八卦图，某些中国的医药书作者声称他们在对付疾病时，也会用同样的办法来开处方。这段文字详细介绍了孔明的八阵图对后世的影响，表现了诸葛亮异于常人的智慧，其发明的八阵图虽略显复杂，但应用性较强。在描述诸葛亮去世前的祷告之法时，马礼逊写道："此后，效仿孔明，根据天上的星宿布灯、祈祷念咒的做法，一直流传至今。"② 他同样强调了孔明的做法在民间的流传，诸葛亮不仅具有强大的影响力，而且已然融入了中国传统，成为中国文化独有的特征。此外，词条提及了其他创造："孔明因发明了能够'转运粮草'的'木牛流马'而著称，它们有两个优点——'人不大劳，牛马不食'。"③ 从这些介绍中可以看出，马礼逊将重点放在了孔明的贡献上，尤其是对平民百姓的影响以及对中国传统文化的贡献，这些发明创造的介绍展示了孔明的重要地位，彰显了孔明不同凡响的传奇色彩。

此外，马礼逊还着重介绍了孔明临终前的活动："54岁那年，因为身体微

---

① 王燕，《19世纪〈三国演义〉英译文献研究》，北京：中国社会科学出版社，2018年，第55页。
② 同上，第56页。
③ 同上。

恙和天象征兆,他预感到死之将至。可为了汉室,他还想活下去;有人劝他'用祈禳之法挽回其命'。于是,他在帐内按一定的次序点起一定数量的灯,对着上天和星宿,跪下祷告曰:'亮生于乱世,甘老林泉',承昭烈皇帝三顾之恩,托孤之重,'不敢不竭犬马之劳'。不意阳寿将终。'谨书尺素,上告穹苍':伏望'天慈','俯垂鉴听,曲延臣算',使得上报君恩,下救民命,永延汉祀。'非敢妄祈,实由情切'。"① 这一部分介绍出自小说《三国演义》"五丈原诸葛禳星"。孔明在第六次北伐对抗司马懿时未能完成先帝遗志复兴汉室,而身体已难以支撑。在诸葛亮的史料记载和文艺作品中,各位撰写者对诸葛亮的战略布局、军事才能和管理才华都有清楚的描写,但马礼逊介绍时并未突出诸葛亮的才能,而是用大量的笔墨描写孔明之死。他写了孔明为延长寿命以尽忠先帝和蜀国所做的努力,从对小说中诸葛亮的话语的选择和摘录中能够看到马礼逊对诸葛亮难敌天命、壮志未酬身先死的悲壮宿命气氛的烘托。正是这种难以逃脱的失败让诸葛亮此前的努力付之东流,尤其是诸葛亮希望延长寿命并非为了自己,而是为了完成先帝的遗愿,这样的反差为诸葛亮的悲剧内核添上更为悲凉的底色。

尽管马礼逊并没有详尽地介绍诸葛亮作为蜀国军师为蜀国战略做出的安排,也没有正面介绍诸葛亮的死对蜀国复汉伟业的影响,但从其简短的叙述中,依然能够感受到马礼逊对诸葛亮之死传奇悲剧色彩的关注。朱光潜引用了一句诗,"啊,无论人有怎样的智慧,总逃不掉神安排的定命",他认为"这正可以代表悲剧感的本质"②。马礼逊对孔明的介绍一方面将孔明的智慧作为其伟大的支撑条件,另一方面又将其难以抗拒的死亡命运作为其悲剧的最终体现。《华英字典》在英语世界的流传,为孔明的传奇悲剧英雄形象的建构在西方学者中埋下了种子。

让这粒思想种子破土而出,进一步成长为英语世界建构的诸葛亮形象的,便是传教士美魏茶于1843年3月发表于《中国评论》第12卷第3期的《孔明评论》。这是英语世界第一次对诸葛亮进行的全面解读,对诸葛亮的海外研究具有重要意义。相较于马礼逊对"孔明"词条的介绍,美魏茶对诸葛亮的论

---

① 王燕,《19世纪〈三国演义〉英译文献研究》,北京:中国社会科学出版社,2018年,第56页。

② 朱光潜,《悲剧心理学》,北京:中华书局,2012年,第101页。

述和评论是基于明代小说《三国演义》中的诸葛亮事迹，他对诸葛亮生平的表述更为全面，还添加了很多个人的评论。

第三节
译者的翻译策略与诸葛亮形象在英译本中的消解

从对《三国演义》英译史的梳理结果可以看出，《三国演义》的译者大多是外国人，其译介动机并不完全一致。有的是为了向西方人提供学习中文的材料，有的是为了向西方介绍三国时期的历史与人物，有的是通过选译《三国演义》中的部分内容向海外介绍中国早期的战争，有的是为了向西方介绍中国的才子小说；从译者的身份来看，有的是传教士，有的是外交官，有的是汉学家；从译作篇幅来看，有的是零星的摘译，有的是部分章回的节译，有的是全译。译作质量参差不齐，总的来看，邓罗与罗慕士两位译者的全译本质量较好，学界好评者众多，在西方的关注度更高，影响更大。尤其是罗慕士全译本更是受到许多西方读者的青睐，成为西方学者研究《三国演义》的蓝本。然而，尽管如此，通过对照原著，笔者发现罗慕士译本也存在对原著文化的消解和人物形象的变异等问题。基于罗慕士1991年《三国演义》全译本，本节将分析译者翻译过程中对诸葛亮这一人物智、德、贤三个方面形象的消解。

一、诸葛亮智者形象在英译本中的消解

在《三国演义》译本中，对诸葛亮智者形象的消解，可以从罗慕士译本以下译例看出：

例1. According to Pei Songzhi's commentary, the Cai faction in Jingzhou sent Liu Qi to Jiangxia in order to get him out of the way and thus facilitate Liu

Zong's succession; Kongming's ingenuity was not involved. （第 40 回注释 8）①

罗慕士在此处注释中添加了《三国志》中刘琦得以驻守江夏的原因，裴松之所作注释告诉读者蔡瑁等人让刘琦出镇江夏，以便让刘琮成为刘表的继承人。而《三国演义》中刘琦出走江夏是诸葛亮授予他的妙计。因后母蔡氏与蔡瑁几次三番陷害，刘琦为保性命向刘备求助，因此才有"上屋抽梯"一事。诸葛亮以春秋时期晋国申生、重耳的故事为例，教以刘琦求生之法，因此刘琦主动向刘表请求领兵出守江夏。诸葛亮的这一计谋不仅帮助刘琦化险为夷，也间接地化解了荆州失守后刘备携民出逃前有追兵后无援军这一危机。此事足可彰显诸葛亮的博学聪慧，然而罗慕士在注释中加以正史，对比之下削弱了《三国演义》中诸葛亮的智者形象。

例 2. The historical role of Kongming in encouraging southern resistance to Cao Cao is difficult to determine. Kongming's own biography in the *SGZ* provides a firm foundation for Luo Guanzhong's interpretation of him as the catalyst. However, the biographies of Lu Su and Zhou Yu—both southern sources—ignore him. The scholiast of the SGZ, Pei Songzhi, comments（p. 1262）: "In my view, the plan to resist Cao really came from Lu Su. Lu Su urged Sun Quan to summon Zhou Yu, who had been assigned to the Poyang Lakes [south of Chaisang]. On returning from Poyang, Zhou Yu found himself in agreement with Lu Su."（第 43 回注释 1）②

赤壁之战对于三国时期三足鼎立局面的形成至关重要，《三国演义》对这场战争的描写可谓绘声绘色。孙刘联军能够在赤壁以寡敌众，大败八十万曹军，诸葛亮功不可没。他不顾个人安危，深入吴国腹地舌战群儒，以激将法让孙权答应结盟并授予周瑜火烧赤壁一计。若没有孔明七星坛祭得东南风，周瑜

---

① Moss Roberts, *Three Kingdoms: A Historical Novel, Complete and Unabridged*, Berkley & Los Angeles: University of California Press; Beijing: Foreign Languages Press, 1991, pp. 1542 – 1543.

② 同上，第 1547 页。

火烧曹军的计谋根本无法实现。但在此注释中，罗慕士却称诸葛亮在赤壁之战中只起到了催化剂的作用，同时引用裴松之的注解，认为火烧赤壁这一想法是由鲁肃提出来的，后经孙权与周瑜共同商议才决定实施这一计谋。罗慕士在此处加此注无疑再次削弱了诸葛亮的智者形象，削弱了他对赤壁之战的贡献。

例 3. In [chapter 44 of] the novel, in order to provoke Zhou Yu, Kongming cunningly twists the words to make them mean that Cao Cao wants to steal the wives of Zhou Yu and [the late] Sun Ce. （第 44 回注释 5）①

在例 3 中，罗慕士对诸葛亮告诉周瑜曹操修筑铜雀台且命曹植作《铜雀台赋》一事发表了看法。在他看来，诸葛亮为了激周瑜出兵曹操，狡猾地利用"桥"与"乔"这一对同音字，让周瑜误以为曹操想掳去其妻小乔和孙策之妻大乔。罗慕士在这里所用的"cunningly"一词在一定程度上建构了诸葛亮的奸诈形象。英语中"cunningly"有两种意思，一是"in an attractive manner"，同义词为"cutely"，即为"可爱地"；第二种则是"in an artful manner"，同义词为"foxily"或者"slyly"，即为"狡猾地"，且 cun- 的词源同 can，通常含有贬义。尽管该词有两个意思，但在此语境中只能理解为第二个意思。由此可见，罗慕士的注释不仅削弱了诸葛亮的智者形象，同时还将他善用的激将法理解为用狡猾的手段促使他人做某事，构建了诸葛亮的奸诈形象。

例 4. In the *PH* (p. 81), Zhou Yu himself is the author of the arrow-harvesting scheme. There is no fog. Cao Cao and Zhou Yu guide their boats to the center of the river to talk. When Cao Cao's men begin shooting, Zhou Yu returns the fire and maneuvers his craft so as to collect an enormous number of arrows. （第 46 回注释 2）②

---

① Moss Roberts, *Three Kingdoms: A Historical Novel, Complete and Unabridged*, Berkley & Los Angeles: University of California Press; Beijing: Foreign Languages Press, 1991, p. 1549.

② 同上，第 1552 页。

继在第 43 回注释中否定了诸葛亮在赤壁之战中的重要作用后，罗慕士再次在注释中提到赤壁之战中的草船借箭。罗慕士在此注释中添加了《三国志平话》中对草船借箭的处理，即平话中将草船借箭一事归功于周瑜，并且当时江面上并无大雾。相反，《三国演义》中这一奇谋出自诸葛亮，他在江面雾气弥漫时靠近曹军，最终得到十万多支箭。比较之下，诸葛亮似乎是利用江面雾气诱使曹军在看不清敌军的情况下射箭攻击，而周瑜则是用言语大胆挑衅曹军。可见，这一注释反向提醒读者《三国演义》中的诸葛亮形象被刻意美化了，因而在一定程度上也消解了诸葛亮的智者形象。

例 5. But according to the slightly different picture presented in the SGZ, the original rebellion of Yong Kai did not attract many adherents and some Man peoples aided Kongming in suppressing the rebels. *Three Kingdoms* has enhanced the scale of the rebellion, as well as Kongming's methods of suppressing it. （第 90 回注释 2）①

例 5 中罗慕士再次根据《三国志》发表自己的看法。他称历史记录中雍闿造反时其跟随者并不多，且一些蛮人也参与帮助了平定此次叛乱。因此，他认为《三国演义》夸大了雍闿造反的规模，同时也美化了诸葛亮的平反策略。诸葛亮七擒七纵蛮王孟获本是体现其智者形象的重要情节，罗慕士却援引史实，称罗贯中夸大情节。这是罗慕士认为《三国演义》美化了诸葛亮形象的又一例。

例 6. Wang Lang's death is dated by the ZZTJ to the second year of Tai He, eleventh month, i.e., late 228 or early 229. The cause and circumstances are not mentioned, but it is unlikely that he accompanied Cao Zhen on this campaign. ... Advancing his death one year and giving Kongming a memorable moral victory over the venerable Wei vassal perhaps cushions the

---

① Moss Roberts, *Three Kingdoms: A Historical Novel, Complete and Unabridged*, Berkley & Los Angeles: University of California Press; Beijing: Foreign Languages Press, 1991, p. 1556.

humiliating defeat at Jieting—which came at a time of growing doubt in the Riverlands about Kongming's pursuit of Liu Bei's original quest. （第93回注释3）①

"毛评本"《三国演义》第93回"姜伯约归降孔明　武乡侯骂死王朗"将诸葛亮足智多谋的形象展现得淋漓尽致。司徒王朗随曹真出征抵御蜀兵，战争未起倒先被诸葛亮骂死于阵前。然而，罗慕士在此注释中称王朗不可能死于这场战争。据《资治通鉴》记载，王朗死于公元228年末或229年初，具体死因不详。在他看来，街亭失守于诸葛亮初出祁山之时，蜀国人民因而怀疑诸葛丞相辜负了先主临终托孤，因此《三国演义》将王朗之死安排在此，意在挽回诸葛亮的失误。

从以上分析可以看出，罗慕士英译本对诸葛亮的智者形象进行了多方消解。

二、诸葛亮德者形象在英译本中的消解

关于诸葛亮高洁品德的形象的消解可以从以下五个例子看出。

例7. Pang Tong's death, the result of an apparently accidental change of horses and routes, may not have been unwelcome to Xuande and Kongming. （第63回注释3）②

罗慕士在此注释中评论，刘备和诸葛亮也许并不是不希望庞统死，换言之，他认为刘备与诸葛亮希望庞统殒命。这种观点不免使诸葛亮的德者形象大打折扣。诸葛亮与庞统被誉为卧龙和凤雏，能力难分伯仲。罗慕士这种说法难免不让读者臆测诸葛亮妒忌庞统的才能。但实际上，正是诸葛亮本人亲自劝说庞统来辅佐刘备，而庞统丧命于落凤坡纯属意外，并非诸葛亮故意为之。

---

① Moss Roberts, *Three Kingdoms: A Historical Novel, Complete and Unabridged*, Berkley & Los Angeles: University of California Press; Beijing: Foreign Languages Press, 1991, p. 1618.
② 同上，第1579页。

例 8. Mao: "Kongming shows resentment because Lord Guan ignored his advice to maintain amity with the Southland."（第 78 回注释 2）①

此注释是罗慕士翻译的毛宗岗的一句评语。毛宗岗的原话为"以不记军师'东和孙权'一语，故似有埋怨之意"②。这是毛宗岗对孔明"关公平日刚而自矜，故今日有此祸"③的点评。首先，对比原句与罗氏的翻译可以发现罗慕士漏译了"似"字，使不确定的语气变成了肯定语气。其次，罗慕士将"埋怨"一词译为"resentment"，在英文中该词义为"a feeling of indignant displeasure or persistent ill will at something"，同义词为"hatred"或者"spite"，即"怨恨"，远比"埋怨"更甚。与"埋怨"之意较为贴切的英语词语有"complain""grumble"等词，但罗慕士并未选用，可见其翻译消解了诸葛亮的德者形象，建构了其妒才形象。

例 9. Fa Zheng's historical importance is somewhat overshadowed in the novel by the large role Zhuge Liang plays.（第 79 回注释 5）④

罗慕士在该注释中表明《三国演义》中诸葛亮掩盖了法正的光芒，使得《三国演义》中的法正没有历史人物法正出彩。虽然此处罗慕士并未给出确切的例子加以说明，但他的评语，尤其是"by the large"这一短语，也足以支撑他认为《三国演义》夸大了诸葛亮的德者形象这一观点。

例 10. Historically, the defeat at Jieting may have cost Kongming a speedy conquest of Chang'an. The defeat resulted directly from his assignment of Jieting's defense to Ma Su. In making this assignment, Kongming not only went against Liu Xuande's warning about Ma Su; he also ignored the majority of

---

① Moss Roberts, *Three Kingdoms: A Historical Novel, Complete and Unabridged*, Berkley & Los Angeles: University of California Press; Beijing: Foreign Languages Press, 1991, p. 1557.
② 罗贯中著，毛宗岗批评，《毛宗岗批评本三国演义》，南京：凤凰出版社，2010 年，第 511 页。
③ 同上。
④ Moss Roberts, *Three Kingdoms: A Historical Novel, Complete and Unabridged*, Berkley & Los Angeles: University of California Press; Beijing: Foreign Languages Press, 1991, p. 1600.

his advisers who had argued that Wei Yan, not Ma Su, be given authority to defend Jieting. Ma Su was the younger brother of Ma Liang, with whom Kongming had had an extremely close relationship;...（第 96 回注释 1）①

罗慕士在此注释中将街亭之过以及未能快速攻占长安的原因归咎于诸葛亮。他给出了两个原因，其一，刘备临终时曾告诉孔明"朕观此人，言过其实，不可大用。丞相宜深察之"②，诸葛亮命马谡出守街亭实则辜负了先主刘备的临终嘱托；其二，诸葛亮帐下的众多谋士建议魏延去守街亭，诸葛亮不听他们的建议还是让马谡出守。罗慕士最后指出，孔明重用马谡的原因是诸葛亮与马谡的哥哥马良交好，暗示读者诸葛亮不顾汉室大业，重用友人之弟。但客观来看，诸葛亮派马谡守街亭并非轻易敲定。诸葛亮先是言明了街亭的重要性，让马谡立下军令状。他也派出另一位谨慎的将领王平与马谡一同出守。此外，他还派高翔引第三路军屯兵柳城，必要时可援救马谡等人；魏延领第四路兵屯扎于街亭之后防张郃；赵云、邓芝各引一军扰乱魏兵。做好周密的安排，诸葛亮认为街亭是万无一失的。

例 11. Zhuge Liang's father was styled Zigong, the name of Confucius' famed disciple; thus, the *Kong* of Kongming in all likelihood refers to Confucius. *Ming* means "enlightened" and echoes his given name, Liang, meaning "light."（第 36 回注释 9）③

罗慕士在此注释中解释了诸葛亮的字和名的意思。因为诸葛亮父亲的字与孔子著名的弟子子贡一样，因此他推测诸葛亮的号孔明的"孔"有暗指孔夫子之意，"明"呼应了其名"亮"一字。他对诸葛亮名字的过分解读强调了诸葛亮的儒者形象。

---

① Moss Roberts, *Three Kingdoms: A Historical Novel, Complete and Unabridged*, Berkley & Los Angeles: University of California Press; Beijing: Foreign Languages Press, 1991, pp. 1620–1621.
② 罗贯中,《三国演义》，北京：人民文学出版社，2005 年，第 697 页。
③ Moss Roberts, *Three Kingdoms: A Historical Novel, Complete and Unabridged*, Berkley & Los Angeles: University of California Press; Beijing: Foreign Languages Press, 1991, p. 1532.

三、诸葛亮贤者形象在英译本中的消解

英译本中对诸葛亮贤者形象在一定程度上也有消解,详见以下四个译例。

例 12. It was lese majesty for Kongming to have caused the Emperor to come to him. (第 85 回注释 11)①

罗慕士在此条注释中发表了他对后主刘禅亲往丞相府问诸葛亮御敌之策一事的看法。曹丕兵分五路进攻蜀地时,诸葛亮称病多日不去都堂议事,后主因而屈驾前往丞相府。罗慕士认为诸葛亮犯了欺君罔上之罪,这种言辞消解了诸葛亮的贤相形象,建构了其狂妄形象。但细读《三国演义》,我们不难发现诸葛亮并非有意欺压年少的后主。他暗中授计退四路之兵,恐人走漏消息,故称病在家思考退第五路兵马之计。

例 13. Zhuge Ke, a nephew of Zhuge Liang, is often supposed to be the author of Kongming's "Second Petition on Taking the Field" (chap. 97) because it resembles Ke's polemic against Wei, the "Zheng Wei lun." (第 98 回注释 3)②

在此注释中罗慕士称赫赫有名的《后出师表》非诸葛亮所作,而是其侄诸葛恪的手笔。罗慕士认为《后出师表》一文与诸葛恪的《征魏论》有相似之处。诸葛亮在《后出师表》中以恳切的言辞请求北伐,实为汉室的存亡考虑。《出师表》与《后出师表》都是诸葛亮贤相形象的文字说明,展现了他忠心耿耿、为匡扶汉室鞠躬尽瘁的形象。罗慕士在此处却推翻了《后出师表》为诸葛亮所作的事实。

例 14. The following two paragraphs appear in the *TS*: "After Kongming

---

① Moss Roberts, *Three Kingdoms: A Historical Novel, Complete and Unabridged*, Berkley & Los Angeles: University of California Press; Beijing: Foreign Languages Press, 1991, p. 1611.

② 同上,第 1622 页。

had returned to his base on the south bank of the River Wei and settled into his camp, Wei Yan protested to him: 'Ma Dai blocked the rear exit of Gourd Gorge. But for that Heaven-sent rain I and my five hundred men would have perished in the fires.' (Kongming meant for Wei Yan to die with Sima Yi; the unexpected rain saved them. Later, when he was dying, Kongming left Ma Dai with a plan for killing Wei Yan.) In great anger Kongming criticized Ma Dai, saying, 'Wei Yan is a great general. When I gave you the plan, I told you only to burn out Sima Yi. What did you mean by trapping Wei Yan in the gorge? It is our court's great good fortune that the sudden storm saved him. Had things gone wrong, I would have lost my right arm!' Kongming rebuked him severely and said, 'Guards! Remove and execute him' (p. 1001).

"The other commanders prostrated themselves before Kongming's tent and pleaded again and again before Kongming relented and spared Ma Dai. He had Ma Dai stripped and punished with forty strokes on the back, deprived of his positions as General Who Subdues the North and lord of Chencang, and reduced to an unregistered army servant. After this public denunciation Ma Dai returned to his former base. Kongming secretly sent Fan Jian there to inform him, 'The prime minister knows you for a loyal and honorable general, and so he desires that you carry out this secret plan. In future your achievement will be of the first rank. But you are to blame the incident on Yang Yi so as to resolve the enmity between yourself and Wei Yan.' Ma Dai received the plan with enthusiasm and the following day forced himself to go to see Wei Yan and acknowledge his fault: 'I would never have done such a thing to you; it was planned by Senior Adviser Yang Yi.' Wei Yan, who detested Yang Yi, went directly to Kongming and said, 'I desire the services of Ma Dai as my subordinate commander.' Kongming refused at first, but agreed after repeated requests" (p. 1002). (第103回注释2)①

---

① Moss Roberts, *Three Kingdoms: A Historical Novel, Complete and Unabridged*, Berkley & Los Angeles: University of California Press; Beijing: Foreign Languages Press, 1991, p. 1630.

罗慕士在此条注释中添加了他对《三国志通俗演义》中与魏延相关的两段翻译，并明确指出诸葛亮本想趁魏延与司马懿对战之机将他们一起烧死，没想到一场大雨救了魏延。计谋失败后，诸葛亮却反而斥责听令行事的马岱，并扬言要斩了马岱。由于其他将领为马岱求情，最终诸葛亮责罚马岱40军棍，褫夺了他的军衔，将他降为随军士兵。而"毛评本"《三国演义》中并没有这样的描写，诸葛亮为了匡扶汉室一直重用勇武的魏延，直至自己快要去世时才授予马岱良计，待魏延造反时将其剿灭。此处《三国志通俗演义》与"毛评本"《三国演义》的对比削弱了诸葛亮的贤相形象，建构了其伪善形象。

例 15. The question of Liu Bei's succession, which the Mao edition suppresses, is openly handled in the TS, even if some relevant material in the SGZ is omitted. Even allowing for Meng Da's special pleading, this letter's argument fits the official record: Liu Bei and Kongming decided to get rid of Liu Feng in order to clear the way for the chosen heir, Liu Shan, to succeed Liu Bei as emperor of Shu-Han without a challenge from the only credible rival. And the result of Liu Shan's accession as Second Emperor was that "every governmental matter in Shu-Han, great or small, was decided by Kongming." (《译后记》)[1]

罗慕士在《三国演义》全译本的译后记中讨论了诸葛亮对刘封的态度。他认为，尽管《三国志通俗演义》删去了《三国志》中有关此事的一些史实，但还是展现了诸葛亮对刘封的看法，而"毛评本"完全删去了这段内容。罗慕士指出，在《三国志通俗演义》中，诸葛亮打算除掉刘封，扫清刘禅继位的障碍，而在后主继位后，蜀汉的大小事务都由诸葛亮处理。罗慕士的这一看法不仅消解了诸葛亮的仁义形象，建构了他的伪善形象，也削弱了诸葛亮的贤相形象，给人诸葛亮因后主年少就独断专权的印象。

诸葛亮是《三国演义》中不可或缺的人物，其智慧卓绝、贤能才干、品

---

[1] Moss Roberts, *Three Kingdoms: A Historical Novel, Complete and Unabridged*, Berkley & Los Angeles: University of California Press; Beijing: Foreign Languages Press, 1991, p. 1440.

德高洁的形象在中国文化语境中栩栩如生，是中国文化的一个符号。在罗慕士译文中，不难看出，诸葛亮的形象在智、德、贤这三个方面都有一定程度的消解，诸葛亮形象发生了一定的变异。这对西方读者、学者解读诸葛亮这一人物有很大影响，也成为西方学者笔下诸葛亮形象变异与重构的原因之一。

第三章

英语世界
诸葛亮形象的变异与重构

对诸葛亮这一历史人物的研究，学界著述甚多。基于《三国志》《资治通鉴》等历史文献，研究成果主要集中在诸葛亮在三国时期辅佐刘备建立蜀国、中兴汉室的历史功绩以及他在政治、军事方面的才能上。而关于诸葛亮人物形象的研究，基于《三国志平话》《三国演义》等文学作品，学界对诸葛亮这一人物形象的建构，对诸葛亮的贤德形象、智慧形象、儒者形象以及政治家、军事家形象等方面进行了研究。迄今，国内也不乏三国时期的历史文献与文学作品在海外译介成果的研究，然而，国内学者对海外学者在异质文化背景下对诸葛亮这一历史人物的解读甚少。中国的史籍和文学作品被译介到海外后，西方学者基于其异质文化背景以及受到文化过滤的影响，对诸葛亮这一人物形象进行了不同的解读。在一定程度上，诸葛亮形象在他们的笔下发生了变异与重构。如爱德华·波特（Edward L. Buote）在《诸葛亮与蜀汉》（*Chu-ko Liang and the Kingdom of Shu-han*）中称《三国演义》中的诸葛亮是一位传奇式的人物。首先，波特称诸葛亮是一位军事天才，且与一般的军事天才不同，诸葛亮不靠武力，而是靠其道家智慧御敌；其次，波特认为诸葛亮是一位神仙般的人物，既会六丁六甲之术，又能制造木牛流马等物。最后，波特也提及诸葛亮的狡诈形象，称他为骗术大师，他用诡计和计谋八次戏耍司马懿，杀戮俘获众多魏军兵士。在美国著名汉学家浦安迪的《明代小说四大奇书》（*The Four Masterworks of the Ming Novel Ssu Ta Ch'i-Shu*）中，诸葛亮被解读为傲慢自大、奸险诡诈、玩弄心术、操控他人的人物。英国汉学家美魏茶在《孔明评论》中，大量删减《三国演义》内容，只着眼于小说中极具悲壮的故事情节，把诸葛亮解读为一个功败垂成、壮志未酬的悲剧人物。在美国汉学家索耶等的《诸葛亮战略》一书中，诸葛亮被解读为一位被美化与神话了的战争魔法大师。本章主要根据上述美魏茶、浦安迪、索耶三位在英语世界具有重要影响的汉学家对诸葛亮这一人物形象的解读，分析诸葛亮形象在英语世界的变异与重构。

第一节
传奇的悲剧人物
——英国汉学家美魏茶的解读

美魏茶,英国来华传教士,其父是英国基督教新教传教士米怜。美魏茶出生于从广州至马六甲的轮船上,两岁时随父母来到中国。1839年他在英国阿伯丁郡马修神学院取得学位后加入伦敦布道会,正式成为传教士。在华传教期间,美魏茶修订了英国来华传教士马礼逊的译著《路加传福音书》(The Gospel of St. Luke)、《使徒行传》(The Acts of the Apostles),米怜的译著《福音广训》(Village Sermons)以及其他来华传教士译作。美魏茶还参与了伦敦会出版的《旧约》和委办本《新约》的翻译,是当时较有影响的在华基督教的传播者。此外,美魏茶还记录了在华的所见所闻,收录于他撰写的《在华岁月》(Life in China)一书。在该书中,美魏茶详细记载了他在宁波、上海的活动情况以及东南地区的社会面貌,从西方人的视角描绘了中国清末的社会百态。

美魏茶对《三国演义》的评述是其著述中较有影响的部分。他发表在当时著名英文刊物《中国丛报》上的《孔明评论》一文,对于海外翻译家和当代西方学者了解诸葛亮有较大的影响。

美魏茶在《孔明评论》中先是对《三国演义》中的人物作了大量删减以突显诸葛亮的形象。整篇文章仅出现五位人物的名字:孔明(Kungming)、玄德(Hiuente)、曹睿(Tsaujui)、司马懿(Sz' má I')和孙权(Sunkiuen)。因刘备白帝城托孤与诸葛亮临危受命的情节紧密相关，其他三人皆与诸葛亮北伐尤其与诸葛亮六出祁山、病逝五丈原的情节相关，因此，刘备、曹睿、司马懿和孙权四人被保留下来。关羽、张飞这样的名将在美魏茶的笔下成为"心腹"，魏延、姜维成为"官员"和"友人"，后主刘禅则是"一个愚笨的君主"。[1] 美魏茶对人物的删减意欲突出诸葛亮的个人英雄形象，凸显诸葛亮这一人物在三国时期的重要影响。

其次，该文对情节进行了重构。美魏茶主要选取诸葛亮辅佐刘备治国安邦、联吴抗魏中悲剧性的场面进行叙述，凸显诸葛亮壮志未酬、多次置身危局的悲剧性场面，如先主托孤、六出祁山、北伐病逝等。而对彰显诸葛亮运筹帷幄、神机妙算、指挥若定的一些情节，如草船借箭、火烧连营、三气周瑜、舌战群儒等家喻户晓的故事几未提及。

在《三国演义》中，"六出祁山"是最能体现诸葛亮军事智慧的内容，作者罗贯中共用 15 个章回浓墨重彩加以描写。在《孔明评论》一文中，相比前五次军事行动，美魏茶对第六次北伐进行了更为详细的介绍，他不惜用大量笔墨描写孔明之死的场景。该文写道，诸葛亮不畏艰辛，第六次兵出祁山，大军驻扎五丈原，魏军坚守不出，加之粮草殆尽，诸葛亮无计可施。此时他积劳成疾，诸病缠身，得知自己时日无多，无奈之下采用的禳星延寿之法也未果。"如此一来，他所有的希望都破灭了，只得努力安抚自己面对现实，他叹了口气说：'我们的生死有定，我们的命运不可改变。'"[2] 在此美魏茶特意引用"死生有命，不可得而禳也"[3]，以表现诸葛亮在人生最后关头的悲凉与无奈。禳祈北斗失败后，诸葛亮对部下交代后事，美魏茶同样对这一部分进行了详尽的介绍："他逐一交代了自己的遗命，其中最重要的是他们应该继续遵照旧制行事"；"他还预言了一些即将发生的事情，并在其身后写下了如何处理这些事务的方式"；"他坐下来给皇帝写了一纸长文，上表皇帝，承认自己的错误在于既没能克敌制胜，也没能保国太平，为此他谦卑地祈求得到宽恕……最后，他劝后主要以他威严的父亲为榜样，永远努力为社稷谋太平"[4]。从美魏

---

[1] William Charles Milne, "Notices of Kungming, One of the Heroes of the Sán Kwóh Chí", *The Chinese Repository*, Vol. XII, 1843, p. 127.
[2] 同上，第 133 页。
[3] 同上。
[4] 同上，第 134 页。

茶花费近一半的篇幅来叙述"孔明之死"的片段足见他对诸葛亮大业未尽身先死的悲剧色彩的着重强调。此外，美魏茶还对诸葛亮死后故事发展进行了补充说明，如他设计用木像吓退魏军、蜀国举国齐哀丞相归天的场景，进一步加强了对诸葛亮悲剧形象的建构。

在叙述诸葛亮未能完成先帝委托的原因时，美魏茶将过失归于外部的阻挠：第一次北伐中马谡失误导致街亭失守，"但是，由于委以重任的某些官员的错误之举，他没能像往常那样的好运，他几乎被敌军包围，连后路也被掐断了"①。第四次北伐中，诸葛亮与敌方僵持之时收到刘禅的圣旨，"当胜利即将来临以奖励他所付出的诸般努力的时候，他却接到一纸诏令，让他立即返回京城。由于诏令来自君王，他必须遵从，所以无论怎样违背初衷，他都被迫放弃自己触手可及的胜利"②。尽管如此，诸葛亮毫无怨言，该文写道："孔明一刻也没有忘记他对先帝许下的诺言，而今又精神抖擞地为下一场战役做准备，尽管后主要求他稍事休息，也让国家有一段太平日子，他却拒绝了。他说：'我受先帝知遇之恩，发誓竭力尽忠，使贼人服从汉室统治，大业未成，我不会稍事休息。我已经出兵讨伐叛军了，至今还只是取得了部分胜利；所以现在我向圣主发誓，不把他们彻底消灭，誓不再见，大业不成，誓不再还。'"③ 通过以上叙述，美魏茶意在突出诸葛亮效忠君王、建功立业的雄心壮志。然而，由于外部因素的阻挠，诸葛亮尽管呕心沥血、鞠躬尽瘁，最终也无力回天。因此，诸葛亮的死更具悲剧色彩。诸葛亮这般睿智贤达的人物也不能挽救蜀国最终的败局，此情此景设定了"运移汉祚终难复，志决身歼军务劳"的悲剧基调。

---

① William Charles Milne, "Notices of Kungming, One of the Heroes of the Sán Kwóh Chí", *The Chinese Repository*, Vol. XII, 1843, p. 127.
② 同上，第129页。
③ 同上，第130页。

第二节
奸险诡诈、傲慢自大与操控他人的个人主义英雄
——美国汉学家浦安迪的解读

浦安迪，美国著名汉学家，1945 年出生于纽约，1973 年获普林斯顿大学博士学位，曾任普林斯顿大学东亚系和比较文学系教授、以色列希伯来大学东亚系教授，主要研究领域为中国古典文学、叙事学、中国传统思想文化、中西文学文化比较等。钱钟书先生曾称浦安迪为美国明清文学研究者中"最卓越的学者"。浦安迪的代表作品主要有 1976 年出版的《〈红楼梦〉中的原型和寓意》(*Archetype and Allegory in the Dream of the Red Chamber*)，1977 年出版的《中国叙事文：批评与理论文汇》(*Chinese Narrative: Critical and Theoretical Essays*) 和 1987 年出版的《明代小说四大奇书》(*The Four Masterworks of the Ming Novel: Ssu Ta Ch'i-Shu*)。这三部著作在国内外受到众多学者的关注。

《明代小说四大奇书》1987 年由美国普林斯顿大学出版社出版，1993 年，中国和平出版社出版了沈亨寿翻译的中译本。该书在海内外传播甚广，1989 年获得了约瑟夫·列文森图书奖（Joseph Levenson Book Prize）。该奖为美国亚洲研究协会创办的学术图书奖项，以美国汉学家列文森命名，每年表彰以英语写作的优秀中国研究著作。浦安迪结合中国小说评点传统和西方现代小说理论，对《三国演义》《水浒传》《西游记》《金瓶梅》这四部小说的版本、作者与时代、文本结构与修辞进行了详解。他认为这四部小说均为文人小说，代表了中国散文小说体裁的成就，体现了晚明士大夫的文化价值取向和思想抱负。美国著名中国文学研究学者魏爱莲（Ellen Widmer）曾说，《明代小说四大奇书》创造了"关于小说形式在中国巩固的深远假设"。她认为，浦安迪为

这四部小说在两性、自我、英雄主义、权力和现实的理解等方面提出了新问题，同时也为中国儒家思想的阐释提供了新的视角。①

有别于中国学者对中国古典小说的传统解读，浦安迪在其著作中论述了这四部小说的反讽叙事手法。他认为《三国演义》不应该被看作一本普通的通俗叙事作品，它是改编各种素材而成的一部带有反讽意味的严肃作品。② 在分析《三国演义》中的主要人物时，浦安迪对诸葛亮形象的阐释与中国传统的解读相差甚大。在中国传统的理解中，诸葛亮作为蜀汉时期有名的"智者"代表，是杰出的政治家、军事家、文学家和发明家。一提到诸葛亮，我们首先想到的不外乎"三顾茅庐""赤壁斗智""先帝托孤"等为人津津乐道的轶事典故和他羽扇纶巾、舌战群儒的淡然洒脱、足智多谋的智慧形象。与此不同，浦安迪主要探析了诸葛亮智慧外表下隐藏的虚伪自私、傲慢自大、冷酷无情、操纵他人的负面形象。

浦安迪一开始就表明他不会去关注诸葛亮这一人物的正面形象，而是去分析他有问题的一面（problematic elements）。③ 他借助小说中的具体情节对诸葛亮这些负面形象逐一进行了分析。

首先，浦安迪认为，《三国演义》塑造了诸葛亮傲慢自大、虚伪矫情的人物形象。这一点从小说中民间对诸葛亮的评价与刘备三顾茅庐的情节叙述中可以看出。

在小说中，刘备的谋士徐庶和当地名士司马徽向刘备推荐了诸葛亮。徐庶对刘备说："以某比之，譬犹驽马并麒麟、寒鸦配鸾凤耳。此人每尝自比管仲、乐毅；以吾观之，管、乐殆不及此人。此人有经天纬地之才，盖天下一人也！"④ 当地名士司马徽也向刘备举荐诸葛亮："众问孔明之志若何，孔明但笑而不答。每常自比管仲、乐毅，其才不可量也。"⑤

浦安迪认为，在诸葛亮出场前，小说借刘备谋士徐庶和当地名士司马徽之口，说诸葛亮常常自比管仲、乐毅，具有经世奇才，实则为诸葛亮自我神化、

---

① Ellen Widmer, "Review", *The Journal of Asian Studies*, 1988, 47 (4), pp. 869 – 871.
② Andrew H. Plaks, *The Four Masterworks of the Ming Novels: Ssu Ta Ch'i-shu*, New Jersey: Princeton University Press, 1989, p. 375.
③ 同上，第 442 页。
④ 罗贯中，《三国演义》，北京：人民文学出版社，2005 年，第 306 页。
⑤ 同上，第 309 页。

抬高自己的表现。就连关羽也心生埋怨："某闻管仲、乐毅乃春秋、战国名人，功盖寰宇；孔明自比此二人，毋乃太过？"① 而后诸葛亮出场的描写也远非史料中那样简略，尽管我们可以将刘备三顾茅庐时心理上一次又一次的失望视为一种制造悬念的文学叙述手法，但这同时也显出诸葛亮对刘备一行人轻视、戏弄的态度，这一点就连生性鲁莽、不拘小节的张飞都发现了："此人无礼！便引我等到庄也不妨，何故竟自去了！"② 浦安迪认为，从刘备第三次造访诸葛亮的细节描述中可见诸葛亮的傲慢自大。"……见先生仰卧于草堂几席之上。玄德拱立阶下。半晌，先生未醒。关、张在外立久，不见动静，入见玄德犹然侍立。张飞大怒，谓云长曰：'这先生如何傲慢！见我哥哥侍立阶下，他竟高卧，推睡不起！'……望堂上时，见先生翻身将起，——忽又朝里壁睡着。"③

浦安迪认为，诸葛亮在童子通报刘备一行人来访之后仍旧在榻上酣睡，甚至翻身将起又朝里侧睡下；在醒来知晓刘备立候多时后一边斥责童子没有及时通报，一边又更衣"半晌"。此般种种无疑要体现出诸葛亮有意在为自己的出场营造一种"千呼万唤始出来"的氛围，足见其傲慢自大的性格特征。④ 根据浦安迪的理解，诸葛亮一直在等待刘备的造访，故意显露傲慢之态以抬高自己，其实心里早有准备，于是在一番刻意谦虚之后，对刘备一行宏论天下局势，彰显自己的才华，可见其虚伪的一面。⑤

除了小说第三十七回徐庶等人对诸葛亮的描述和第三十八回的首次出场，浦安迪还表示，诸葛亮在朝辩时和在战场中表现出来的自命不凡的大笑声都表现了诸葛亮锋芒毕露、傲慢自大的特点。在朝辩时，他常常自夸可以凭借"三寸不烂之舌"助刘备创建汉室霸业，在激烈的战场厮杀场景中，他总是摆出一副悠然自得的姿态，时而羽扇纶巾乘坐于小车之中，时而悠闲自得立于山头，显得自己胸有成竹、对敌军动态了如指掌的样子，以此来凸显自己的个人

---

① 罗贯中，《三国演义》，北京：人民文学出版社，2005 年，第 309－310 页。
② 同上，第 316 页。
③ 同上，第 317 页。
④ Andrew H. Plaks, *The Four Masterworks of the Ming Novels: Ssu Ta Ch'i-shu*, New Jersey: Princeton University Press, 1989, p. 442.
⑤ 同上。

主义英雄形象。① 在小说第三十九、六十六、九十八等章回中,关羽、张飞二人出城迎敌,诸葛亮泰然道:"我只坐守县城";劝李严投降时,孔明自在山头唤曰:"公如不降,两下已伏强弩,欲与吾庞士元报仇矣";魏兵即将劫营时又"自在祁山上凭高而坐"。② 以上细节出自小说第五十二回的描写:"旗开处,推出一辆四轮车,车中端坐一人,头戴纶巾,身披鹤氅,手执羽扇,用扇招邢道荣曰:'吾乃南阳诸葛孔明也。曹操引百万之众,被吾聊施小计,杀得片甲不回。汝等岂堪与我对敌?我今来招安汝等,何不早降?'"③

浦安迪认为诸葛亮自信狂妄、傲慢自大,自言曹操的百万大军也只是被他"聊施小计"就杀得片甲不留,直言敌人不配与他为敌。他这般狂妄自大在元杂剧《博望烧屯》和《五马破曹》中被作者用极其赞美的笔调表现出来,显得极为讽刺。语言方面的自负在第四十三回中尤为突出。为促进孙、刘联手,诸葛亮跟随鲁肃来到江东,在鲁肃嘱咐诸葛亮言辞小心谨慎切勿说曹操兵多将广时,他却直言道"不须子敬叮咛,亮自有对答之语"④,表明自己根本不需要鲁肃的叮嘱,有自己的应对之法,而他似乎也并没有告知鲁肃详细的打算,次日鲁肃再次叮嘱时,他又言自己会"见机而变,决不有误"⑤。这些描述足见诸葛亮自信狂妄、生性傲慢的一面。

在小说第四十四回中,和周瑜一同谋划如何击退曹操时,诸葛亮提出用大乔、小乔来献一出美人计,试图以大小乔来换取曹操退兵。激怒周瑜后又佯作惶恐之状说自己不知道小乔是周公瑾的妻子才失口乱言。诸葛亮计谋多端,擅长使用心理战术,用言语讽刺、激怒对方来达到自己的目的,甚至不惜算计对方的妻子。即使最终目的是助刘备成就大业,其做法也未免过于狡诈。浦安迪指出,尽管这些事例都可以看作愚弄敌人、带有喜剧色彩的心理战术,但赤壁之战后也反复出现的这种傲慢形象就引发严重的问题,到头来终于成为导致诸

---

① Andrew H. Plaks, *The Four Masterworks of the Ming Novels: Ssu Ta Ch'i-shu*, New Jersey: Princeton University Press, 1989, p. 443.
② 罗贯中,《三国演义》,北京:人民文学出版社,2005 年,第 329、535 - 536、810 页。
③ 同上,第 426 页。
④ 同上,第 354 页。
⑤ 同上,第 355 页。

葛亮悲剧结局的主要因素。①

在《明代小说四大奇书》中，浦安迪认为，除了傲慢自大，诸葛亮还冷酷无情。这主要体现在他在战场上的惯用计策——促使战将立下军令状，用生命作赌注完成使命。尽管这是古时用兵打仗的一种传统方法，但这种情节的反复出现不仅体现出诸葛亮与部下在心理上长期处于一种对立的状态，更是凸显了他冷酷无情、草菅人命的一面。小说第五十回中，诸葛亮料定关羽会在华容道义释曹操，等到关羽满怀愧疚回来时，他佯装不知，只贺喜关羽立了大功，待关羽道出实情，诸葛亮便立即说按照军令状应将其处死，遂令武士推出斩之。此番作态和刚得知关羽回来"忙离坐席，执杯相迎"的贺喜之状判若两人，此番表现愈发凸显诸葛亮虚伪与无情的一面。②

浦安迪同样对小说第九十五回中第一次北伐中原期间的街亭之战时诸葛亮对待马谡等人冷酷残忍的一面进行了分析。司马懿带军来犯时，诸葛亮问下属谁愿引兵守街亭时，马谡率先站出来说愿意前往，了解马谡心理的他又以激将法引得马谡说出"若有差失，乞斩全家"③ 的话语并立下军令状，来为此战增加士气。这类以家属的安危促使部下完成军令的情况在马谡失守街亭，诸葛亮派遣马岱、姜维断后等情节中也可窥见：他责令马岱、姜维断后又担心他们出差池，便"遣心腹人到冀县搬取姜维老母，送入汉中"④，将姜维的老母亲"软禁"在汉中，以免姜维生二心。等到司马懿引大军十五万，朝西城蜂拥而至时，诸葛亮又下了"将旌旗尽皆隐匿；诸军各守城铺，如有妄行出入，及高言大语者，斩之"⑤ 的命令。

即使读者知道此类举动皆是为了战役胜利，在己方劣势的情形之下守住城池不落下风，但屡次出现以亲人生死迫使部下将领立下军令状的做法实在显得诸葛亮过于冷酷无情了。同样以屠杀亲属胁迫他人的场面也出现在第五十二回："孔明令释其缚，与衣穿了，赐酒压惊，教人送入城说父投降；如其不

---

① Andrew H. Plaks, *The Four Masterworks of the Ming Novels: Ssu tach'i-shu'*, New Jersey: Princeton University Press, 1989, p. 443.
② 同上，第 444 页。
③ 罗贯中，《三国演义》，北京：人民文学出版社，2005 年，第 785 页。
④ 同上，第 789 页。
⑤ 同上，第 790 页。

降，打破城池，满门尽诛。"① 刘贤、邢道荣被关羽、张飞二人绑去诸葛亮面前时，诸葛亮令解开缚绳，赐酒压惊，派他们入城劝其父投降；如果不投降，等到攻破城池后则会将他们的家人满门尽诛。浦安迪认为，即使面对的是敌人，诸葛亮劝降敌人时依旧以诛杀满门来胁迫，与中国读者心中诸葛亮的"足智多谋、羽扇纶巾"儒者形象也相去甚远。②

此外，在《明代小说四大奇书》中，浦安迪认为诸葛亮玩弄心术、操控他人的一面也体现得淋漓尽致。浦安迪从诸葛亮与蜀国主要人物刘备、关羽、张飞、赵云之间的关系来加以分析。浦安迪认为，关羽、张飞二人和诸葛亮之间的关系并没有那么和谐，甚至是非常紧张的。张飞对诸葛亮的敌意是显而易见的，诸葛亮也故意处处压制张飞，使其处于从属地位；他利用他的职权或是命令张飞，或是让他切勿妄动，甚至刻意利用张飞酗酒的名声使敌人落入圈套。③ 小说第七十回描写如下："孔明笑曰：'主公与翼德做了许多年兄弟，还不知其为人耶？翼德自来刚强，然前于收川之时，义释严颜，此非勇夫所为也。今与张郃相拒五十馀日，酒醉之后，便坐山前辱骂，傍若无人：此非贪杯，乃败张郃之计耳。'"④ 因张飞在军中终日饮酒，刘备得知后询问诸葛亮，诸葛亮不仅不阻止张飞酗酒，反而还建议刘备再送五十瓮佳酿送与张飞，待刘备问起缘由，诸葛亮解释道，张飞酗酒后定会坐在山前辱骂张郃，这是用来打败张郃的计谋。当夜张郃趁着夜色引军杀到寨前才发现坐在那儿的是一个草人，张飞大胜。诸葛亮利用张飞酗酒的名声诱使张郃上当，诸葛亮愚弄张飞一事似乎也成了《诸葛亮挂印气张飞》这出杂剧的题材。⑤

在与关羽的关系中，诸葛亮与关羽虽然较少公开产生冲突，但也想方设法压制关羽，达到操纵关羽的目的。最明显的事例就是华容道"义释曹操"：

时云长在侧，孔明全然不睬。云长忍耐不住，乃高声曰："关某自随

---

① 罗贯中，《三国演义》，北京：人民文学出版社，2005 年，第 427 页。
② Andrew H. Plaks, *The Four Masterworks of the Ming Novels：Ssu tach'i-shu'*, New Jersey：Princeton University Press, 1989, p. 444.
③ 同上，第 416 页。
④ 罗贯中，《三国演义》，北京：人民文学出版社，2005 年，第 579 页。
⑤ Andrew H. Plaks, *The Four Masterworks of the Ming Novels: Ssu Ta Ch'i-shu*, New Jersey：Princeton University Press, 1989, p. 444.

兄长征战，许多年来，未尝落后。今日逢大敌，军师却不委用，此是何意？"孔明笑曰："云长勿怪！某本欲烦足下把一个最紧要的隘口，怎奈有些违碍，不敢教去。"云长曰："有何违碍？愿即见谕。"孔明曰："昔日曹操待足下甚厚，足下当有以报之。今日操兵败，必走华容道；若令足下去时，必然放他过去。因此不敢教去。"云长曰："军师好心多！当日曹操果是重待某，某已斩颜良，诛文丑，解白马之围，报过他了。今日撞见，岂肯放过！"孔明曰："倘若放了时，却如何？"云长曰："愿依军法！"孔明曰："如此，立下文书。"云长便与了军令状。云长曰："若曹操不从那条路上来，如何？"孔明曰："我亦与你军令状。"云长大喜。①

浦安迪认为，以关羽重义气的性情必定会在华容道放走曹操，诸葛亮心知肚明，而他仍旧用言语激关羽立下军令状，若放走曹操便斩之；他轻描淡写地宣称让关羽这样做只是为了留这人情。《三国演义》将这件事视为诸葛亮的神机妙算，因此应该对这个致命大错负责的便是使这个计谋的军师诸葛亮。但下一回诸葛亮却严厉责备关羽不应该放走曹操，将事情的责任都推到关羽身上，这就使诸葛亮人物性格中的虚伪奸诈进一步得到了强化。②

浦安迪认为对待刘备诸葛亮也玩弄心机，试图操控他。《三国演义》中军师诸葛亮与主公刘备也远不是《三国志》或者小说中的那种君臣之至公的理想关系，读者可以发现，几乎在刘备每一次做至关重要的决策时都会有诸葛亮的"进谏"，甚至受他"掣肘"而改变原来的计划。浦安迪根据小说第三十九回刘备与刘表的对话、第七十三回诸葛亮劝谏刘备进位汉中王、第八十回诸葛亮进谏刘备称帝这三处情节描写分析了诸葛亮对刘备的操纵。③ 在小说第三十九回，刘表表态他死后让刘备主事荆州，刘备有推辞之意。此时，诸葛亮用眼神暗示刘备，刘备当即改口说容再商议：

表曰："今江夏失守，黄祖遇害，故请贤弟共议报复之策。"玄德曰：

---

① 罗贯中，《三国演义》，北京：人民文学出版社，2005 年，第 406 – 407 页。
② Andrew H. Plaks, *The Four Masterworks of the Ming Novels: Ssu Ta Ch'i-shu*, New Jersey：Princeton University Press, 1989, p. 444.
③ 同上，第 445 页。

"黄祖性暴，不能用人，故致此祸。今若兴兵南征，倘曹操北来，又当奈何？"表曰："吾今年老多病，不能理事，贤弟可来助我。我死之后，弟便为荆州之主也。"玄德曰："兄何出此言！量备安敢当此重任。"孔明以目视玄德。玄德曰："容徐思良策。"遂辞出，回至馆驿。①

同样，在小说第七十三回中，诸葛亮用隐含威胁的言语劝谏刘备进位汉中王，对刘备加以控制，俨然监护人的气派：

于是众将皆有推尊玄德为帝之心；未敢径启，却来禀告诸葛军师。孔明曰："吾意已有定夺了。"随引法正等入见玄德，曰："今曹操专权，百姓无主；主公仁义著于天下，今已抚有两川之地，可以应天顺人，即皇帝位，名正言顺，以讨国贼。事不宜迟，便请择吉。"玄德大惊曰："军师之言差矣。刘备虽然汉之宗室，乃臣子也；若为此事，是反汉矣。"孔明曰："非也。方今天下分崩，英雄并起，各霸一方，四海才德之士，舍死亡生而事其上者，皆欲攀龙附凤，建立功名也。今主公避嫌守义，恐失众人之望。愿主公熟思之。"玄德曰："要吾僭居尊位，吾必不敢。可再商议长策。"……孔明曰："主公宜从权变，先进位汉中王，然后表奏天子，未为迟也。"②

从刘备的话语可见，当时刘备本没有"自立门户"的想法，甚至还认为自己虽然为汉室宗亲，却也只是臣子，争夺权位是反汉的表现。诸葛亮认为，如果刘备只一心避嫌，只会使跟随他的一群有志之士失望；后又采用迂回策略建议刘备可暂立为汉中王，在刘备表示此种行为是僭越之后又直接表示"今宜从权"，前后三次建议里都有此类暗示甚至控制的话语，如"愿主公熟思之""宜从权变"等。而这种半强迫式的"劝谏"同样也出现在后文第八十回劝刘备称帝之时：

---

① 罗贯中，《三国演义》，北京：人民文学出版社，2005 年，第 325 – 326 页。
② 同上，第 602 – 603 页。

……汉中王曰："孤虽是景帝之孙，并未有德泽以布于民；今一旦自立为帝，与篡窃何异！"孔明苦劝数次，汉中王坚执不从。孔明乃设一计，谓众官曰：如此如此。于是孔明托病不出。

汉中王闻孔明病笃，亲到府中，直入卧榻边，问曰："军师所感何疾？"孔明答曰："忧心如焚，命不久矣！"汉中王曰："军师所忧何事？"连问数次，孔明只推病重，瞑目不答。汉中王再三请问。孔明喟然叹曰："臣自出茅庐，得遇大王，相随至今，言听计从；今幸大王有两川之地，不负臣夙昔之言。目今曹丕篡位，汉祀将斩，文武官僚，咸欲奉大王为帝，灭魏兴刘，共图功名；不想大王坚执不肯，众官皆有怨心，不久必尽散矣。若文武皆散，吴、魏来攻，两川难保。臣安得不忧乎？"……汉中王曰："待军师病可，行之未迟。"孔明听罢，从榻上跃然而起，将屏风一击，外面文武众官皆入，拜伏于地曰："王上既允，便请择日以行大礼。"①

在诸葛亮及一干大臣的劝谏下，刘备仍然坚持不肯称帝，认为自己一旦称帝便"与篡窃何异"。在当事人如此不情愿的情况下，诸葛亮就以装病抱恙的方式"半逼迫"刘备称帝。在言辞中试图用文武百官、江山百姓的安危迫使刘备接受他的想法，甚至还表示自己从出山至今对刘备一直言听计从，借此透露出希望刘备此回能听他一劝的想法。最终等刘备同意计划的时候，诸葛亮立马从床上跃然而起。因此，浦安迪认为诸葛亮与刘备之间并不是表面上"君臣之至公"的理想关系，刘备几乎在每一次做决定时都深受诸葛亮的影响，甚至可以说刘备意识里受到了诸葛亮的控制，在一定程度上，诸葛亮就是刘备的监护人。②

此外浦安迪还表示，诸葛亮玩弄心术、操控他人的手段也体现在小说中多次使用所谓的"锦囊妙计"上。小说原本想以此凸显诸葛亮过人的才智和谋略，但浦安迪却认为这只是诸葛亮运用心理战术操控手下的一种手段，是他阴险狡诈的表现之一。

---

① 罗贯中，《三国演义》，北京：人民文学出版社，2005年，第659页。
② Andrew H. Plaks, *The Four Masterworks of the Ming Novels: Ssu Ta Ch'i-shu*, New Jersey: Princeton University Press, 1989, p. 445.

浦安迪认为，诸葛亮经常使用的"锦囊妙计"，其实是利用人的好奇心理和对他人实施心理操控的手段。[①] 在小说第五十四回中，他将三个锦囊交予赵云，表明只有赵云才能完成他的计划。这种在紧要关头对上司刻意隐瞒计谋的策略着实不妥，这不仅反映了诸葛亮人物性格中极端的傲慢自大，坚信自己的计划定能完美实施，还在无意中操控了计划中关键人物赵云的未来行动轨迹，甚至还要求赵云将三个锦囊"贴肉收藏"却不道明缘由。在第九十九回中，诸葛亮又在出兵前交予姜维、廖化二人一个锦囊，让二人即使见到魏兵围困也不要前去救人，只需打开锦囊就知道解决之法。这种料事如神的锦囊使诸葛亮更加"神化"，同时也从侧面表现出诸葛亮极度的傲慢和在下属毫不知情时以他为中心的意识操纵手段。这种用锦囊操纵他者的方法甚至在诸葛亮死后也用到了。如小说第一百五回，诸葛亮临终前料到魏延日后会反叛，便留下锦囊给杨仪，引导他诱使魏延气急时连喊三声"谁敢杀我"，让马岱趁其不备斩杀之。

第三节
夸张的谋略与美化的英雄
——美国汉学家索耶的解读

研究中国战争的美籍资深学者拉尔夫·D. 索耶于 2014 年在独立创作空间出版社（Createspace Independent Publishing Platform）出版的《诸葛亮战略》（*Zhuge Liang: Strategy, Achievements, and Writings*）一书，是英语世界首部研究诸葛亮军事策略、军事成就的长篇著作。索耶还翻译了诸葛亮的部分军事著

[①] Andrew H. Plaks, *The Four Masterworks of the Ming Novels: Ssu Ta Ch'i-shu*, New Jersey: Princeton University Press, 1989, p. 444.

作。《诸葛亮战略》以陈寿的《三国志》为史料基础,对诸葛亮进行了详尽的介绍,并将研究重点放在其军事能力方面。虽然在历史记载、文学作品或是影视剧作中,诸葛亮通常都被塑造成一位智力超凡、忠君爱国、勇而多谋的英雄;但索耶指出,当代大众理解的诸葛亮其实并不是历史上真实的诸葛亮,而是通过各种民间传说或轶事所塑造出来的一个形象,其军事才华是被夸张与神话了的。[1]

在《诸葛亮战略》中,索耶先是对诸葛亮进行了详细介绍,以探究其创作的军事类著作。索耶认为,诸葛亮的伟大形象之所以经久不衰,关键在于两点:诸葛亮被塑造成了非正统出身的战略大师和举世无双的策略制定者。比如在《三国演义》的"赤壁之战"(Battle of Red Cliffs)中,无论是草船借箭,还是火烧曹军,其聪慧使周瑜产生杀之以绝后患的念头。此外,作者认为"空城计"(Empty Fort Strategy)是诸葛亮在其军事生涯中第二次展示其超群军事才能的机会,无疑也是小说中构思最巧妙的一场胜利。无论是《孙子兵法》还是《六韬》都提到了士兵数量与后勤补给之间的关系,兵力弱时适宜进攻,而后勤补给充足时应慎重,军事指挥者需要观察敌方这两者之间的关系。按常理来说,诸葛亮留下少数兵力守城是无法阻挡司马懿带领的魏国大军的,而诸葛亮的独特之处正是在于他很好地运用了兵力与补给的伪装来诱骗敌人,运用虚虚实实的军事策略来成功迷惑敌军。但索耶对"空城计"中敌我交战双方的真实人数存疑,不同的故事版本有不同的数据,其中《三国演义》最为夸张。他指出,在《三国演义》中,诸葛亮在披上他那件著名的披风后,还在城墙上悠然地弹琴,显然是为了增强作品的戏剧效果。[2] 此外,作者还提到从诸葛亮精妙的军队部署到超凡的占卜之术,都离不开他独特的创造力以及对晦涩知识的掌握和解读。[3] 在战略部署上,诸葛亮最为人称道的便是设计了"木牛"和"流马"两种运输工具。这两项创新设计极大地方便了战时的后备供给。在民间传说或艺术作品中,诸葛亮能够精准地解读星象,预测未来。最著名的便是《诸葛亮神卦》和《诸葛亮算法》这两部作品,但出处不详,无

---

[1] Ralph D. Sawyer, *Zhuge Liang: Strategy, Achievements, and Writings*, Createspace Independent Publishing Platform, 2014.

[2] 同上。

[3] 同上。

从考证。索耶认为，在目前的时代背景下，诸葛亮因其卓越的成就和才能在世界范围内享有盛誉，但要真正理解他的作战策略和判断事迹的真实性，则需要从更多的历史资料入手进行分析，以便还原一个更真实的诸葛亮形象。

其次，索耶在《诸葛亮战略》第一章第二节对史书《三国志·蜀书五·诸葛亮》进行了完整翻译。《三国志》原文中提到诸葛亮"身高八尺"，索耶译为"six feet six inches tall"，并在注释中给出了原因：因为在诸葛亮生活的时代，身高八尺是极其罕见的，堪称巨人。可见这是后人为了塑造其英雄形象而刻意的夸大，因此索耶在翻译时对其进行了改译。接着，索耶对诸葛亮在《前出师表》中强调的刘备"三顾臣于草庐之中"提出了疑问。诸葛亮坚持称刘备以谦卑的态度多次登门拜访来征求自己的意见，在一定程度上或许是受孟子著作的影响，即手握权力的君主一定要拜访隐居世外的智者，向其询问安邦治国的建议。这样的叙述是为了表达自己本应该拥有更体面的生活，而"苟全性命于乱世，不求闻达于诸侯"也只是假装对国事没有任何兴趣。此外，诸葛亮与刘备之间的君臣关系其实并不是像表面上那样和谐，"刻意谦卑的环境下暗藏的紧张关系足以证明君臣关系存在问题。片刻的犹豫和对著名的历史事件的列举暗示了将自己的命运完全交给并不熟知的不幸，这种不幸可能导致一直悬浮的未知感在某个争论或节点突然暴露弊端"①。此外，这种暗藏的紧张关系也突出了掌权的新势力与旧势力之间的抗争，形成了文人与皇家之间的明显矛盾，从而衍生出官僚与军事指挥家之间的冲突。② 可见，索耶对世人将诸葛亮美化成一个不求荣华富贵、淡泊名利、忠君爱国的英雄形象是持怀疑态度的。他认为，蜀汉的历史，尤其是建立者刘备和他的首席顾问诸葛亮的历史，被某种浪漫主义的传统扭曲了。这种传统把刘备描绘成一个英雄，把诸葛亮描绘成一个会魔法的军事大师，曹操被描绘为一个强大傲慢的篡位者，而吴人则被描绘为无能又自私自利的人。③ 正是浪漫主义的传统才引出了刘备三顾茅庐这种具有浪漫色彩的情节。刘备被描绘成一个求贤若渴、谦卑恭敬的君

---

① Ralph D. Sawyer, *Zhuge Liang: Strategy, Achievements, and Writings*, Createspace Independent Publishing Platform, 2014.
② 同上。
③ Rafe de Crespigny, "The Three Kingdoms and Western Jin: A History of China in the 3rd Century AD", *East Asian History*, 1991, p. 21.

主，诸葛亮则被塑造成一个隐居山野、与世无争的臣子，这都是受浪漫主义影响而对人物进行的美化与夸饰。①

接着，索耶详细分析了"南征战役"（Southern Campaign）中诸葛亮的军事策略。他认为，尽管诸葛亮被世人奉为顶级战略大师，但在制定作战策略方面他并没有起任何关键作用，也无任何实际的作战行动。② 索耶研究史料后得出结论，在攻占益州途中绝大部分决策实际上是刘备根据自己以往的经验做出的，史料中并没有确凿的证据证明诸葛亮在占领益州时拥有指挥权，他在这个阶段的身份多为一个军事顾问。诸葛亮在自传中也曾提到他将大量精力用在国家管理和军队训练上，直到刘备去世后才真正开始指挥部队，掌握实际的指挥权，实施他的军事战略，成为承担战略后果的直接负责人。从刘备去世到南征平定叛乱期间，诸葛亮并没有立即出兵，而是先安抚民众，集中精力发展农业，增加粮食储备，充实国库。索耶提到诸葛亮这样做原因有二：一是蜀国举国上下沉浸在缅怀刘备的悲伤之中，不宜再掀战事；二是诸葛亮从自身考虑，意识到自己在朝中的威信仍有不足，不足以调动各方人力。后来，诸葛亮在筹备南征战役中一直强调这场战事宜采用心理战术而不能单纯地靠武力平定叛乱，可见诸葛亮是倾向于用智慧打仗的人，只不过南蛮人民是否真的是心甘情愿地投降便不得而知了。但决定采用心理战术并不是诸葛亮一个人的功劳，还应归功于他的心腹——马谡。据《三国志》记载，诸葛亮在南征前曾询问过马谡的意见，马谡认为"当南蛮百姓意识到政权力量变得空虚时，他们很快就会造反。但是根除他们既是不人道的做法也不能贸然完成。因此，现在心理战术占优势，军事战斗次之，我希望你能使他们心灵臣服"③。可见，诸葛亮受马谡的影响后采取的"攻心为上，攻城为下"的策略，此战略并非他一人的功劳。④

历史上著名的"七擒孟获"发生在南征中，索耶对这一历史事件进行了分析。索耶同很多评论家一样对诸葛亮"七擒孟获"事件的真实性及来源持

---

① Ralph D. Sawyer, *Zhuge Liang: Strategy, Achievements, and Writings*, Createspace Independent Publishing Platform, 2014.
② 同上。
③ 同上。
④ 同上。

怀疑态度。他认为像诸葛亮这种战术保守主义者，在人力、财力和物资都无法保障的情况下，断然放走孟获存在很大的风险。索耶提出，如果这不是诸葛亮的狂热粉丝编造出来的故事，那么似乎只有一种解释可以说得通：诸葛亮和孟获并没有把士兵当作棋子去冒险，他们不愿意诉诸武力使双方士兵有所伤亡，而是采用纯智力或者人形道具的战争游戏方式。① 索耶还认为，诸葛亮应该意识到了孟获的态度只是接受战败而非甘愿投降，在上奏时便避开战绩，以免引起他人嫉妒或者不必要的冲突。诸葛亮仅在战事汇报中表达了此次战争一方面取得了实质性的战事胜利，另一方面使支撑战争的财力和后备供给都得到了加强，这表明国家后方的隐患已经排除，为北伐进攻魏国做好了准备。而在这场征战的实际操作中，索耶总结道，这场南征是谋划已久的战略部署，并非临时被迫镇压平叛。其次，诸葛亮将军队分成三路对南蛮三支逐个击破，以防三个部落的兵力和反抗强度过于集中而造成作战困难，这种分战的战略与《孙子兵法》中的指导一脉相承。在处理南蛮事宜时，诸葛亮采取了适宜南蛮传统的对策。尽管史料对这次南征持肯定态度，但是从刘禅的编年史可以看出，与其说这是一次心理上的努力，不如说是一次野蛮的军事远征。诸葛亮并没有按照其声称的"攻心"策略行事，也没有达到其预设的心理目标，因为没有一个叛乱分子愿意投降，武装反对派必须立即被镇压，因此被压制的一方很容易再次叛乱起义。也许是诸葛亮后来意识到很难彻底平定南蛮，于是又将四个区域重新划分成六个，以尽量控制和降低各区域联合的可能性。索耶认为，重新分配管辖区域，而不建立壁垒、控制点和采取其他军事措施以隔离潜在的触发点，也不对边境进行界定来防止各领域联合叛乱，除了使各区域的管辖者对本区域事务细节有更详细的了解，别无他用，反而还会使管理更加混乱复杂。② 但是南征究竟平定了多少部落，有多少南蛮平民被纳入了管理范围，或者南方部落之间的结盟程度如何，这些都是诸葛亮这次出征遗留的问题。所以诸葛亮真正的担忧应该是如果大部队北进都城的防守是否能够抵得住可能爆发的叛乱。除了这些问题，索耶认为大量的史料将重点放在诸葛亮平定南蛮上，而忽略了蜀国后期对南蛮的管理和南蛮的再次叛乱。实际上，与《资治通鉴》记

---

① Ralph D. Sawyer, *Zhuge Liang: Strategy, Achievements, and Writings*, Createspace Independent Publishing Platform, 2014.

② 同上。

载的南方再无叛乱不同，蜀国先后进行了多次平定。索耶最后总结道，诸葛亮的南征尽管在战争中取得了胜利，但从国家长远发展来看，平定南蛮没有完全消除南蛮叛乱的因素，对其他区域也没有起到威慑作用。①

然后，索耶在著作中对诸葛亮军事战略中精彩的五次北伐（Northern Expeditions）逐一进行分析。诸葛亮在南征获得胜利后赢得普遍赞誉，于是开始策划北伐，这场战争长达七年之久。虽然表面上是为了征服曹魏并重建汉朝的权威，但由于目标是在关中地区消灭敌人的封锁力量，并以此为集结地，因此不得不采取保守的进攻策略。最初选择北伐路线时，由于吴国禁止诸葛亮过荆州而不得已走险道，沿途人烟稀少，军粮供给困难，士兵不堪重负。而对手魏国综合国力又在蜀国之上，从一开始这场战争就是不对等的。索耶还提及，春秋战国时期前人的战争经验和《孙子兵法》就明确给予后世忠告：持久的战争无论是在人力还是财力上都足以拖垮一个国家，而且关中地区地势险阻，魏国并无意处理与蜀国的关系，因此各方面付出都比蜀国小，如此看来，诸葛亮北伐其实是一次消耗自己国家的战略。②

第一次北伐，诸葛亮错在重用马谡而导致街亭失守。刘备曾提醒过诸葛亮要小心马谡言过其实，不可重用，但诸葛亮看上了马谡的聪明机智。重用这样一个战略者而非有实际作战经验的指挥官，乃首次北伐失败的重要原因。尽管战败后诸葛亮因用人错误和识人不准自我惩罚，主动降级三等，但这次战败所带来的损失是无法弥补的。在论及为何诸葛亮会选择此时北伐时，索耶认为，刘备去世后，魏国并没有料到蜀国会进攻，魏国一直与东吴处于拉锯战的状态，而且内部存在矛盾，于诸葛亮而言，这个时候"趁虚而入"可使利益最大化。③ 第二次北伐的目标合理且明确，即摧毁魏国在关中中部附近的粮食储备。诸葛亮此次草率的决定不仅遭到了蜀国朝廷的反对，还受到兄长诸葛瑾的质疑。索耶认为诸葛亮短时间内再次出征的原因为，魏国无法立即从东边调兵力到北部防守蜀军的多条战线，即使援军到达，兵力的疲惫程度也不适宜作战。然而魏国将领防守能力强，劝降诸葛亮无果后，便见招拆招使得诸葛亮无

---

① Ralph D. Sawyer, 2014, *Zhuge Liang: Strategy, Achievements, and Writings*, Createspace Independent Publishing Platform.
② 同上。
③ 同上。

法快速应对，直接导致诸葛亮第二次北伐失败。索耶认为，诸葛亮应该在关中留一支部队以牵制从吴国战线赶来的援军，以增加进攻长安的可能性，但其攻打陈仓的所有计谋都被魏国将领识破。诸葛亮想以不变应万变，这难以被认为是战术上的创新。接连两次战败，不仅挫伤了士兵的锐气，对诸葛亮本人的智者形象也有所损害。① 第三次北伐虽然小有胜利，攻占了武都和阴平，但作者对诸葛亮在魏国加强军事防备后花费更多的精力去攻打这两地提出了质疑，这也证明诸葛亮第三次北伐绝非上策。第四次北伐在索耶看来也是完全无用的策略。诸葛亮再次被提醒要谨慎用人，但还是错用李严使得蜀军断了军粮，导致第四次北伐仍以失败告终。第五次北伐期间，诸葛亮虽然加强了营地防守，但这次北伐依然没有明确的目标，而且军粮运到前线需要的时日过长，北伐失败。索耶评论道，假设诸葛亮能够建筑堡垒并长期守住阵营，那么魏国西边的疆土终将归蜀国所有，但他似乎忽略了这一点。诸葛亮死后，北伐战争以失败告终，蜀国内部的矛盾也更加尖锐，因此，在索耶看来，整个北伐战事并没有取得有效的胜利，反而拖垮了蜀国。②

索耶认为，不管是在史料还是小说中，诸葛亮举蜀国之力北进中原，导致了他生命的终结，同时一定程度上也拖垮了蜀国，从而导致蜀国的最终灭亡。③ 因此，索耶认为现代对诸葛亮和北伐战事的评论是进行了大量的美化和包装的。诸葛亮复兴汉室的目标从客观上来说不可能实现，因为当时魏国不仅经济实力和军事实力在蜀国之上，曹操也并非民间传说中那样遭人唾弃，相反魏国其实有大量平民拥护，所以诸葛亮以较弱的综合实力进攻北方是十分大胆且冲动的。再者，从布局上来看诸葛亮采用三分天下的战略其实是合理的，只是刘备当时在实力上并不具备优势，这种相互掣肘的安排本来为刘备统一全国提供了可能性，但诸葛亮却因发起北伐战事而摧毁了蜀国。即使六出祁山取得了阶段性胜利，但这些胜利对于最终的目标而言其实并没有实在的战略性意义。

最后，索耶对诸葛亮的策略和成就进行了概括。他认为诸葛亮的军事成就

---

① Ralph D. Sawyer, *Zhuge Liang: Strategy, Achievements, and Writings*, ? Createspace Independent Publishing Platform, 2014.
② 同上。
③ 同上。

主要在于其《隆中对》（"Longzhong Plan"）中对三分天下的局势安排。相比之下，诸葛亮的军事战略并没有帮助蜀国复兴汉室，这体现在诸葛亮五次北伐的失败上。即使诸葛亮的北伐主要受制于不友好的因素，包括蜀国不强盛的国力、险峻的地势、略显无能的将领以及年幼无知的君主，但诸葛亮能够在这样一个希望渺茫的情况下依然坚持光复汉室的理想，这种执着体现出他的伟大。毫无疑问，诸葛亮对蜀国最主要的贡献在于其三分天下的谋略促使刘备建立了蜀国，让软弱无能的后主刘禅在刀光剑影中保全性命。如果没有诸葛亮对地缘战略可能性的重要洞见，刘备随时可能面临灭国之灾。此外，索耶说道，尽管诸葛亮因其战略智慧和八阵图为自己赢得了传奇人物般的名誉，但他的伟大之处在于清晰阐明了最初的地缘战略愿景和实施这些想法的基本措施，而不是制定战略计划和进行军事指挥。[1] 正如陈寿在《三国志》中所提到的那样，诸葛亮的才能在于整顿军队、治军严谨，而明显的不足在于制订了非正统的计划。他治民的能力远远超出他作为将军所应具备的战略能力。蜀国的实力从来都比不上敌人，因此，即使他年复一年地动员平民进攻，最终也没能征服魏国。[2] 其中一个最重要的原因就是诸葛亮并不擅长根据实际情况制定相应的军事战略。

在肯定了诸葛亮治戎、理民的才干后，索耶通过分析北伐的失败指出了诸葛亮在制定军事策略方面的不足——从整体战略上看，北伐的任何决定都是不合时宜的。首先，从"爱民"角度考虑，诸葛亮的战略就是不周全的。通常来说，接管一个并不强盛的国家，管理者一般会推迟或者暂时放弃个人的抱负，而不是立即招募平民出征。历代史书忠告统治者应将民众放在第一位，刘备十分明白民为国本的道理，在转移阵地时甚至不愿意抛弃十万跟随者，诸葛亮却忽视了这一点。其次，北伐的策略是有欠缺的。诸葛亮和刘备一直宣称蜀国的正统性，指责曹操为汉贼。索耶认为这是诸葛亮一味地自我说服，从蜀国以外的视角分析，蜀国其实叛离了正统朝政。此外，从刘备背弃曹操投靠袁绍、暗杀曹操、骗取荆州、占领刘璋的领地等事实来看，刘备称自己光明的正统性并不具有说服力。蜀国进攻魏国可谓以卵击石，尽管曹操手腕强硬，在民

---

[1] Ralph D. Sawyer, *Zhuge Liang: Strategy, Achievements, and Writings*, Createspace Independent Publishing Platform, 2014.
[2] 同上。

间传说中经常不是正派的形象，但在他的统治之下，国家的经济实力得到迅速的增长，曹操的管理实力不可小觑。除此以外，曹操帐下人才济济、英雄辈出，并不像蜀国的大部分官员那样无所作为。蜀、魏双方实力悬殊，诸葛亮的进攻是不合时宜的，而且魏国也并不想与蜀国纠缠，对于蜀国的进攻一直处于防守的状态。在面对魏国这样强大的对手时，诸葛亮误判吴国无心恢复汉室，导致蜀国未能在真正意义上与吴国联合抗曹，也误判了吴国不会乘虚而入，导致蜀国缺少兵力抵抗吴国突如其来的进攻。同时，索耶还认为，在后方长期补给方面，诸葛亮作为统帅应该制订长期规划，而不是中途靠士兵耕种耗费精力。再者，蜀国的将领对于光复汉室并没有极大的热情，他们的忠诚更像是追随领导者，先是刘备，后是诸葛亮，而在诸葛亮死后，他们变成了群龙无首的普通士兵。除了魏延，再无人执着于北伐魏国、兴复汉室的理想，从这个角度来看北伐的战略对于当时的蜀国并不合理。

　　总之，索耶结合《三国志》等史料，凭借自己多年对中国军事战略的研究，力图通过理性分析，相对客观地认识和评价诸葛亮形象。通过对诸葛亮发动的"南征""北伐"等著名战役，以及"七擒孟获""空城计"等历史事件的分析，在肯定诸葛亮在治国治军方面才能的同时，也意识到诸葛亮并不像世人所说的那样料事如神、长于军事指挥。诸葛亮作战时过于谨慎与保守，极其不擅长非正统的作战策略，因而在北伐中出现了一系列失误。此外，诸葛亮常以一种完美的英雄形象出现在各种样式的作品中，索耶经过分析推断出其中不乏夸张的结论。诸葛亮任人唯贤，但也曾用人不当，虽攻心为上不愿暴力征战，但实际上仍演变成野蛮的军事进攻，可见诸葛亮并不是一个绝对完美的英雄人物。

第四章

文化过滤与西方文学审美传统视角下诸葛亮形象的变异与重构

第四章　文化过滤与西方文学审美传统视角下诸葛亮形象的变异与重构

英语世界的诸葛亮形象根植于《三国志》《三国志平话》《三国演义》等作品在英语世界的传播与接受，这些作品的西行过程即是中西方文化碰撞、交流的过程，也正是在中学西传的过程中，诸葛亮的形象发生了变异与重构。中国文化语境中体现诸葛亮足智多谋的奇谋巧计在西方学者的眼里成了缺兵少将、无可奈何、令人叹惋的可悲之举；其高超的用人之道、战场上激发将士斗志的策略被西方学者解读成傲慢自大、奸险诡诈、操纵他人的利己主义行为；其运筹帷幄、决胜千里、充分运用天时地利的军事家、战略家形象在西方学者眼中成为被作者美化了的现实中不存在的神话人物……本章拟从比较文学变异学、中西文学不同的审美传统的角度对诸葛亮形象在英语世界的变异进行分析，探索诸葛亮形象变异与重构的深层原因。

第一节
文化过滤与诸葛亮形象的变异与重构

我国著名比较文学学者曹顺庆在 2005 年首次提出了比较文学变异学理论。近年来，曹顺庆出版了一系列比较文学论著，其代表性英文著作《比较文学变异学》(*The Variation Theory of Comparative Literature*) 于 2014 年由施普林格出版社在纽约出版，备受国内外学者推崇。世界著名学者佛克玛教授为该书作序，并评价道："《比较文学变异学》英文著作的出版，是打破长期以来困扰现在中国比较文学学者的语言障碍的一次有益尝试，并由此力图与来自欧洲、美国、印度、俄国、南非以及阿拉伯世界各国学者展开对话。"[①] 曹顺庆的比较文学变异学理论认为，文学在异质文化的交流与传播过程中，在语言、文学文本、文化层面和民族国家形象四个层面会产生变异。文化层面变异的典型例子是文化过滤和文学误读。文化过滤体现在文学传播活动中接受者的主体性、选择性和创造性这三个方面。具体来说，几乎每一种文化都有一定的民族性，包括独立性、稳定性和凝聚力，它们自形成以来，就深深扎根于整个民族的土壤。通常会发生两种情况：一种是接受者在文化过滤后被动接受外来文化，并采取文化保护措施以防止外来文化的入侵；另一种是接受者在过滤外来文化中过时的部分的同时，积极吸收有益的部分。"有时候，经过接受

[①] Douwe Fokkema, "Prelude", Cao. S. Q. *The Variation Theory of Comparative Literature*, New York: Springer-Verlag Berlin and Heidelberg GmbH & Co. K., 2014.

第四章　文化过滤与西方文学审美传统视角下诸葛亮形象的变异与重构 | *147*

者的主动选择、过滤和转化，新文化与原始文化完全不同"①，所以新文化中必然存在文化变异。文学在穿越不同的文化体系时，必须面对不同的文化模式，这也正是叶维廉所说的"文化模子的歧异以及由此而起的文学的模子的歧异"②。在不同的文化模式的影响下，文学发生变异是不可避免的。而文化过滤就是指接受者在文学交流和对话过程中，在自身的文化背景和传统的影响下，有意或无意地选择、删改、过滤、移植、渗透传播者的文学信息的现象。文化过滤研究与文学接受研究容易混淆，其关键的不同在于文化过滤主要指不同文化"模子"引起的文学变异，而不是文学主体的简单接受。同时，文化过滤带来了一种更为明显的文学变异现象，即文学误读。也就是说，由于文化模式的不同，文学现象在跨越文化圈时，文化过滤引发了一种独特的文学误读现象。误读不同于误解和歪曲，因为大多数人都有自己的世界观，这与他们国家的历史、文化、政治甚至经济密切相关，当遇到外来文化时，人们原有的世界观决定了他们的盲点，也就是说，他们会用自己的视野来选择、理解和诠释外来文化。

关于诸葛亮，在他出山之前，首先让读者想到的是"躬耕于南阳""不求闻达"的隐士形象。在中国文化语境中，隐士大多为饱学之士，满腹经纶，避世而居，安贫乐道，人格高洁。刘备求贤若渴，三顾茅庐，最终打动了诸葛亮。诸葛亮为刘备献上隆中对策，纵论天下，为三国鼎立描绘战略愿景。这些场景让人建构起诸葛亮具有远见卓识与雄才大略的智者形象。此后，诸葛亮辅佐刘备，运筹帷幄，指挥若定，东和孙权，北拒曹操，西和诸戎，辅佐刘备建立了蜀国政权，形成三足鼎立的局面。之后，诸葛亮官拜蜀汉丞相，辅佐后主刘禅光复汉室，北伐中原，呕心沥血，最终病逝五丈原。在中国文化语境中，诸葛亮在读者心中是一个正面的英雄形象，尽管最终北伐中原功败垂成，令人扼腕叹息，但其羽扇纶巾、足智多谋、呕心沥血、鞠躬尽瘁的形象深入人心。

然而，由于中西文化在价值观和审美观念上的差异，中国文化中忠君效主、鞠躬尽瘁的人物在西方并不受推崇。因此，《三国演义》中的诸葛亮在浦

---

① Cao S. Q., *The Variation Theory of Comparative Literature*, New York：Springer-Verlag Berlin and Heidelberg GmbH & Co. K., 2014.
② 叶维廉，《东西方文学中"模子的应用"》，温儒敏、李细尧编《寻求跨中西文化的共同文学规律——叶维廉比较文学论文选》，北京：北京大学出版社，1987 年，第 3 页。

安迪的笔下被解读成了虚伪自私、傲慢自负、奸险诡诈、操控他人并极具野心的人物形象。浦安迪笔下的诸葛亮形象与中国文化语境中的诸葛亮形象相去甚远。诸葛亮形象在浦安迪笔下的变异，正好反映了比较文学变异学中的文化过滤现象。根据变异学理论，文化过滤的概念被投射到具体的文本分析中，实际上意味着作者在选择情节时有不同的取向。信息交流，与其说是不同文化之间的交流，不如说是学者们在研究同一文本时基于自身固有的文化视角的解读。因此，在理解时必然出现分化，分化后又形成新的文学形象，这是一个选择的过程。异质文化背景中的浦安迪作为接受方，基于自身的文化背景、隐含的自身价值取向等因素，通过自身的选择，对小说情节作了带有自己民族文化色彩的解读，对原文进行了一定程度的过滤性阐释。因此，中国文化语境中的具有完美人格的诸葛亮，在浦安迪的解读中成了傲慢自大、冷酷无情、虚伪奸诈的形象。对于三顾茅庐故事中诸葛亮的隐士形象，浦安迪过滤掉了中国传统中的隐士文化，使之成为恃才傲物、傲慢自大的形象。诸葛亮用计智取荆州、舌战群儒的智者形象在浦安迪的解读中成了背信弃义、失信违约、虚伪奸诈的形象。其原因在于中西方文学审美传统中建构的英雄形象不同。中国文化语境中的英雄是趋于完美的道德楷模，中国文学作品塑造的英雄形象是趋向完美的，具有神话属性。而西方文化中的英雄是独立个体，其文学作品中的英雄优缺点并存，更具人性化特征。

第二节
西方文学悲剧审美传统
与诸葛亮形象的变异与重构

"悲剧"这一概念源于古希腊，属于西方文学传统的重要艺术审美范畴。悲剧的内涵有狭义和广义之分：狭义上，悲剧是戏剧的一个分支；广义上，悲剧是美学的一个范畴。古希腊哲学家柏拉图和亚里士多德都对悲剧下过定义。亚里士多德的《诗学》是最早对悲剧作系统性论述的著作，是西方美学史上的奠基性作品。他的悲剧美学审美对黑格尔、海德格尔、尼采等都产生了重要影响。据罗念生溯源，"《诗学》对欧洲文学的影响约开始于15世纪末叶。16世纪的意大利学者对《诗学》颇感兴趣，当日的作家按照《诗学》中的规则写悲剧……17、18世纪一些法国作家和英国作家深受《诗学》的影响"[1]。亚里士多德《诗学》第六章中对悲剧定义如下："悲剧是对于一个严肃、完整、有一定长度的行为的摹仿"，"借引起怜悯与恐惧来使这种情感得到陶冶"[2]。他接着指出，"悲剧是行动的摹仿，而行动是由某些人物来表达的，这些人物必然在'性格'和'思想'两方面都具有某些特点"[3]。由此可见，亚里士多德认为悲剧人物是具有一定的性格特征的。关于悲剧人物的性格，亚里士多德指出最重要的是必须善良，但他并不要求人物做到十分善良，因为还有一种介于善良与极恶之间的人，"这样的人不十分善良，也不十分公正，而他之所以陷于厄运，不是由于他为非作恶，而是由于他犯了错误"[4]。亚里士多德以索福克勒斯的悲剧《俄狄浦斯王》的主人公俄狄浦斯与希腊神话中的堤厄斯忒斯为例指出，他们就是具有这种性格的人物。俄狄浦斯与堤厄斯忒斯是声名显赫的英雄，原本生活幸福，却犯下错误酿成悲剧。

同俄狄浦斯与堤厄斯忒斯一样，诸葛亮也不是一个尽善尽美的人物，他的错误同样导致了他的悲剧结局。尽管诸葛亮的贤能与忠义尽人皆知，但不可否认他并非十足的善人，这从刘备养子刘封之死便可窥一斑。据《三国志》记载，当初先主刘备还无后嗣时，曾在荆州收长沙刘泌的外甥刘封为义子，刘备有意将刘封当作自己的接班人培养。刘封其人"有武艺，气力过人"[5]，曾率兵跟随诸葛亮、赵云等人平定西川，攻克益州，虽无显著大功，但也算小有功绩。建安二十四年末，关羽发动襄樊之战寡不敌众时多次向刘封和孟达求救。刘封二人以刚刚占领上庸三郡不敢轻易率兵离开为由拒绝支援关羽导致关羽兵

---

[1] 罗念生，《罗念生全集（第一卷）：亚里斯多德〈诗学〉〈修辞学〉》，上海：上海人民出版社，2015年，第19页。
[2] 同上。
[3] 同上，第36页。
[4] 同上，第55页。
[5] 陈寿，《三国志》，北京：中华书局，1999年，第735页。

败，先主因此责备刘封，但并无杀他之心。此时一心为主的诸葛亮"虑封刚猛，易世之后终难制御，劝先主因此除之"①。刘备最终听从了诸葛亮的建议，下令赐死刘封，刘封自杀而亡。刘封死前曾叹曰"恨不用孟子度之言"②，可见他当时并无篡逆之心，实为冤死，而这正是诸葛亮造成的。诸葛亮以未发生的事情为由劝先主斩草除根，以绝后患，其防患于未然的意识虽然是好的，但其代价却是一条无辜的人命。

陈寿《三国志》中除了有上述对刘封之死的记载，极少有能明显看出诸葛亮存在性格缺陷的文字。在《三国演义》中，诸葛亮的仁德形象大打折扣，这点从关羽华容道义释曹操一事中可见端倪。诸葛亮料定曹操必从华容道逃走，便用激将法让关羽自发立下军令状去拦截曹操，得知关羽不曾捉拿回曹操时，他说："此是云长想曹操昔日之恩，故意放了。但既有军令状在此，不得不按军法。"③ 而实际上诸葛亮早已料到了结局，关羽出发后他就对刘备说："亮夜观乾象，操贼未合身亡。留这人情，教云长做了，亦是美事。"④ 可见诸葛亮前后性格矛盾之处，既然提前就得知此事情不会成功，让关羽去也权当给他一个人情，为何又在事后惺惺作态责怪关羽呢？当然，不可否认的是，刘备才是罗贯中在《三国演义》中极力塑造的仁德形象，一如鲁迅先生在《中国小说史略》中所言，"欲显刘备之长厚而似伪"⑤，可见小说中诸葛亮的仁德形象稍逊于刘备。

如果说俄狄浦斯的错误是在不知道对方是自己父亲的情况下杀死了拉伊俄斯，那么诸葛亮的错误则在于错用马谡，派他前去镇守街亭。先主刘备白帝城托孤时就曾告诫过诸葛亮慎用马谡。诸葛亮称赞马谡是当世英才，而刘备却认为马谡言过其实，不堪大任。先主再三嘱咐诸葛亮要严格考察马谡，但诸葛亮在第一次北伐时全然忘记了先主的嘱托。在马谡自告奋勇前往驻守街亭时，诸葛亮告之曰："街亭虽小，干系甚重：倘街亭有失，吾大军皆休矣。汝虽深通谋略，此地奈无城郭，又无险阻，守之极难。"⑥ 孔明深知街亭地缘位置的重

---

① 陈寿，《三国志》，北京：中华书局，1999 年，第 737 页。
② 同上。
③ 罗贯中，《三国演义》，北京：人民文学出版社，2005 年，第 416 页。
④ 同上，第 407 页。
⑤ 鲁迅，《中国小说史略》，上海：上海古籍出版社，2006 年，第 81 页。
⑥ 罗贯中，《三国演义》，北京：人民文学出版社，2005 年，第 785 页。

要性,他也深知魏军阵营由司马懿、张郃二人领头,此二人绝非等闲之辈。在这种情况下,孔明放着赵云、关兴、张苞、姜维等能征善战的大将不用,却铤而走险派马谡去守街亭,可见他犯了识人不明的错误。马谡不顾孔明嘱托,一意孤行,屯兵山上,街亭要道防守空虚,司马懿不费吹灰之力就占领了街亭。街亭失守,蜀军只有速速撤兵,诸葛亮首次北伐无果而终。若是诸葛亮派其他大将守街亭,他第一次北伐也许就能直捣中原腹地,兴复汉室的大业也指日可待。这样看来,诸葛亮错用马谡是他人生悲剧的导火索。正是第一次北伐的失败,导致了诸葛亮此后的五次北伐失败以致病逝五丈原。诸葛亮临终时命人将尸骨葬于定军山,而非其家乡南阳卧龙山,给他客死异乡、壮志未酬、抱憾而终添上了浓浓的悲剧色彩。

亚里士多德在《诗学》中点明悲剧有六个组成部分,其中最重要的就是"情节"。他对悲剧的定义中所谓的"有一定长度的行动"就是指情节,情节即"事件的安排"。亚里士多德认为"情节乃悲剧的基础,有似悲剧的灵魂"[①],由此可见,情节的安排对于整个悲剧的形成是至关重要的。马礼逊在为《华英字典》撰写"孔明"词条时就非常注意情节的安排,他并未选择将诸葛亮作为蜀国军师创造的伟大功勋记录在册,而是记录其具有传奇色彩和悲剧氛围的事迹:首先,在正式介绍诸葛亮其人之前,马礼逊对诸葛亮身处的宏大历史背景进行了介绍,然后才叙述诸葛亮出山以及其后与刘备、关羽、张飞三兄弟一起为兴复汉室所做的不懈努力,这样一来就给诸葛亮着上了乱世英雄的传奇色彩。其次,在介绍诸葛亮其人时,马礼逊将重点放在诸葛亮的伟大发明上,尤其是诸葛亮根据星宿布灯祈祷念咒,诸葛亮逝世后仍有后世子民依法仿效这种做法。最后,马礼逊浓墨重彩地介绍了诸葛亮临终前祈禳北斗延长寿命之事,凸显了诸葛亮难敌天命的悲剧人生。

西方文学作品中的悲剧往往注重从人物个性、心理冲突上去寻求悲剧的根源,悲剧中的主人公大多是威名显赫的英雄,他们执着追求而不惜牺牲自己的生命,他们的奋斗不是为了自身生命体的自然存在与延续,而是为了某种理想和道德观念。因此,故事的结局往往书写主人公的毁灭,给读者带来心灵的震

[①] 罗念生,《罗念生全集(第一卷):亚里斯多德〈诗学〉〈修辞学〉》,上海:上海人民出版社,2015年,第37页。

撼。诸葛亮在隆中是远近闻名的传奇人物，他虽隐居于草庐不问世事，却名声在外。徐庶向刘备推荐诸葛亮时以"驽马""寒鸦"自比，却将诸葛亮比作"麒麟""鸾凤"。其后更有司马徽将他与"兴周八百年之姜子牙、旺汉四百年之张子房"比肩。及至刘备三顾茅庐请得诸葛亮出山后，八阵图、草船借箭、火烧赤壁、七擒孟获、空城计等妙计使其威名远扬，传奇程度不亚于英语世界的罗宾汉（Robin Hood）、尤利西斯（Ulysses）、阿喀琉斯（Achilles）和奥德修斯（Odysseus）。白帝城托孤后，诸葛亮鞠躬尽瘁辅佐后主刘禅，六出祁山讨伐魏国，这一切都是为了实现他与先帝的共同理想——光复汉室。最终，诸葛亮出师未捷身先死，殒命五丈原。

从以上可以看出，美魏茶基于西方文学的悲剧审美传统，在情节上集中介绍三国故事中诸葛亮悲剧性的场面，如白帝城托孤、六出祁山、地伐中原失败、客死异乡等，拟以此来凸显诸葛亮这一人物的悲剧命运，从而突出悲剧审美效果。

第三节
西方文学理性审美
与诸葛亮形象的变异与重构

长期以来，文论界有一种说法：中国传统文学重表现，张扬情感；而西方传统文学重再现，张扬理智。不难理解，中国传统意义上的文学（主要是诗），无论是诗经、楚辞、汉乐府，还是唐诗、宋词，无一不是作家自身人格、情绪的表现。虽然其中不乏优秀的现实主义作品，但抒发心灵的浪漫主义一直是中国传统文学的主流。与此相对，西方文艺滥觞于古希腊文明，应该说，中国同西方文学的发祥时期大致相同（古希腊时期和中国战国时期相近），但西方文学却形成了与中国传统文学截然不同的风格，即模仿现实、张扬理性。西方文艺作品从来都是表现作者与外部世界的关系，从古希腊柏拉图、亚里士多德，到古罗马贺拉斯，从文艺复兴、古典主义、启蒙主义直至德国古典美学与文论，这种理性追求成为西方文学审美的传统。黑格尔（G. W. F. Hegel）是19世纪西方世界哲学的集大成者之一，也是继亚里士多德之后对西方美学产生重大影响的人物之一。他结合辩证发展的观点，采用逻辑与历史相结合的方法，选择性地吸收了前人的美学观点，形成了自己的美学体系。他认为："在真正的美里，冲突所揭露的矛盾中每一对立面还是必须带有理想的烙印，因此不能没有理性，不能没有辩护的道理。各种理想性的旨趣必须相互斗争，这个力量反对那个力量。"[1] 黑格尔的辩证美学观认为，冲突构成美，而冲突离不开理性和理想性的旨趣。在他的影响下，理性探索成为西方文学作品的一个鲜明特征。

进入21世纪以后，英语世界的诸葛亮形象在索耶与李美春（Mei-chün Sawyer）撰写的《诸葛亮战略》一书中再次发生了变化。早期各种与诸葛亮相关的民间传说、戏本中的奇闻轶事吸引了不少平民，经由这些传闻改编而成的小说、平话引起了新一轮"诸葛亮热"。及至现代社会，电视剧、电影、戏剧等影视作品让诸葛亮的完美形象深入人心，加之多地的武侯宗祠在文化传承方面的影响力巨大，掀起了此消彼长的"诸葛亮热"。一代又一代人对诸葛亮推崇备至，对诸葛亮又有了不同的认识。索耶二人注意到了国内诸葛亮形象的变化，指出诸葛亮在中国享有极大的声誉，甚至被推崇为中国最伟大的策略者，与孙子、孙膑、张良等具有重大影响的人物齐名。对此，索耶二人在书中明确表示，诸葛亮地位的提高是世人的不断美化造成的。他们认为，各种民间传说与轶事都倾向于夸大诸葛亮的各项才能。比如，诸葛亮的军事才能并不十分突出，但其能力也通过草船借箭、火烧赤壁、空城计等被夸大。至此，英语世界的诸葛亮从一个悲剧传奇英雄演变成了一个谋略被夸大、人格被美化的英雄。索耶二人这种看法追根究底与西方文学作品中的理性探索有着极大的关系。

变异学理论认为，在跨国界、跨文化、跨文明的范围内，不同文化读者对作品接受是多样的。读者对文本的不同理解是一种客观存在，因为一切阅读活

---

[1] 黑格尔，《美学：第一卷》，朱光潜译，北京：商务印书馆，2011年，第305页。

动都在具体历史时空中进行，受地域与时代影响，不同的历史距离造成了理解的多样性。由此可见，比较文学变异学要求我们将重点集中在接受者一方的文明文化上，思考这种文明文化的发展对接受者的影响。

索耶是美籍作家、历史学家，商业和政治顾问。他的研究主要集中于中国军事经典和中国军事史两方面。他精通亚洲军事史和战略思想，经常在学术会议和商业聚会上就上述主题发表演讲。截至目前，他与李美春一起翻译过多部与中国历史相关的书籍，例如《孙子兵法》（*The Art of War*）、《孙膑兵法》[*Sun Pin: Military Methods（History & Warfare）*]、《中国古代七大军事经典》（*The Seven Military Classics of Ancient China*）等，可见他对中国的军事兵法颇有研究。作为资深历史学家，理性探索是研究历史的重要前提。为了还原历史事件的真实面貌，他常常辩证地看待他获得的史实与材料。21世纪的中国，诸葛亮形象是至德、至善、至圣的，但在索耶看来，这样一个至圣先师的人物形象是经过人为加工形成的，与他在历史中了解到的诸葛亮大相径庭。秉持西方辩证发展的观点，他理性地对待这一差异，而辩证的看法不仅需要有独到的判断力，还要大量研读相关材料以辨真伪，为自己的判断提供可靠的证据，因此他出版的大部分书籍都附有详细的注释和历史评论。

索耶与李美春在撰写《诸葛亮战略》一书时，为了尽量还原诸葛亮的真实人物形象，参考援引了大量文献。例如，在介绍诸葛亮草船借箭的传奇事件时，索耶援引《三国志》《魏略》指出，此妙计并非诸葛亮想出的。陈寿的《三国志》并未对此事有所介绍，而根据《魏略》，草船借箭是孙权想出来的；在介绍空城计时，索耶指出《三十六计》曾记载过空城计，以此暗示空城计并非诸葛亮原创；提到诸葛亮设计的木牛、流马和连弩时，他指出连弩早在战国时期就已存在。

索耶书中所引用的参考文献包括但不限于下表内容：

英文书名	中文书名	出现次数
The Romance of the Three Kingdoms	《三国演义》	6
San-kuo Chih	《三国志》	38
The Six Secret Teachings/Liu t'ao	《六韬》	30
One Hundred Unorthodox Strategies	《百战奇略》	21

第四章　文化过滤与西方文学审美传统视角下诸葛亮形象的变异与重构 | 155

英文书名	中文书名	出现次数
Chu-ko Liang Shen Kua	《诸葛亮神卦》	1
Chu-ko Liang Suan-fa	《诸葛亮算法》	1
Wei Lüeh	《魏略》	1
Chung-kuo Chün-shih Tung-shih	《中国军事通史》	1
Art of War	《孙子兵法》	69
Thirty-six Stratagems	《三十六计》	2
Tzu-chih T'ung-chien	《资治通鉴》	36
Chiang Yüan	《将苑》	38
Mencius	《孟子》	4
Shih Chi	《史记》	5
Ssu-ma Fa	《司马法》	9
Han Chin Ch'un-ch'iu	《汉晋春秋》	1
Chün Ling	《军令》	8
San-lüeh/Three Strategies	《三略》	8
Ping Yao	《兵要》	8
Sui Shu	《隋书》	1
Sun Bin Military Methods	《孙膑兵法》	11
Pien Yi Shih-liu Ts'e	《便宜十六策》	13
Tai-p'ing Yü-lan	《太平御览》	17
Wu-tzu	《吴子》	16
Wei Liao-tzu	《尉缭子》	8
Pei-t'ang Shu-ch'ao	《北堂书钞》	6
Chu-ko Liang Chung-wu Hou Wen-chi	《诸葛亮忠武侯文集》	2
Shu Ching/ Shang Shu	《书经》/《尚书》	3
Tao Te Ching	《道德经》	10
Hsiao Ching	《孝经》	3
Chou Li	《周礼》	1

通过上表不难看出，索耶与李美春在《诸葛亮战略》中引用最多的书籍是《孙子兵法》《三国志》《将苑》《资治通鉴》《六韬》《百战奇略》和《太

平御览》。陈寿的《三国志》与司马光的《资治通鉴》无疑是所有记录三国历史的文献中最权威的两本史书，是研究三国历史最可靠的文献材料。《孙子兵法》一书由春秋时期吴国将军孙武所撰，它是我国现存最早的兵书，也是最能集中体现我国古代军事理论思想的一本书。该书向来被奉为我国兵家的经典作品，索耶二人引用最多的就是这部兵家法典，以此书为标尺来考察诸葛亮的真实军事才能无疑是最可靠的。从古至今，中国的兵书史有一种流行做法，那就是伪托之作多托于先圣先贤。由于诸葛亮被后人奉为智慧的化身，所以，正如《四库全书总目提要》所言，"盖宋以来兵家之书，多托于亮"[1]。《将苑》《军令》《便宜十六策》就是三本这样的兵书。《将苑》又名《心书》，是一部专门探讨为将之道的军事作品。《军令》，顾名思义，是一本与军规军纪相关的书籍。《便宜十六策》是一本与治国治军相关的书籍。相传这三本书为诸葛亮所作。在撰写《诸葛亮战略》一书时，上述三本书是索耶二人研究诸葛亮军事才干的重要材料。

《六韬》《吴子》《三略》《尉缭子》《司马法》《孙膑兵法》《太平御览》等书是索耶二人引用较多的书籍。这些书籍也有一个共同之处，那就是它们都记载了我国古代军事思想与军事理论，索耶二人在《诸葛亮战略》一书中频频提及或引用这些书籍的内容就不足为奇了。《六韬》《司马法》相传为姜太公吕望所著。《六韬》又称《太公六韬》《太公兵法》，书中涉及战略论和战术论。《司马法》则记载了从殷周到春秋战国时期的一些古代作战原则和方法。《吴子》相传为战国时期的军事家吴起所作，主要论述了战争观等问题。《三略》涉及策略、谋略、战略，与其他兵书不同，这是一部集诸子各家军事思想于一体的兵书。《尉缭子》一书相传是战国时期尉缭所作，他在书中提出了不少治国思想。《孙膑兵法》相传由战国时期的孙膑及其弟子所作，集中体现了孙膑的治国、治军、治敌之道。《百战奇略》是我国明代的一部军书，该书将战争诸方面概括归纳为 100 个题目，被誉为"中国古代十大兵书"之一。《太平御览》是我国宋代著名的类书，内有大量宋代以前的文献资料，弥足珍贵。这些书籍都是学习我国古代军事思想的必读书籍，也是索耶二人研究诸葛亮军事才干不可或缺的材料。

---

[1] 纪昀，《四库全书总目提要》，石家庄：河北人民出版社，2000 年，第 2549 页。

第四章　文化过滤与西方文学审美传统视角下诸葛亮形象的变异与重构 | *157*

除本书第三章介绍的具有代表性的三位汉学家对诸葛亮形象的解读，海外还有不少学者对诸葛亮这一人物形象进行了不同的解读。

约翰·基利格鲁（John Killigrew），美国纽约州立大学历史系助理教授，致力汉学研究，在《中世纪早期的中国》等汉学期刊上发表多篇文章。他认为诸葛亮是一个法家思想的执行者和坚定的汉室维护者。年轻时的诸葛亮便已展露出自己的兴趣抱负，他不追求单纯空洞的学术研究，倾向从法家思想中吸取养分，整合理论分析现实问题。他主张兴复汉室，认为汉室不仅是政治合法的正统更是反映天道秩序的正途，而曹操对朝廷的操纵摆布无疑是不合法度的。正是出于对汉室朝廷的忠贞和对弄臣曹操的痛恨，诸葛亮树立了自己的政治目标——追随刘备。对于刘备来说，诸葛亮是可靠的臣子，更是帮助他实现自己战略目标的军事指挥官。基利格鲁还认为，陈寿虽然批评了诸葛亮欠灵活的战术机动性，但同时也肯定了他作为出色的军事管理者和内政人才的成就；陈寿认为诸葛亮"不擅权变"，不能不说是一种失败。[①]

麦克·法默（Michael Farmer），美国得克萨斯大学中国历史系助理教授，著有《蜀之英才：谯周与早期四川学术研究》（"The Talent of Shu: Qiao Zhou and the Intellectual World of Early Medieval Sichuan"）。他在文中提及，蜀汉的历代统治者——以诸葛亮为代表——曾多次北伐，试图扩张秦岭地区的版图，却从未获得过长久性的战果。他强调，诸葛亮对蜀汉军事问题在诸多执政者中比较突出，一定程度上体现了他对诸葛亮"主战主扩张的军事元帅"形象的理解与认知。他还强调，由于《三国演义》的影响力实在过于巨大，几乎盖过了《三国志》所载的正史，诸葛亮因而被归结为有"智慧""远谋"，甚至还有"魔法般的力量"，即所谓"状诸葛多智而近妖"的神力。此外，鉴于诸葛亮本人在蜀汉历史及演义小说中举足轻重的地位，且有文集《诸葛亮集》传世，后世学者对蜀汉学术界的研究往往将关注点集中在诸葛亮身上。但实质上，法默认为诸葛亮应该被定义为"外臣"式的统治者，是蜀汉学术界的资助人，并不应被归为学者。[②]

[①] John Killigrew, "Zhuge Liang and the Northern Campaign of 228 - 234", *Early Medieval China*, no. 1, 1999, pp. 55 - 91.

[②] 转引自 De Crepigny, "The Talent of Shu: Qiao Zhou and the Intellectual World of Early Medieval Sichuan", *China Review International*, vol. 17, no. 4, 2010, pp. 432 - 434。

马兰在（Anne E. McLaren），澳大利亚墨尔本大学亚洲学院中国研究系教授，专门研究明清时期口语艺术与印刷文本，在中国近代历史艺术领域有多部著作。她以《三国演义》为研究对象，通过重点研究"计""诡""智"等名词的运用来分析诸葛亮的形象。她概括了诸葛亮在演义小说中"神功"与战略并存、"谋包天地""神鬼莫测"的半神形象。她提出，对诸葛亮形象的评语有两极分化的现象：一方面，在以歌颂胜者为导向的赞语中诸葛亮被描述为善用诡计的人，在借荆州一事上他骗过鲁肃和周瑜两人，运用各类"诡计"来达成自己的目的；另一方面，在道德评价导向的评语中，他的智慧服务于忠诚和"大义"，无论是以不忠不义为由斩魏延还是以光复汉室为由争夺荆州，他的所作所为被认为是为了实现道德正确、公平合理的目标。这两种分化又存在一种微妙的平衡，即好的道德出发点能够合理化不可避免的诡诈谋划带来的道德困境。因此，这一形象也成为明代小说用以解决道德与利益冲突问题而着力塑造的人物典型。[1]

丽萨·拉普哈尔斯（Lisa Raphals），美国加州大学河滨分校中国和比较文学教授，新加坡国立大学哲学教授。根据她的说法，有别于《西游记》孙悟空七十二变的神技，诸葛亮的手段并非超现实的魔法或神功，而是策略和口才。她指出，诸葛亮服务于合法事业的新儒家形象为欺诈与智慧之间的矛盾提供了解决方案。诸葛亮的能力在于其"欺敌之智"，而欺诈性质有悖于儒家价值观，所以对先汉儒家而言，这种"智慧"会陷入一种道德困境。但是，诸葛亮的可贵之处在于用这种"欺敌之智"为正义合法的事业服务，他对君主的忠贞、坚持、勤奋与开创事业的勇气正是他成为儒家所谓"君子"的典型条件。因此，他的形象可以说是谋臣和君子的平衡结合体。[2]

凌（L. H. M. Ling），美国麻省理工学院，主攻国际关系的政治理论家，在道家思想方面亦有研究。她认为诸葛亮在南中期间运用了道家的智慧，体现了阴阳和谐的原则。诸葛亮秉持"阳为伐战，阴为攻心"的原则，"阴中生阳"，主张南人自治，"阳中有阴"，向南人传播科教农业知识。顺应自然，

---

[1] Anne E. McLaren, "Ming Audiences and Vernacular Hermeneutics: the Uses of the Romance of the Three Kingdoms", *T'oung Pao*, vol. 81, no. 1, 1995, pp. 51–80.

[2] J. E. Tiles, "Knowing Words: Wisdom and Cunning in the Classical Tradition of China and Greece", *Philosophy East and West*, vol. 44, no. 2, 1994, p. 387.

因地制宜，符合道家"无为"的朴素辩证法。而罗慕士提出，《三国演义》里塑造的诸葛亮是一个秉行儒家思想、重忠孝而轻情义的人物。他将诸葛亮的字号"孔明"解读为"像孔子一样明智"，认为书中的诸葛亮力主刘备杀刘封体现了他以家庭伦理孝道为首的原则，而尽力劝阻刘备东征则表现他以国家利益为先却看轻兄弟义气的价值观，这些都是儒家思想的体现。[①]

董保中（Constantine Tung），美国纽约州立大学荣誉退休教授，中国历史学学者。他认为，三国演义塑造的英雄悲剧内核在于"逆天而行"四个字，但诸葛亮是唯一认识到这一点的人物，成为悲剧英雄的典型代表。他认为，诸葛亮的行为和选择结合了道家的顺应无为和儒家的积极入世，三顾茅庐便是很好的体现。但是，儒道两家思想又在他身上有不可调和的冲突。在诸葛亮遇见刘备之后，儒家入世的承诺和责任最终战胜了道家的避世和清静观，于是他选择出山。诸葛亮和友人们都很清楚，逆天而行的后果只能是悲剧，但友人们洁身自好，远离世俗，只有诸葛亮选择投入洪流。即使他清楚世道衰微、天崩地暗、天命不归，儒家的责任感和对汉室的忠诚以及刘备的知遇之恩和"大义"最终打动了诸葛亮，使他放弃乱世中明哲保身的想法，走上了"知其不可为"却道德高尚的救世之路。而后来北伐时的诸葛亮从年轻时的从容不迫变得急躁沮丧，有战略误判和国内失和的原因，但更多是天命不永。董保中总结道，"诸葛亮的悲剧正在于他与生而为人的现实对抗"，《三国演义》全书叙事的悲剧内核正是诸葛亮的性格本身。[②]埃里克·亨利同样认为，诸葛亮的英雄名声一定程度上来源于其命运的悲剧性，他认为历史上的诸葛亮其实只是一个比较出色的人物，人们看待他和看待其他人物一样公正客观。对他的追思其实是在他去世之后才真正开始的，他的失败并未毁了他的一世英名，反而在"伟人功亏，小人得志"的价值观下名声大振。人们从他的人格中看到了普罗米修斯式的精神：即使他不能战胜命运，他的才智和坚毅也让上帝为他低头。[③]

[①] L. H. M. Ling, "Worlds beyond Westphalia: Daoist Dialectics and the 'China Threat'", *Review of International Studies*, vol. 39, no. 3, 2013, pp. 561-562.

[②] Constantine Tung, "Cosmic Foreordination and Human Commitment: The Tragic Volition in Three Kingdoms" *Three Kingdoms and Chinese Culture*. Eds. Kimberly Besio and Constantine Tung. New York: State University of New York Press, 2007, pp. 3-14.

[③] Eric Henry, "Chu-ko Liang in the Eyes of His Contemporaries", *Harvard Journal of Asiatic Studies*, 1992 (2), pp. 589-612.

田浩（Hoyt Cleveland Tillman），美国亚利桑那州立大学荣誉退休教授，知名海外汉学家，在儒释道思想及中国历史方面均有造诣。他认为，诸葛亮的形象是临敌有莫测如神功之智，追求王道统治，他自身的悲剧仅仅在于他活得不够长。[1] 他在研究杜甫赞颂诸葛亮的诗歌时，也对诸葛亮对后世的影响提出了一些看法：他承认诸葛亮在其所处的时代无疑有显著影响，他的言论和事迹被当时甚至后世的学者和官员奉为经典；然而，他可能并非如后世传颂的那般神奇，他被历代学者和文臣武将尊崇也并非持久性的现象，他的人格标杆形象的养成更多与他和当朝政治话题的贴合程度紧密相关。在国家宣扬大一统、恢复法治、巩固皇权等理念时，他的政治形象往往被当作典范大力宣扬；而当皇权遭遇危机时，对国家忠诚的学者文官更会追念诸葛亮的事业。[2]

综上所述，海外汉学家对诸葛亮形象的分析大部分与小说和历史著作中的形象较为一致，不过也存在一些比较明显的问题。海外汉学家对诸葛亮的形象分析和解读几乎基于《三国演义》《三国志》的英语译本（尤其是邓罗、罗慕士两种译本）而非罗贯中的中文版原本，而译介和再阐释的过程都会在一定程度上造成不可避免的源语文化丢失与译语文化汇入，导致形象误读。绝大多数的误区出现在译介阶段，翻译策略对内容的取舍和文化背景差异造成的转换都会带来形象的扭曲。即使译者尽量忠实地将原文传达出来，西方研究者对译本的解读也会受到学术环境和研究方法的限制，出现解构主义下的扭曲或变异。[3] 即使研究者试图用中国古典哲学思想对人物形象进行尽可能原生态的解读，其分析也往往因西方学者对诸子思想了解有限而流于片面，忽略其行为逻辑下的复杂历史社会环境和多种思想熏陶。一些学者以儒家或新儒家来定义诸葛亮的思想，将"孝"或"义"的内涵归结于"宗法制""兄弟情义"。他们对这些概念进行了偏颇的解读，忽略了儒家最重要的治国思想对于这样一个杰出的执政者的深远影响。还有一些学者将诸葛亮定性为"悲剧英雄"，将悲剧

---

[1] Anne E. McLaren, "Book Review: 'Three Kingdoms and Chinese Culture, by Kimberly Besio and Constantine Tung,", *Bulletin of the School of Oriental and African Studies*, vol. 71, no. 2, 2008, pp. 383–385.

[2] Hoyt Cleveland Tillman, "Reassessing Du Fu's Line On Zhuge Liang", *Monumenta Serica*, vol. 50, no. 1, 2002, pp. 295–313.

[3] 殷晓燕，《经典变异：文化过滤下的文本细读——以宇文所安对经典诗人杜甫的解读为例》，《当代文坛》2014年第6期，第172–175页。

浪漫作为人物魅力的构成元素，这一解读显然深受西方悲剧美学的审美思想的影响，这样的解读也许迎合了西方受众的喜好和口味，但是就传播效果而言，这无疑是对原本的"魔改"。

第五章

诸葛亮形象在英语世界的变异与重构对中国经典文学作品世界性传播的启示

第五章 诸葛亮形象在英语世界的变异与重构对中国经典文学作品世界性传播的启示

中国经典文学作品是中国文化的重要组成部分。所谓经典，是指文学作品本身具有经久不衰的价值，且这种价值能够满足较长历史时期对文化的需求。唐代魏征在《隋书·经籍志·序》中对文学经典作品定义如下："夫经籍也者，机神之妙旨，圣哲之能事，所以经天地，纬阴阳，正纪纲，弘道德，显仁足以利物，藏用足以独善。"[①] 可见经典文学作品不仅具有学术价值，而且在政治、思想、文化等方面影响深远。中国文学源远流长，有着悠久的历史，其卓越的成就是无法估量的。《诗经》、《楚辞》、《论语》、《道德经》、四大名著等经典著作，现代作家鲁迅、钱钟书、茅盾、巴金等的文学作品，都是中国文化的珍贵遗产。中国文学作品也反映了中国历史的变迁和文化的多元性。在漫长的历史发展过程中，中国文学经历了不同的时期和流派的变化，形态丰富多样，在很大程度上代表了中国历史文化的发展和演变。

中国经典文学作品作为中国文化的重要载体和传承者，对于深化人们对中国文化的理解有不可替代的作用。在世界文化多元化的格局下，各种文化碰撞激烈，交融愈加深入，中国文化"走出去"已然成为一项重要的文化策略。经典文学作品是中国文化发展的重要成果，其海外译介传播为世界认识和了解中国文化提供了有效路径，增强了中国在国际文化领域的影响力，提升了我国文化软实力。然而，中国经典文学"走出去"之途并非布帆无恙，中国版权图书引进与输出在数量方面还存在一定的差距，中国文学对外传播的范围及影响力与其本身蕴含的价值不成正比。由此，我们需要了解中国经典文学作品海外译介的现状及问题，优化中国文化对外交流和传播的策略，找到有效的路径和方法，更好地传播中国文化，讲好中国故事。

---

① 魏征，《隋书》，北京：中华书局，1963，第903页。

第一节
中国经典文学作品海外传播现状与困境

一、中国经典文学作品海外传播现状

在中国经典文学对外译介的过程中,四大文学名著的地位十分重要,它们不仅代表了中国古典长篇小说的最高水平,也极具中国传统文化代表性。① 在长达几百年的译介过程中,海外汉学家在中国学者、译者的帮助下,描绘了一幅丰富的世界译介图。中国四大古典文学名著的对外译介为我国文学和文化传播打下了坚实的基础,对中国文学和文化"走出去"起到了重要的推动作用。

中国文学的对外译介与接受最困难的是空间维度,即我们通常所说的文化差异。要让外国读者通过作品准确了解中国文化,译者需要具备浑厚的文字功底。在文学译介中,除了保证语言的准确,译者还应在如何最大化还原作品的风格上着力。译者能否通过显性的语言向读者传递文学作品中隐性的文化,是一部译作能否被读者接受的重要因素。② 曹顺庆曾在其著作《比较文学教程》中提及,语言既是载体,又是文化。外来文学传入"他者"即接受者的语言中,不仅与其原初的语言指涉之物相脱离,而且还要先经过译者的理解与译语再表达的过滤处理。因此,我们接受的不可能是纯粹的、原汁原味的异

---

① 许均,《序》,载许多、冯全功主编《中国文学四大名著译介与传播研究》,杭州:浙江大学出版社,2020年。
② 同上。

域文化，也不可能是与本民族文化毫不相关的文化。① 译者在翻译的过程中，势必会面临他国文化的冲击与对本土文化的选择，这对译者提出了非常高的要求。而译者在翻译过程中的倾向与取舍也很大程度上决定了译本的传播力度。过滤则意味着耗损、变异与转化。② 让海外读者通过文字确切地了解中国文化，减少因文化误读而产生的文学形象变异与消解，除了具备深厚的文化底蕴，译者还需掌握灵活的翻译策略。在翻译过程中，是忠实原文还是迎合他国文化语境的审美，无疑是艰难的抉择。

1.《红楼梦》

直译是将原文翻译成目标语言，较少考虑语言差异和文化差异。杨宪益、戴乃迭的 *A Dream of Red Masions* 就是著名的直译本。该译著于 1935 年出版，是《红楼梦》第一部完整英译本。杨宪益是中国学者、翻译家，他力求忠实地传达原著的意思和风格，力图将中国文化的原汁原味全部保留下来。如《红楼梦》第一回《好了歌》的第一句"人人都晓神仙好，唯有功名忘不了"，杨译本为"All men long to be immortals, Yet to riches and rank each aspires"，反映了中国人想成仙得道的道教思想。第六回刘姥姥进荣国府之前说的一句话"谋事在人，成事在天"被译为"Man proposes, Heaven disposes"，将中国人的"天人合一"观念融合到了译文中。③ 这个版本的译文非常准确，保留了原著的文化和历史背景。杨宪益、戴乃迭的译著被认为是一部经典的英文版《红楼梦》，在推广中国文学和文化方面具有重要的意义。著名直译本还有 *Tao Te Ching*（《道德经》）、*The Family Sayings of Confucius*（《孔子家语》）。然而，从中国经典名著在海外译介的影响来看，意译本更受海外学者和读者的推崇。1973 年英国汉学家霍克斯版的《红楼梦》自出版以来，受到诸多好评并多次再版。在所有的英译本中，只有霍译本把《红楼梦》的译名改为《石头记》（*The Story of the Stone*）。霍克斯在第一卷的长篇"导言"中解释道："中国的红有象征意义，在书中反复出现，有时指春天，有时指青春，有时指好运或繁荣，遗憾的是，在英语中除了指年轻人玫瑰花般的面颊与

---

① 曹顺庆，《比较文学教程》，2 版，北京：高等教育出版社，2010 年，第 101 页。
② 同上。
③ 赵长江、付天军，《〈红楼梦〉英译与中国文化传递》，《河北学刊》2009 年第 2 期，第 201 页。

嘴唇，红没有这些暗示意。我发现中国的红与英语的金色或绿色相近。我意识到这么做会失去某些东西，可我无能为力。"① 译者发现中国的红与西方的红含义不同，所以在对文本进行处理时有意规避了这一问题。霍译本版的《好了歌》第一句为"Men all know that salvation should be won, But with ambition won't have done, have done"。其中，"salvation"一词明显带有西方宗教思想色彩；"谋事在人，成事在天"则被译为"Man proposes, God disposes"，"God"一词则体现了西方基督教思想。② 2016 年，瑞士汉学家林小发（Eva Lüdi Kong）推出首部德语全译本《西游记》，引起了热烈的反响。该译本历经二十年沉淀，一举摘得当年莱比锡书展翻译大奖。③ 林小发在翻译中往往采取归化等变通策略，多用西方神话、基督教教义替换中国古代哲学和宗教思想。这种替代法虽然更适合德语读者的文化背景，却也难免使原作中的文化形象发生改变。④ 在意译的过程中，有些译本粗制滥造、扭曲原文。连译带改的坏处自是不言而喻。但值得注意的是，忠实于原文的翻译未必就没有问题，连译带改也未必一无是处。⑤

从译介史来看，早期阶段译者大都先选择四大名著中的经典人物及桥段进行节译，甚至只译介书中的重要脉络，而到译介后期，全译本进入大众视野，译本数量多质量却参差不齐。从读者的接受层面来看，中国经典文学作品在海外的流传面越来越广。这也得益于国内的学者及其研究成果。

2016 年唐均称："根据目前的最新统计，《红楼梦》在全世界有 34 种语言的 155 个不同篇幅译本；其中，36 个全译本分布在 18 种语言中。"⑥ 赵长江、付天军在《〈红楼梦〉英译与中国文化传递》中总结道：1830 至 1846 年是《红楼梦》译介发轫期。这一时期出现了两个《红楼梦》的英译片段。第一个是英国皇家学会会员德庇士（John Francis Davis）1830 年节译的《红楼梦》

---

① 赵长江、付天军，《〈红楼梦〉英译与中国文化传递》，《河北学刊》2009 年第 2 期，第 202 页。
② 同上。
③ 胡清韵、谭渊，《〈西游记〉德译本中副文本对中国文化形象的建构研究》，《中国翻译》2021 年第 2 期，第 109 页。
④ 同上，第 115 页。
⑤ 许钧，《序》，载许多、冯全功主编《中国文学四大名著译介与传播研究》，杭州：浙江大学出版社，2020 年。
⑥ 唐均，《〈红楼梦〉译介世界地图》，《曹雪芹研究》2016 年第 2 期，第 45 页。

第三回中评贾宝玉的两首《西江月》，译文的标题是《汉文讲解》（"Chinese Poetry"），刊登在英国皇家亚细亚学会会刊上；第二个是英国驻宁波领事罗伯聃（Robert Thom）1846 年翻译的《红楼梦》第六回片段，由长老会教会出版社出版，译文标题是"The Dream of Red Chamber"，这是首次出现的《红楼梦》英译名。[①] 这一时期的翻译仅仅为海外读者展现了《红楼梦》的冰山一角，并未向读者呈现出这部作品之宏大。但也正是这些节译本打开了《红楼梦》译介的大门，奠定了《红楼梦》后续翻译的基础。1868 年至 1893 年是《红楼梦》译介断残期，这一时期出现了两个残译本。一是在清朝海关税务司任职的英国人包腊（Edward C. Bowra）翻译的《红楼梦》前八回，连载于《中国杂志》（The China Magazine）上，标题为"Dream of Red Chamber"。另一本为英国驻澳门副领事乔利（H. B. Joly）的译本，1892 至 1893 年间他译出了前五十六回，但后面的章节因译者乔利辞世而未能完成。[②] 乔利翻译的目的也是为在华的西方人提供学习汉语的语料。他在译本《前言》中说："若是这个译本对现在和将来学习汉语的学生有所帮助，我也就感到满意了。"[③] 1927 至 1958 年是《红楼梦》译介编译期。该时期共有三个编译本问世，分别是 1927 年纽约大学中国古典文学教师王良志译本、1929 年纽约艺术博物馆东方部职员兼哥伦比亚大学汉文教员王际真译本和 1958 年英国翻译家麦克休姐妹（Florence McHugh & Isabel McHugh）转译自德国汉学家弗朗茨·库恩（Franz Kuhn）翻译的《红楼梦》德译本。[④] 前两本均以宝黛爱情悲剧为主线展开编译，其中王际真的译本影响甚广，在人名翻译上也别具一格，如将黛玉译为 Black Jade，宝钗译为 Precious Virtue，鸳鸯译为 Loyal Goose，袭人译为 Pervading Fragrance，王熙凤译为 Phoenix，宝玉译为 Pao Yu，西方读者更易理解与接受，其人名英译甚至对霍译本产生了影响。1973 至 1986 年是《红楼梦》译介全译期。该时期有两个全译本，分别是 1978 至 1980 年中国著名翻译家杨宪益和戴乃迭夫妇的全译本（A Dream of Red Mansions），英国汉学家、翻

[①] 赵长江、付天军，《〈红楼梦〉英译与中国文化传递》，《河北学刊》2009 年第 2 期，第 199 页。
[②] 同上。
[③] 同上。
[④] 同上，第 199-202 页。

译家大卫·霍克思（David Hawkes）和约翰·闵福德（John Minford）翁婿的全译本（*The Story of the Stone*）。

2.《三国演义》

关于《三国演义》的海外译介，德国传教士郭实腊（Karl Friedrich August Gützlaff, 1803—1851）于 1838 年 9 月在《中国丛报》第 7 卷第 5 期上发表了《〈三国志〉介绍》。郭实腊在此篇文章中说《三国志》出版于 14 个世纪前，显然也把小说《三国演义》的问世时间误为西晋陈寿的史著《三国志》的问世时间，这种混淆现象在当时的传教士中并不少见。① 郭实腊德译本存在许多错译、漏译之处。比如：讲到曹操铲除董承一党"即将获胜时说'三结义的第三个成员，关羽，在服务于大元帅（根据上下文，此处应指曹操——引者注）的过程中表现出了无比的英勇，现在投到了一个对立的阵营里去'②，接下来讲的应该是过五关斩六将的故事，但这之前完全没讲关羽如何降曹以及与曹的约法三章，所谓的'对立的阵营'在《三国演义》中只是回到了刘备身边。虽然此前郭实腊叙述了刘关张桃园三结义，但此处不但搞错了关羽在三人中的排行，而且，袁绍似乎取代了刘备。过五关斩六将之后，刘备没有出现，关羽'进入了袁绍的军营'。在紧接着的下一段中，郭实腊说袁绍是'志在复兴汉室荣光的那一派的首领。这一集团拥有的领土包括中国西部，即现在的四川省'，则误把袁绍当作了蜀国首领。可见，他对于各集团阵营的关系并不清楚"③。此外，他在文中写道，"由于许多人物的名字和地名要避讳，常常令人感到疑惑。一些章节趣味索然，重复冗长，而另一些章节则除了编号、行军、撤退，没有什么实质性内容"④。由此可见，"郭实腊虽然对中国历史演义小说情有独钟，但并未真正把握《三国演义》的文学和艺术价值"⑤。在介绍战争

---

① 陈淑梅，《跨语际文学接受的典型样本——早期来华传教士〈三国演义〉评介研究》，《中山大学学报（社会科学版）》2018 年第 4 期，第 48 页。

② K. F. A. Gützlaff, "Notice of the San Kwo Che, or History of the Three Kingdoms", *The Chinese Repository*, vol. Ⅶ, No. 5, September, 1838, p. 241.

③ 陈淑梅，《跨语际文学接受的典型样本——早期来华传教士〈三国演义〉评介研究》，《中山大学学报（社会科学版）》2018 年第 4 期，第 49 - 50 页。

④ K. F. A. Gützlaff, "Notice of the San Kwo Che, or History of the Three Kingdoms", *The Chinese Repository*, Vol. Ⅶ, No. 5, 1838, p. 249.

⑤ 李红满，《德国传教士郭实腊对中国古典小说的译介与阐释——以〈中国丛报〉为考察中心》，《外语与翻译》2008 年第 4 期，第 16 页。

时，郭实腊的文章中欠准确的描述较多。比如最著名的赤壁之战，郭实腊的叙述中没有出现"赤壁"一词，只提到了火攻。同样，他提及了草船借箭的故事，却未提及周瑜，且没有孙刘联盟，也没有向读者说明箭是从曹操那里"借"来的。这也再次印证了他对三国之间合作与斗争的关系并不清楚的事实。陈淑梅还指出，马礼逊、美魏茶、卫三畏在译介文本中也都未提到赤壁之战，认为他们对赤壁之战缺乏总体把握，未意识到此战在扭转三国力量对比过程中的重要性。① 美魏茶在介绍诸葛亮时，有大量战争情况的叙述，错误也相当多。如关于木牛流马："探子报告了孔明，这并没有出乎他的意料，他为此做了充分准备，安排了伏兵，大败敌军。"这里是指王平假扮魏兵劫他们运粮草的木牛流马，其实他们是为了得到魏军的粮草，而不是击溃他们的军队。②

3.《水浒传》

目前，《水浒传》已被译为 15 种以上语言的 50 多种译本。最早的英译版本是署名为 H. S. 的译者发表于《中国评论》(*The China Review: Or Notes and Queries on the Far East*)的《水浒传》第三回到第九回的节译，分别发表在 1872 年创刊的第 1 卷第 1 期、第 2 期、第 3 期和 1873 年第 1 卷第 4 期中。《水浒传》里关于花和尚鲁智深的故事在 20 世纪初被德国人马克西米连·克恩 (Maximilian Kern) 转译为德文并改名为《鲁达造反》(*Wie Lo-Ta unter die Rebellen kam*)。就传播而言，赛珍珠 (Pearl S. Buck) 的译本《四海之内皆兄弟》(*All Men Are Brothers*) 自 1933 年在美英同时出版以来，已再版 4 次。她是首位将《水浒传》全英译本译介到西方的译者。在翻译中，她主要采取异化的翻译策略，大多用直译。杰克逊 (H. Jackson) 1963 年出版《发生在水边的故事》(*Water Margin*)，为了满足西方读者的阅读需要，大多以归化翻译策略为主，对原文本进行了大量意译。登特·杨 (John Dent-Young) 的《梁山水泊》(*The Marshes of Mount Liang*) 于 1994—2002 年出版，同样采取归化翻译策略。他的译本不仅形式独特，在章回数量上也创造了历史新高，成为目前世界上《水浒传》唯一的 120 回英译本。沙博理 (Sidney Shapiro) 在 1980

---

① 陈淑梅，《跨语际文学接受的典型样本——早期来华传教士〈三国演义〉评介研究》，《中山大学学报（社会科学版）》2018 年第 4 期，第 50 页。
② 同上。

年出版的《亡命水泊》（Outlaws of the Marsh）中，通过弱化原文的厌女症、屏蔽食人母题以及对江湖文化的改写，创造出差异的性别及文化形象，进而结合了《水浒传》在西方译介和传播过程中的形象流变与沙译本特定的社会历史语境。①

4.《西游记》

《西游记》最早的译介时间是 1854 年。英国伦敦会传教士艾约瑟（Joseph Edkin）在《北华捷报》（The North-China Herald）上陆续发表题为《论佛教在中国》（"Notices of Buddhism in China"）的系列文章。从目前的资料来看，艾约瑟是第一位用中英文撰写佛教论著，也是第一位将汉文佛经翻译成英文的新教来华传教士。在《论佛教在中国》这一系列文章中，艾约瑟第一次系统地论述了中国佛教的历史和文献。艾约瑟详尽地介绍了《西游记》作者的身份、创作目的和写作手法。艾约瑟还将作者介绍为某个"道教徒"，参考的版本是清代流传最广的道家评点本《西游真诠》，并将小说解读为一个明心见性的佛道寓言，可见他明显受到清代流行的丘处机作《西游记》说和宗教诠释视角的影响。② 近代不少汉学家或海外学者翻译了《西游记》，比如 19 世纪《中国评论》连载了专题"中国神话选"（"Scraps from Chinese Mythology"）。该系列文章由美国公理会来华传教士波乃耶（Rev. Dyer Ball）编撰，其子小波乃耶（J. Dyer Ball）精心做了大量注释，篇幅甚至超过正文。③ 文章中的注释包罗万象，有民俗、文化、宗教等内容。值得一提的是，小波乃耶还在注释中将中国神话中的龙王与罗马希腊神话中的海神尼普顿（Neptune）和波塞冬（Poseidon）进行对比，吸引了大批海外读者。有一篇名为《中国民俗故事》（"Chinese Folk Lore"）的文章提到了《西游记》，作者为清政府海关英籍职员乔治·泰勒（George Taylor）。在该文中，泰勒高度赞扬此书是中国奇幻文学的巅峰，甚至优于欧洲同类文学。④ 之后，泰勒陆续在《中国评论》上发表了《西游记》节译（选取第九回至十二回），题目分别为《玄奘的传奇身世》

---

① 孙建成、温秀颖、王俊义，《从〈水浒传〉英译活动看中西文化交流》，《外语与外语教学》2009 年第 5 期，第 52-55 页。
② 吴晓芳，《〈西游记〉英译史概述》，《中国文哲研究通讯》2018 年第 3 期，第 157 页。
③ 同上，第 158 页。
④ 同上，第 159 页。

("The Marvellous Genealogy of Hsuen Tseng")、《皇帝游地府》("The Adventures of an Emperor in Hell")。

  中国经典文学作品浩如烟海，我国一向重视典籍翻译活动，典籍翻译活动在某种程度上是由政府主导的行为。① 据国家社科基金项目数据库数据统计，2015年至2023年的近7年，与典籍翻译相关的国家社科基金立项项目共52项。如1994年立项的"大中华文库"是我国历史上首次采用中外文对照形式，全面、系统地向世界推介中国文化典籍，弘扬中华民族优秀传统文化的国家重大出版工程。2007年启动了"大中华文库"多语种版的编纂出版工作，以法语、阿拉伯语、俄语、西班牙语、葡萄牙语、德语、日语、韩语等8个语种出版中国最有代表性的典籍，国内30多家出版单位先后参与这项国家重大文化出版工程，政府主导的典籍外译活动取得了重要成果。在"大中华文库"已出版的110种汉语典籍英译本中，文学类典籍有55种，占总数的一半，其中既包括《诗经》《红楼梦》《唐诗三百首》等已经被反复译介且脍炙人口的作品，也包括《拍案惊奇》《世说新语》《儿女英雄传》等此前对外译介较少的作品。② 从分析数据中发现，我国文献译介的作品选题并不广泛，译介的文学作品体裁多为小说；与现当代文学作品相比，古典文学作品的译介和传播较少。根据联机计算机图书馆中心（OCLC, Online Computer Library Center, Inc）2011年提供的数据统计出的"近十年影响最大的中国文学作品"，《三国演义》《诗经》《楚辞》《宋明平话选》等中国古代文学经典，占总数据的9%，而中国现当代文学名著《鲁迅小说选集》《雷雨》等占比为82%。③ 由此可见，中国经典文学作品的海外译介选题多集中于现当代文学，其文化影响力也要大于古代文学典籍。

  虽然中国现当代文学海外译介的数量占了绝对份额，但中国古典文学作品的对外传播的历史悠久，最早可以追溯到16世纪。明代格言《明心宝鉴》手稿在16世纪末被传教士高母羡（Juan Cobo）译成西班牙文，自此许多古典文学作品通过各种渠道不断向海外传播，开始有了一定的知名度和传播度。早期

---

① 罗选民、李婕，《典籍翻译的内涵研究》，《外语教学》2020年第6期，第83页。
② 王宏等，《基于"大中华文库"的中国典籍英译翻译策略研究》，杭州：浙江大学出版社，2019年，第8-9页。
③ 何明星，《中华文化对外传播研究》，北京：人民出版社，2021年，第225页。

被译介到海外的主要是中国儒家经典，到 18 世纪，各类体裁的中国古典文学作品如《红楼梦》《水浒传》《西游记》《金瓶梅》开始在海外传播。联机计算机图书馆中心 2012 年数据显示，全球图书馆收藏中国古典文学数量最多的是四大名著之一的《三国演义》，共有 97 家图书馆收藏其 2000 年的版本。① 罗贯中原著及接近其原貌的各个版本藏于日、英、美、法等国 17 个图书馆内。明清时期《三国演义》传到日本和朝鲜等东亚国家，之后进一步传播到泰国、越南、印尼等东南亚国家，19 世纪逐渐传入欧美国家。时至今日，《三国演义》已有拉丁、英、法、德、荷、俄、波、越、朝、日等十多种译本，在世界各地掀起一波又一波的"三国热"。其传播的广度和深度可以从日译本的《三国演义》《三国志》《三国演义》各类衍生著作中窥见。在朝鲜半岛，《三国演义》受到追捧，曾一度出现了"印出广布，家户诵读"的盛况。②

改革开放以来，国家和相关机构启动了一系列对外翻译工程和资助计划，中国现当代文学作品的海外译介事业蓬勃发展。国务院的"中国图书对外推广计划"，中国作协开启的"中国当代文学对外译介工程""中国当代文学精品译介工程"等，都为中国当代文学"走出去"起到了很好的推动作用，收获了累累硕果。中国作协李朝全统计，截至 2015 年，翻译出版到海外的中国当代文学作品已超 1000 种，被译介的作家有 200 余人，被译介作品较多的作家有莫言、苏童、余华、王安忆、残雪、贾平凹、王蒙、张洁、韩少功等人。根据统计，870 余部中国当代文学译作涵盖了 25 种语言，其中"日文 262 种，法文 244 种，英文 166 种，德文 56 种，荷兰文 30 种……"③。总体而言，中国当代小说是中国文学海外译介传播的重头戏，单行本的长篇小说译介在海外得到的关注最多。虽然中国当代诗歌在海外传播的范围有所扩大，但其海外译介发展仍然处于初级阶段。④ 此外，根据中国作协 2018 年的数据，中国当代作品翻译工程资助的译作中共有 21 部小说进入世界各地图书馆，其中英语 6 部，德语、西班牙语各 4 部，日语、意大利语、瑞典语各 2 部，法语 1 部。中国当

---

① 何明星，《中华文化对外传播研究》，北京：人民出版社，2021 年，第 223 页。
② 闵宽东，《中国古典小说在韩国之传播》，北京：学林出版社，1998 年，第 85 页。
③ 李朝全，《中国当代文学对外译介情况》，中国作家协会《汉学家文学翻译国际研讨会演讲汇编》，2010 年，第 103 页。
④ 姚建彬，《中国文学海外发展报告（2018）》，北京：社会科学文献出版社，2019 年，第 1 - 31 页。

代文学英译本被馆藏的数量最多,占总馆藏数量的97%。值得一提的是,刘慈欣创作的科幻长篇小说《三体》英译版被全球超11个国家和地区的1145家图书馆收藏,打破了中国当代文学译作馆藏数量的历史纪录。① 可以说,《三体》是让中国当代文学在世界文坛扬眉吐气的一部重量级作品,是中国文学"走出去"之路的重要转折点。

中国经典文学海外译介的意义在于让中国文化为世界所知,让世界人民看到中国文化的价值和魅力,进而促进国际间的文化交流与合作。无论是几百年前来华传教士的译介,还是中国作协举办的各类活动,这些文学交流活动对人类文化的交流和发展都有巨大的推动作用。中国文学的海外译介和传播是中华文化走向世界的必然选择。在2010年的"汉学家文学翻译国际研讨会"上,中国作家协会主席铁凝明确指出:"在经济全球化的今天,文学作品的译介和交流对于不同国家、不同文化之间的相互理解起着更为重要的作用。这正在成为越来越多的文学人的共识。"② 现如今,全球化趋势不可逆转,世界各地异质文化之间的碰撞和冲突愈发激烈,文化之间的互相渗透难免会引起文化吞噬现象。个别文化企图在交流的过程中将自身的价值观强加给其他国家和民族,这样不仅会让世界人民在接受异质文化的过程中经历阵痛,还会影响文化的多样性。在文化交流中要做到"万物并育而不相害,道并行而不相悖",就必须推动不同文明平等地交流对话,不能唯我独尊。而文学恰能提供一扇温和舒缓的文化交流窗口,让万里之外的异国民众通过文字感受人类相通的喜怒哀乐,重新认识他国独特的文化和价值观,从文化差异中看见丰富多彩的世界。因此,文学及其海外译介传播让世界各地的人们心灵相通、共享精神盛宴。

二、中国经典文学作品海外译介的困境

随着综合实力的提升,我国积极推动中国文化"走出去",中国经典文学海外传播也呈现出新的发展态势,文学译介事业蓬勃发展,依托文学作品的各项文化产业欣欣向荣,中国文学的海外影响力进一步提升。但总的来看,中国文学与文化在海外的影响还不够,同我国综合实力在世界舞台的地位还极不相

---

① 何明星,《中华文化对外传播研究》,北京:人民出版社,2021年,第308-314页。
② 王杨,《连接心灵与友谊的彩虹——汉学家文学翻译国际研讨会在京召开》,《文艺报》2010年8月11日。

称。中国经典文学在世界文坛影响力不大,中国文学作品还难以真正走向世界。因此,要实现中国经典文学作品与文化的世界性传播,就要重视译介的桥梁作用。目前,海外译介最大的困境是缺乏高端翻译人才。

翻译从业者数量少、高端翻译人才缺乏以及译者的翻译水平有待提升,会直接影响中国经典文学作品和文化典籍海外传播的实际效果。优秀的翻译家不仅能将原作的风采呈现在读者面前,有些甚至能为原作添彩增魅,使其在海外的接受更广泛、更顺畅。目前,中国文学与文化在西方的译介途径主要有两种。一种是官方的推动,由部委所属的专门的文化机构有组织地推进。例如,面向西方读者的《中国文学》杂志,从中国古代、现当代文学作品中挑选出具有代表性的文学作品进行译介。此外,近年来,国家推出的中华学术外译项目,在全国范围内挑选译者和译介团队,对经济、历史、文化、文学等方面的经典著作进行译介。另一种是个人的译介活动。译者通常出于个人审美和兴趣对中国出版物进行译介。我国是人口大国和出版大国,目前国内翻译从业者只有约6万人,翻译从业者数量严重不足。一方面具有中译外高水平的译者严重短缺,不足两百人。另一方面,低端的译介活动产出大量粗制滥造的译作,在一定程度上阻碍了我国文学、文化经典作品在海外的接受与传播。德国汉学家顾彬曾说,中国作家几乎没人能看懂外文,莫言可能是近年来唯一一个不懂任何外语的诺贝尔奖得主。但莫言是幸运的,西方首席汉语文学翻译家葛浩文先生对于莫言荣获诺贝尔奖来说功不可没。[①] 学者魏清光也提出,许多学术译著都存在不同程度的翻译质量问题,有的粗制滥造,质量之拙劣,令人触目惊心。这些翻译质量问题绝大多数都不是翻译能力欠佳造成的,而是译者责任心不强、译德失范所致。[②]

翻译专业人员是专业技术人才队伍的重要组成部分,是推动我国对外开放和国际交流合作、增强国家文化软实力的重要力量。我国翻译行业在快速成长过程中存在监管不足的问题。小作坊形式的翻译社较为常见,大多集中在北京、上海、广州、深圳、成都、重庆等对外开放程度很高的大城市,经

[①] 石剑锋,《汉学家葛浩文谈"中国文学为何在西方不受欢迎"》,《东方早报》2014年4月22日A25。

[②] 魏清光、魏家海,《我国学术翻译译德失范的原因及解决之道》,《东北师大学报(哲学社会科学版)》2012年第6期,第128页。

济不发达地区的翻译企业较少。在监管环节上，业内的行业规定以及国家层面的相关法律法规尚不完善，仅有的《翻译服务译文质量标准》《笔译服务报价规范》《翻译服务国家标准》几个法律规范应用程度也很低。因此，翻译行业的管理规范化、专业化以及人才培养特色化发展迫在眉睫。翻译市场对资源的配置力量会自然地将翻译行业朝着质量竞争的方向引导，淘汰翻译质量不过关的企业。同时，国家也会颁布相关法令规范翻译行业的发展。此外，随着行业的发展，行业内也必然会进一步细分，对翻译人才的需求也会更加多元。

因此，培养人才、留住人才是走出困境的必由之路。首先，在人才的培养上，我国教育体系尤其是高校应加强应用型人才培养力度，在翻译人才的培养上将实际应用能力作为核心培养点。其次，在留住人才方面，我国政府部门应引导翻译行业朝着规范化、专业化的方向发展，使目前的价格竞争转变为质量竞争。当整个翻译市场都要求翻译质量时，企业自然也愿意给出更高的薪酬留住人才。国家应完善相关规章制度，加强制度的执行力，通过宏观调控的方式，引导翻译市场朝着高质量的方向发展。此外，政府主导的译介活动还远远不够。近年来中华学术外译项目是推动译介中国较为有效的路径，但目前项目数量少，选取作品类别有限。国家应投入更多资金，设立更多项目，扩大题材领域，进一步推动中华学术外译工作向前发展。

第二节
中国经典文学作品在海外的译介与接受

一、译介过程中的文化缺损与意象流失

英国人类学家泰勒（Edward Burnett Tylor）将文化定义为："文化或文明是作为一个社会成员所获得的知识、信仰、艺术、法律、道德、习俗及其他能

力与习惯的综合体。"① 文化缺损指的是文学交流中基于接受文化的过滤对源语文化产生的耗损,而文学误读则是这一过程的必然产物,二者是跨语言、跨文化两大层次上产生的文学文本及文化的变异。② 所以,在翻译过程中,由于不同国家和民族有着不同的语言和文化,译者在翻译过程中难以找到文化共核进行形象转换,使原语文化意象受到损害。因此,在中国经典文学作品海外译介的过程中,文化意象消解在一定程度上是不可避免的。这样的结果就会影响海外读者对中国文化全面客观的认知与了解,有时甚至会造成文化误读。

在译介过程中,译者通常会将原文中独特的、与中文文化相关联的意象或隐喻改为符合目标语表达习惯或接受度更高的表达方式,使译文更容易被目标语读者理解和接受。这一过程涉及词汇的选择、翻译策略的调整和文化背景的介绍等方面。译者根据自身的偏好和追求选择翻译策略,实现译作对原作语言、对象及文化的背离,就是法国社会学家罗贝尔·埃斯卡皮(Robert Escarpit)所提出的翻译的"创造性叛逆"③:一些译者有意使用误译、漏译甚至是对情节的节选、改编、增添等手段以达到使译入国读者理解的目的。香港中文大学的茅国权和柳存仁就曾翻译了巴金的《寒夜》,对"洞子""花姑娘""坏脾气""妖形怪状"等民俗用语甚至是"白淘神"等四川方言进行加工,用地道的英语进行了切合译入文化的改译,并在各种场景和心理描写中做了必要的补充。然而,尽管译者尽量还原和保留原作背景中抗战时代和乡村生活这两大构建元素,直白晓畅的英语也无法完全还原中国乡土文学俚语化的特殊风情。④ 伊文·金的《骆驼祥子》译本为了迎合美国式价值观对原文进行了大量修改,最后让祥子重燃翻身希望,以迎合美国人文主义积极向上的奋斗价值观。此外,他还删除了大量非主线的铺排描写,加快全文节奏,以符合美国反沉闷的"快餐式"文学审美。这种伤筋动骨的翻译策略让作品连同角色一并变得美国化。⑤ 或许这样做是为了受到市场的欢迎,但其无疑更改了原作的

---

① 爱德华·泰勒,《原始文化》,连树声译,上海:上海文艺出版社,1992年,第1页。
② 曹顺庆,《比较文学教程》,2版,北京:高等教育出版社,2010年,第98-105页。
③ 谢天振,《译介学》,上海:上海外语教育出版社,1999年,第137页。
④ 王苗苗、曹顺庆,《从比较文学变异学视角浅析巴金〈寒夜〉翻译中的创造性叛逆》,《当代文坛》2013年第6期,第185-186页。
⑤ 陈晓莉、徐秋菊,《文学翻译中的文化过滤机制分析——以金译〈骆驼祥子〉为例》,《湖南科技大学学报(社会科学版)》2012年第6期,第149-152页。

文化及社会背景，大大削弱了作者对世态炎凉的控诉与批判的力度。伊文·金全译本源语文化缺损极为严重，译作误读偏差大，可以说原作已经因译者的取舍与删改而变得面目全非。

除了对具体文本处理的方式不同，不同的译者还会以归化或异化两种方式为译本整体定调。考察中国古典文学的海外译介状况可知，异化追求可较大程度上还原中国传统文化，尽可能地忠实和还原原文，如《三国演义》罗慕士译本。[①] 但是有许多文化内涵丰富的词语在英译后有意义的缺损或变形，如官名。不了解中国古代官制体系的西方读者理解直接音译的官职和官员间的职位称呼时显然存在困难。对于人物外貌描写的翻译也存在类似问题，中国古代的服饰体系与西方很难对应，这就导致英译的人物形象必然存在一定程度的失真。这种"无意识"或者不得已的文化过滤或许是一种权宜之计，但是对译者力求还原细节的目标造成不小的困扰。而归化策略本身以讲好故事为首要目的[②]，本着易于西方读者理解的目的对原文进行有意的文化过滤，突出故事情节冲突，对与译语文化存在冲突的部分进行替换、删节或改写以保证译本的易读性与故事主体表达的通畅。[③] 这种信息加工过程也可以视为对原著的再创造。我们应该肯定译者再创造过程中赋予了文本新价值，他们的改编可以让故事在主题、角度上得到创新。[④] 但我们也要意识到，经由译者改编过的形象，尤其是原作着力刻画的性格特质多面的角色（比如《三国演义》里的诸葛亮），会为译语读者带来认知误差。再创造可能会为了服务新的故事主题而片面突出人物某一性格特点，从而误导受众，使其产生片面的认知。这样的结果无疑是偏离原作意图的，不利于中国古典文学和文化的海外传播。

归化作为一种应用广泛的翻译策略，其背后的深层意涵往往是异质性源语文化与译入文化的大量对换，前者缺失，后者涌入，产生文化变异。这便涉及文化传统及现实语境支配下的集体接受对源语文化的筛选，亦可以说是一种接

---

① 汪世蓉，《翻译伦理视阈下汉语典籍的文化英译与域外传播——以〈三国演义〉的译介为例》，《学术论坛》2015年第1期，第145页。
② 同上。
③ 杨自秀，《文学翻译与文化过滤》，《文教资料》2013年第28期，第21页。
④ 于燕萍，《典籍"走出去"之〈三国演义〉英译策略分析》，《英语教师》2021年第9期，第38－40页。

受环境的"创造性叛逆"。① 这种改造在中国典籍英译过程中尤为明显。比如，理雅各在英译版《礼记》中试图以不同的英语名词对应"礼""君子""仁"等儒家经典中反复出现意蕴丰富的词汇，如此处理虽符合英语的用语习惯，却将一个个值得反复推敲思索的概念全然单义化，使原典字斟句酌传达的文化价值大打折扣。② 这个问题是中文和英语的词语义项无法一一对应造成的，在任何以英语为媒介的中国哲学原著或译作中皆无法避免，即使冯友兰的《中国哲学简史》英译本亦有类似的名词意义缺损现象。译者对文化意象进行跨语言的意译处理本质上造成了错位，造成了文化意象的失落。③ 理雅各翻译《礼记》时更是秉持让"中国人认识真正的上帝"的"信条"，将儒家经典中涉及鬼神的言论尽量以《圣经》中的概念加以"补充"，这本质上是一种文化替代。④ 显然，这种文化意象的失落对中国思想的海外传播带来巨大的损害。更不用说一些西方译者由于缺乏对中国历史文化的认识，曲解了原典的核心思想，造成了极为严重的文化误读。金斯密翻译《道德经》时，将全文最关键的概念"道"从玄之又玄、难以捉摸的宇宙之理直接具象化为可供行人横穿的"道路"，并将"无"和"有"具体化为"名"和"欲"的议题，对原著的文化内核造成了根本性的破坏。更为严重的是，金斯密否认《道德经》的原作是老子，认为《道德经》起源于印度佛教，受雅利安文明影响，坚持用过分批判的解构主义思想看待中国典籍，认为《道德经》实为伪书。这种对中国历史文化的"宏观解构"本质上是对他国文化的轻视与否定。这种"文化误读"受西方中心论影响，演变成了另一种所谓强国对弱国的"文化霸权"，应受到批判。

二、译介过程中读者意识的忽略

在译介过程中，异质文化背景的译者可能会忽略一些潜在的中国文化元素，再加上源语和目标语在语义上不可能一一对应，从而导致这些文化元素的

---

① 谢天振，《译介学》，上海：上海外语教育出版社，1999 年，第 170 页。
② 杨华，《理雅各〈礼记〉翻译的局限——兼论中国经典外译问题》，《国际汉学》2020 年第 2 期，第 117－125, 203 页。
③ 谢天振，《译介学》，上海：上海外语教育出版社，1999 年，第 174 页。
④ 杨华，《理雅各〈礼记〉翻译的局限——兼论中国经典外译问题》，《国际汉学》2020 年第 2 期，第 119－123 页。

流失。例如，《红楼梦》中的诗句"爱彼之貌容兮，香培玉琢；美彼之态度兮，凤翥龙翔"①。"龙"和"凤"是典型的中国文化意象，是吉祥的象征。"龙"被认为是神灵、君主和天之神物，代表权力、光明和神勇；"凤"则是女性之美的象征，代表祥瑞、尊贵。然而，在西方文化中，"龙"代表魔鬼、暴虐和邪恶。英国汉学家霍克斯在翻译时采用意译的翻译策略，摒弃了中国独特的文化意象，将"龙、凤"翻译成了"Simurgh"（古代波斯传说中的一种由不同动物组合而成的神兽）。这样虽然有助于目标语读者更好地理解原文大意，在一定程度上避免了目标语读者因文化差异对原文的误解；但是，从文化传播的角度来看，霍克斯并没有将"龙"和"凤"的意象及其蕴含的中国文化传递给读者。又如，在《红楼梦》第六十八回，王熙凤对尤氏说道："我便是个韩信张良，听了这话，也把智谋吓回去了。"② 在霍克斯的英文译文中，韩信、张良就直接消失了，霍克斯用"forensic"这个形容词来取而代之。这样西方读者在理解人物对白时虽不会受到影响，但原作中韩信、张良在中国家喻户晓的历史人物，在著名汉学家霍克斯的笔下消失殆尽、荡然无存。再如《红楼梦》第五回。贾宝玉午饭酒醉后被秦可卿带入其房间休息："刚至房门，便有一股细细的甜香袭人而来。宝玉觉得眼饧骨软，连说：'好香！'入房向壁上看时，有唐伯虎画的《海棠春睡图》……"③ 曹雪芹在原作中这一铺陈有三个目的。其一，秦可卿与贾蓉新婚，他们的婚房一定有旖旎香艳的装饰，《海棠春睡图》契合婚房陈设，凸显宁国府淫靡之风。其二，《海棠春睡图》作为秦可卿房中十二件事物之一，对应金陵十二钗之一的史湘云"醉卧芍药裀"。大观园诸人各有花签，第六十三回群芳夜宴中，史湘云掣得的就是"海棠花签"，史湘云的本命花是"海棠"，"只恐夜深花睡去"，以史湘云的"香梦沉酣"影射她一生悲苦、不忍叫醒她之意，正契合"海棠春睡"唐明皇不忍叫醒杨贵妃的心情。其三，该图中的人物是中国历史中著名的杨贵妃。杨贵妃出身官宦世家，父亲早逝，被寄养在洛阳的亲戚家中。她从小知书达理，天生丽质，擅长歌舞。杨贵妃18岁时被选入宫，为玄宗第18子寿王李瑁之妃，后被51岁的唐玄宗横刀夺爱，纳为贵妃。这一人物无论在中国历史书籍还是

---

① 曹雪芹、高鹗，《红楼梦》，北京：人民文学出版社，2005年，第73页。
② 同上，第948页。
③ 同上，第70页。

小说演义中均有记载和描写。曹雪芹铺陈这一人物是为了影射秦可卿。秦氏自幼聪明美丽，早年家道中落，知书达理，后嫁入贾府，深得人心，有"兼美"之称，即兼有黛玉与宝钗之美，但秦氏后与其公公贾珍和丈夫贾蓉的兄弟贾蔷乱伦，才有了第七回中焦大醉骂"爬灰的爬灰，养小叔子的养小叔子"① 这一情节。秦氏既是"兼美"，也有贾府"淫乱之魁"的称谓。可见，作者曹雪芹在文本中安排这一情节也是为了用杨贵妃来影射秦可卿的不伦形象。然而，在霍克斯的笔下，这幅图就成为不知名的普普通通的一幅美人画，译文完全消解了杨贵妃这一历史人物形象，也流失了原著作者对秦可卿这一人物不伦形象的建构，文学审美价值由此缺失。

同样，在美魏茶对诸葛亮的解读中，他仅选取了"草船借箭""刘备托孤""空城计"等这样的情节来说明诸葛亮在指挥作战时的无奈与无助来塑造诸葛亮这一人物的悲剧形象。在中国文化语境中诸葛亮运筹帷幄、足智多谋、鞠躬尽瘁的形象在西方读者的眼中发生了变异。可见，是译者或西方读者的审美差异造成了文化过滤，或者是译者对中国文化理解的不全面等因素有意或无意造成了中国经典文学作品中的文化意象一定程度上的流失，消解了中国经典文学作品的美学价值，影响了中国文化的世界性传播。

翻译中的读者意识主张译者以读者的阅读感受为中心，在不违背原作规范的基础上尽力提升作品的可读性和可接受性。② 对于经典文学作品的翻译而言，关注读者意识就是要在译文创作过程中，尽可能客观地反映原文的文化内涵和情感意义，并考虑目标语读者的阅读习惯与偏好，用最能激发受众阅读兴趣的方式进行翻译，使读者在欣赏中国古典文学魅力的同时也可以在潜移默化中感受经典作品中蕴含的传统文化精髓，使外译的文化传播效果最大化。但在实际翻译中，译者可能过度关注文本本身的翻译效果，在涉及一些专业术语时过于追求翻译的准确性，从而忽视了读者的文化背景、知识水平、价值观、意识形态等因素，使译文失去可读性。例如，中国现代著名翻译家林语堂在翻译《浮生六记》中的"卿将效笠翁之怜香伴耶"③ 时，将"怜香伴"这个典故翻

---

① 曹雪芹、高鹗，《红楼梦》，北京：人民文学出版社，2005 年，第 114 页。
② 周晓梅，《中国文学外译中的读者意识问题》，《小说评论》2018 年第 3 期，第 121 页。
③ 沈复，《浮生六记（Six Chapters of Floating Life）》，林语堂译，北京：外语教学与研究出版社，1999 年，第 78 页。

译成"Linhsiangpan"①，且未对这个典故加注。这样的音译就没有补充目标语读者文化背景的缺失，读者难以理解译文，降低了译文的可读性和读者的阅读兴趣。而对于《水浒传》中包含中国古代计时方式的句子"……于巳、午、未三个时辰过冈，其余寅、卯、申、酉、戌、亥六个时辰，不许过冈"②，美国作家赛珍珠为了让译语文本符合目标语读者的阅读需求，没有直接采用音译，而是结合这几个词语本身所指代的意义，即"巳""午""未"指早上 9 点到下午 3 点，"寅""卯"是凌晨 3 点到 7 点，"申、酉、戌、亥"则为下午 3 点至夜间 11 点，将其意译为"from mid-morning to mid-afternoon"和"early dawn and evening"③，增强了文本的可理解性。

三、译介过程中审美价值的流失

文学作品在译介过程中文学艺术审美价值的缺失有如下两个重要原因。其一，中国文学作品的海外传播常常受到意识形态的影响。一方面，中国有关机构和组织在推介海外译介文学作品时常带有较强的政治倾向，选取的作品内容往往能反映中国社会变化、传播中国声音、弘扬中国精神、展现中国风貌，有利于塑造中国的形象等，而较少关注作品的文学审美价值，忽视了那些在文学艺术形式上有创新的作品，这会导致中国文学的对外译介的缺乏系统性、全面性。另一方面，西方出版机构也会有意识地构建符合西方意识形态的中国文学形象，这对海外读者全面了解中国文学和传播真实的中国文学形象都有影响。其二，美学的形式包含三个层次，即外在形式、内在形式与理念形式，它们分别诉诸自然、情感感性与象征感性。审美主体通过外在形式感知审美对象，内在形式则是感知向认知提升的中介阶段，理念形式则指向审美对象的含义。④因此，文学的审美价值就体现在作品本身蕴含的语言、思想、情感，产生的艺术效果和体验以及带给读者精神和文化层面的启示等方面。一方面，文学作品本身承载着原作者文化背景的独特性，但由于语言和文化差异，译介过程中语

---

① 沈复，《浮生六记（Six Chapters of Floating Life）》，林语堂译，北京：外语教学与研究出版社，1999 年，第 79 页。
② 施耐庵，《水浒传》，上海：上海古籍出版社，1988 年，第 319 页。
③ Pearl S. Buck, 1948, *All Men Are Brothers*, New York：The George Macy Companies, p. 206.
④ 刘宓庆，《翻译美学导论》，北京：中译出版社，2019 年，第 84 页。

言风格和文化背景的融合又会导致原文的美感传达出现遗漏或减少，使译文和原文产生较大的审美差异。另一方面，从读者接受角度来看，不同时代、不同文化背景的读者有不同的审美标准，海外读者感受到的文学艺术效果同原作者想传达的必然存在差异。在译作问世之后，读者同样会基于自身理解对作品进行再阐释，甚至会加以定向阐释以迎合本土的时代需求。这种创造性叛逆以文化过滤的手段改造原典，译本读者了解到的已非原文传达了什么，而是译本为现实需要服务的内容。这里需要提及《老子》在西方市场的传播。《老子》在20世纪宗教信仰价值体系濒临瓦解的西方备受青睐，他呼唤和平无为的思想迅速被西方学者借鉴以发展自身的哲学理论，而后更是进入西方的流行文化，以"×××之道"为名的著作如雨后春笋般涌现。这种"任意打扮"中国文化的行为瞬间引爆西方市场。[①] 这种带有强烈目的性和功利性"快餐式成功学"并非对传播对象的尊重与正视，必然造成文化的深度扭曲和变异。在立足自身中心场域吸附异质文化、融合创造文化新质并加入文化工业结构之后，西方已经完成了对中国文化"三步走"的结构式变异同化。[②]

第三节
中国经典文学作品的海外译介
对中华文化世界性传播的启示

一、加强翻译人才队伍建设，提升中国文化外译质量

在中国经典文学的翻译与传播过程中，译者需要深刻理解源语言和目标语

[①] 吴冰，《求同与求异：〈老子〉在西方的读者接受》，《北京科技大学学报（社会科学版）》2017年第2期，第62-63页。

[②] 王超、曹顺庆，《比较文学变异学中的文化结构变异》，《中华文化论坛》2019年第5期，第120-124页。

言的差异，理解文化背景和历史语境的不同，才能真正担负起向海外译介中国经典文学作品的重任。

首先，我国应加强翻译人才队伍建设来应对高水平翻译人才缺失的问题。目前我国能承担起将中国优秀文化推向世界的使命的译者不多。约翰·厄普代克于 2005 年 5 月 9 日在《纽约客》发表了题为《苦竹》（"Bitter Bamboo"）的长篇书评，不无自得但也并非虚夸地说："据《时代周刊》报道，（中国大陆的）书店里……有一半的翻译作品是美国书籍。与此同时，美国对中国小说的翻译却好像只是葛浩文教授一人的孤独事业。"[①] 可见培养我国高端翻译人才已经迫在眉睫。一方面，相关部门以及高等院校在培养建设中译外人才队伍时应考虑国家文化"走出去"战略发展的可持续性，加大翻译人才培养的投入力度，长期、系统、规范地落实此项工作，并制订切实可行的实施计划。除了提升译者的翻译水平，还要解决优秀译者在翻译中遇到的各种问题。国家相关的行政机关和商业组织可以为优秀译者设立"奖金"，激励更多、更优秀的高水平翻译家致力中国文学译介工作。另一方面，应提倡中国译者和海外优秀汉学家、译者合作的翻译模式。翻译活动涉及不同语言和文化的转换，不同文化背景的译者在译介过程中进行交流合作可以更加高效地根据目标语读者的阅读需求选择最佳的翻译方式，增强译文的可读性，加大传播力度。因此，我国译者要主动参与高质量的译介交流活动，提升专业能力。此外，国家对外宣传部门和各大高等院校也可以不定期举办形式多样的不同语种译者参加的翻译研讨、互访、联合培训等活动，交流翻译经验，相互学习、借鉴。例如，国家新闻出版广电总局与英国文学翻译中心等机构开展合作，中国外文局文化传播中心和中国外文局翻译院联合主办"全球青年多维对话之'中外青年翻译家对话'专场活动"，清华大学翻译与跨学科研究中心和澳大利亚墨尔本大学亚洲学院联合主办的"墨尔本—清华亚太地区翻译与跨文化论坛"，都邀请了海内外著名翻译专家围绕对外翻译和跨文化研究进行深入的探讨和交流。

其次，译文质量的提升很大程度上取决于译者本身。翻译作为文学作品译介的一个重要环节，是一种比较复杂的跨文化行为。翻译活动的参与者有原文作者、译者和读者，其中译者是译介活动的桥梁，其作用不言而喻。因此，在

---

① 王侃，《中国当代小说在北美的译介和批评》，《文学评论》2012 年第 5 期，第 166 – 167 页。

翻译过程中，译者要特别注意充分发挥主体性。译者主体性即作为翻译主体的译者在充分尊重原作的情况下，为达到翻译目的在翻译过程中所体现出来的主观能动性，译者主体性的基本特征是译者本身所拥有的文学意识、人文品质及文化创造力。① 为了尽量规避翻译过程中的文化意象消解，译者必须具备较强的跨文化意识：一方面，译者需要提高对我国文化知识的储备，充分了解原文的文化背景，将真正的中国文化传达给读者；另一方面，译者需要有意识地将读者意识贯穿在整个译介过程中。在选择翻译材料时，译者要考虑目标语读者的阅读需求和目的；在选择翻译策略时，译者要在了解目标语读者的身份、受教育程度、文化背景以及审美价值观的前提下，选择最合适的翻译策略，向读者准确传达原作者的意图，从而使读者产生共鸣。此外，译者还需要重视读者的有效反馈，根据其反馈来了解并改进译文的不足之处，不断提高译文质量。

二、丰富中国文学译介渠道，拓展对外传播方式

首先，需要转变作为译介主体之一的国家赞助人的身份和管理职能。在国家官方译介形式下，译介作品带有浓厚的政治宣传的色彩，不利于国外读者的接受或者会使之带有先入为主的偏见来审视译本。国家垄断对外译介实践、统一管理，或者由译到销包干到底，容易导致对出版社的业务工作照顾不周、国家经济负担过重等问题。如果在国家官方译介的基础上，增加非官方的译介模式，国家官方赞助人适度放权，将其职能转变为宏观统筹和策划，则会一定程度上减少官方意识形态带来的影响，有利于国外读者接受。当然，国家可以通过设立基金，以公开招标或者建立翻译基地的方式吸引中外译者合作翻译，促进以政府为导向的译介转变为以市场为导向的译介模式。谢天振在其著作中明确指出：在国家官方译介主体的干预下，"内容整齐划一、口味一致，并且主要依靠国家的发行力量，这些都不能满足海外读者多元化的需求，也不适应市场经济下商业竞争的要求。对外译介文学不仅需要一批懂文学和翻译的中外专业人士，还需要懂包装、宣传、发行、代理等方面的专业人士"②。总而言之，我国当前译介行为模式需要进行大刀阔斧的改革。比如："先让一部分中标的

---

① 陆桂晶，《论新闻翻译中的译者主体性》，《新闻战线》2014 年第 11 期，第 193 页。
② 谢天振，《国家译介行为论——英文版〈中国文学〉的翻译、出版与接受》，天津：南开大学出版社，2021 年，第 173 页。

译者将其试译的作品放在网上供全球的读者试读并评论，或者推荐给国外高校研究中国文学的教师在课堂上试用，在正式出版或发表整个译本或译文之前收集读者的反馈意见，择优挑选得到读者喜爱和肯定的译者译作。"①

其次，在选择翻译作品时，需要从只考虑源语国家的意识形态和诗学需要转变为同时考虑译语国家的读者期待。② 国家官方赞助人如果只根据源语国家意识形态和诗学的需要来选择待翻译的书单，无疑会忽视海外读者市场的需求。而市场需求又在一定程度上决定了译介作品的发行量和接受程度。若要敲定一个两全其美的待译书单，需要参考海外出版社的出书意见，更要根据不同源语国的市场需求来拟定书目。

最后，在划分目标读者时，需要从根据海外读者的意识形态划分转变为根据当地书刊市场的读者划分。③ 谢天振指出，国家译介行为受到国家意识形态和各国外交关系的影响，这两者同时又制约着翻译文学的发行地区和发行量。而不同国家的读者市场划分标准也不尽相同。比如，同样是英语国家，以英语为母语的国家和以英语为第二语言的国家情况不同；同样是西方国家，英、美、法、德的中国文学读者市场也不同，甚至同一个国家的不同读者族群对中国文学的需求都不尽相同，而这些情况只有当地的书刊市场才最了解。④

三、加大出版发行力度，打通对外传播的多元渠道

传播渠道不畅也会阻碍中国文学的海外译介事业的发展，影响其传播的广度和深度。中国文学译本大多被划分为学术化、专业化和边缘化的"少数派"，由部分高校或学术出版社出版。出口到北美市场的中国出版的图书大多藏于美国、加拿大的一些高校图书馆和研究机构，作为学术研究或专业阅读材料，传播范围较小，很少进入公共社区图书馆。美国弗吉尼亚大学汉学家罗福林（Charles A. Laughlin）就曾发出这样的感叹：很少有国外的主流出版机构涉及中国文学作品的译介及推广，而由美国学术出版机构出版的中国文学作品

---

① 谢天振，《国家译介行为论——英文版〈中国文学〉的翻译、出版与接受》，天津：南开大学出版社，2021年，第173页。
② 同上。
③ 同上。
④ 同上，第172-173页。

在商业市场上基本没有销路。① 由此可见，中国文学作品在北美的主流社会流通有一定的局限性。此外，中国出版社在海外的影响较小，传统出版发行渠道严重阻碍了中国文学作品在海外市场的推广。莫言英译作品由企鹅集团、英国联合出版集团等 5 家出版社出版，收藏企鹅集团英译本的图书馆就达到 1629 家，美国拱廊出版社的译本收藏图书馆数量达到 1845 家。莫言作品的中文版本由中国大陆的作家出版社、上海文艺出版社、春风文艺出版社等 8 家出版社出版，在全球图书馆收藏家数量却只有 875 家。② 这也从侧面反映出中国出版社在世界上的地位：规模小、实力弱，市场集中度低。据韩辉 2015 年文章，"国内的版权营销尚在摸索阶段，专门受理文学输出业务的机构十分有限"③。版权代理和对外推广体系也很不成熟，出版界也缺乏优秀的专业对外编辑团队，国内出版行业的人才水平还达不到国际水平，对目标语读者的阅读需求、审美价值研究不足，难以促进中国文学作品在海外民众中的流通和接受。甚至还有部分出版公司从利益考虑，不愿意出版中国文学的英译作品，这都导致中国经典文学译作很难在海外占据一席之地。

　　针对出版发行、传播渠道不畅的问题，笔者建议如下：首先，国家应该合理分配图书出版资源，加大资金投入力度支持国内出版社提高文学作品的出口量、版权输出量，把国内出版的优秀文学作品推向国际市场，从而提升国内出版社的国际影响力。除了为国内出版社提供资助，更重要的是国内企业要深入研究海外译介传播的途径。学者夏仲翼曾提出："不同体制的国家，有不同的文化传播途径，既然是面对国外，就必须要非常清楚国外出版发行体制的惯行方法，要融入对方的社会，习惯他们的操作流程，例如经纪人、代理机构与出版系统之类。"④ 因此，我国需要出台一系列专业化、系统化的政策，积极加强国内企业与海外主流出版机构的联系，促进国内外出版社之间的友好合作，让国内出版社借机学习海外同行的运行机制，提升自身专业能力。此外，国家还可以对有意愿引进中国文学作品版权的国外机构提供资金资助，以此吸引更

---

① 罗福林，《中国文学翻译的挑战》，中国作家协会《汉学家文学翻译国际研讨会演讲汇编》，2010 年。
② 何明星，《中华文化对外传播研究》，北京：人民出版社，2021 年，第 277 - 278 页。
③ 韩辉，《中国文学"走出去"：翻译模式与出版宣传——以莫言作品英译为例》，《出版广角》2015 年第 10 期，第 36 页。
④ 赵芸策划、袁莉采编，《著名翻译家倾谈"文化走出去"》，《海风》2010 年第 3 期，第 17 页。

多的海外中小型出版机构。国内出版社应该把握好"一带一路"倡议的契机，在沿线国家和地区设立海外出版发行基地，拓宽中国文学作品"走出去"的道路。

其次，形式多样的传播媒介是将文学海外译介推向更广阔世界的必然趋势。例如通过影视、广播、网络等传播媒介，创造多元化的译介模式，营造文学作品的文化背景和氛围，激发读者阅读兴趣，提升阅读体验。例如，改编自莫言的小说《红高粱家族》的电影《红高粱》在国际电影节上获奖，也助推了莫言的文学作品走向海外，赢得更广泛关注。再如，自2013年"一带一路"倡议提出后，"网文出海"逐渐成为国家新一轮的重大传播策略，网络文学作品在海外取得了卓越的成绩。网络文学独有的创意和叙事手法为海外传播提供了天然优势。凭借生动的表达力、充沛的感染力、旺盛的生命力，网络文学作品润物细无声地讲述中国故事、传播中华优秀传统文化、传递中国价值理念。[①] 可见，利用好多元媒介对推动中国文学的海外传播意义重大。

第三，要拓展文学作品的海外译介传播就不能忽视海外文学研究界的学术动态，要从肯定中总结成功经验，在评判里反思应对举措。

此外，文学译介翻译语种的分布失衡、西方的传统观念壁垒等问题也同样值得关注。

通过对诸葛亮形象在海外的变异与重构的研究，笔者认为诸葛亮形象在海外的变异与诸葛亮相关文献在海外的译介密切相关。本书通过对海外诸葛亮文献译介活动的梳理与中外译本的比较分析发现，译本对诸葛亮形象在德、智、贤、能等方面进行了弱化，与中国文化语境中的诸葛亮形象相比产生了变异。西方读者基于译本对诸葛亮的解读与认知与国人基于中文文本对诸葛亮的认知是不一样的，这也是诸葛亮形象在海外发生变异与重构的原因。同时，由于中西文化差异与西方文学审美传统的影响所产生的文化过滤作用，中国文化语境中的诸葛亮形象被西方学者进行了异样的解读。所以，在英国汉学家美魏茶的笔下，诸葛亮成了一位令人扼腕叹息的悲剧人物，在美国汉学家浦安迪的笔

[①] 王飚、毛文思，《中国网络文学海外传播现状探析》，《传媒》2022年第15期，第20页。

下，诸葛亮就成了奸险诡诈、操控他人的阴谋家，在美国汉学家索耶笔下，中国文化语境中的诸葛亮名不副实，是一位被有意美化与夸大的人物。因此，在我国倡导讲好中国故事、传播中华文化的过程中，译者的译介与中西文化差异以及西方的文学审美传统等问题值得我们高度关注。我们应总体把握并用发展的眼光看待中国经典文学海外译介的现状及问题，拓展中国文学译介事业。

参考文献

陈淑梅, 2018. 跨语际文学接受的典型样本——早期来华传教士《三国演义》评介研究 [J]. 中山大学学报（社会科学版）(4): 47-54.

陈甜, 2013.《三国演义》邓罗英译本的再评价 [J]. 中州学刊 (9): 162-165.

陈晓莉, 张志全, 2011.《三国演义》两个英译本中回目的翻译 [J]. 重庆大学学报（社会科学版）, 17 (4): 164-168.

傅琴, 2020. 创造性叛逆和《三国演义》英译本——以罗慕士和虞苏美两个全译本为例 [J]. 海外英语 (20): 54-56.

葛桂录, 2004. 中英文学关系编年史 [M]. 上海: 上海三联书店.

郭昱, 2014. 邓罗对《三国演义》的译介 [J]. 中国翻译 (1): 49-52.

胡清韵, 谭渊, 2021.《西游记》德译本中副文本对中国文化形象的建构研究 [J]. 中国翻译 (2): 109-116.

罗贯中, 1985. 三国志演义中英对照 [M]. 张亦文, 译. 北京: 中国友谊出版公司.

罗慕士, 2003. 三国演义（汉英对照）[M]. 北京: 外文出版社.

骆海辉, 2011. 论典籍英译的译者素质？罗慕士个案研究 [J]. 攀枝花学院学报, 28 (1): 70-75.

苗沈超, 2021. 虞苏美和她的《三国演义》新译本评价 [J]. 新阅读 (1): 78.

聂炜, 许明武, 2022. 学者译史与史家译史: 译者身份对翻译过程影响举隅——以《资治通鉴》方志彤、张磊夫译本为例 [J]. 西安外国语大学学报, 30 (4): 81-86.

彭文青, 2017.《三国演义》英译重译现象中的自我指涉 [J]. 外语与外语教学 (1): 105-113.

彭文青, 2021. 副文本视角下《三国演义》三个英文节译本研究 [J]. 明清小说研究 (2): 240-250.

王丽娜, 1982.《三国演义》在国外 [J]. 文献 (2): 44-46.

王丽娜, 1988. 中国古典小说戏曲名著在国外 [M]. 上海: 学林出版社.

王丽娜, 杜维沫, 2006.《三国演义》的外文译文 [J]. 明清小说研究 (4): 70-85.

王绍祥, 2004. 西方汉学界的"公敌"——英国汉学家翟理斯（1845—1935）研究 [D]. 福州: 福建师范大学.

王燕, 2016. 十九世纪西方人视野中的《三国演义》——以郭实腊的《三国志评论》为中心 [J]. 中国文化研究 (4): 155-166.

王燕, 2017. 汤姆斯与《三国演义》的首次英译 [J]. 文学遗产 (3): 186-190.

王燕, 2017. 19世纪英译《三国演义》资料辑佚与研究——以德庇时《三国志节译文》为中心 [J]. 复旦学报: 社会科学版, 59 (4): 107-116.

王燕, 2018. 19世纪《三国演义》英译文献研究 [M]. 北京: 中国社会科学出版社.

王燕, 2021. 京剧英译之嚆矢——司登得与京剧《黄鹤楼》英译研究 [M]//傅谨, 主编. 京剧文献的发掘、整理与研究——第八届京剧学国际学术研讨会论文集. 北京: 中国戏剧出版社.

文军, 李培甲, 2011. 国内《三国演义》英译研究: 评述与建议 [J]. 北京第二外国语学院学报, 33 (8): 25-30+24.

熊文华, 2007. 英国汉学史 [M]. 北京: 学苑出版社.

徐缅, 2010. 西洋镜里鉴三国 [N]. 中华读书报, 2010-01-22.

许多, 冯全功, 2020. 中国文学四大名著译介与传播研究 [M]. 杭州: 浙江大学出版社.

许明武, 聂炜, 2021. 基于语料库的《资治通鉴》英译本语境重构探究之情态动词路径考察——以方志彤、张磊夫译本为例 [J]. 外语电化教学 (5): 5, 34-40, 54.

杨宪益, 戴乃迭, 1981. 三部古典小说节选 [M]. 北京: 中国文学杂志社.

易永谊, 2016. 野蛮的修辞: 作为译者的汉学家汤姆斯 [J]. 中国比较文学 (2): 99—115.

张春树, 骆雪伦, 2008. 明清时代之社会经济巨变与新文化——李渔时代的社会与文化及其"现代性" [M]. 王湘云, 译. 上海: 上海古籍出版社.

赵长江, 付天军, 2009. 《红楼梦》英译与中国文化传递 [J]. 河北学刊 (2): 199-202.

郑锦怀, 2012. 《三国演义》早期英译百年 (1820—1921)——《〈三国演义〉在国外》订正补遗 [J]. 明清小说研究 (3): 86-95.

郑锦怀, 2015. 彼得·佩林·汤姆斯: 由印刷工而汉学家——以《中国求爱诗》为中心的考察 [J]. 国际汉学 (4): 133-141, 204.

郑锦怀, 2019. 《三国演义》百年英译 (1820—1938): 史实考辨与学理反思 [J]. 国际汉学 (4): 146-154.

周燕, 周维新, 1988. 评《三国演义》的英译本——兼谈中国古典小说的翻译 [J]. 外国语 (上海外国语学院学报) (6): 18-24.

ALEXANDER W., 1867. Memorials of protestant missionaries to the Chinese: Giving a list of their publications, and obituary notices of the deceased. With copious indexes [M]. Shanghai: American Presbyterian Mission Press.

ALEXANDER, G., 1861. A chapter of Chinese history: The minister's stratagem [J]. Once a Week (100): 607-613.

ALEXANDER, G., 1869. Teaou-shin, a drama from the Chinese, in five acts [M]. London: Ranken & Company.

BAXTER, 1965. Editor's preface [M] // Achiles F., ed. The chronicle of the Three Kingdoms (220 – 265). Cambridge, MA: Harvard University Press.

BESIO, TUNG, 2007. Three Kingdoms and Chinese culture [M]. Albany: State University of New York Press.

CRESPIGNY, 1969. The last of the Han: Being the chronicle of the years 181 – 220 A. D. as recorded in chapters 58 – 68 of the Tzu-chih T'ung-chien of Ssu-ma Kuang [M]. Canberra: Australian National University.

CRESPIGNY, 1989. Emperor Huan and Emperor Ling: Being the Chronicle of Later Han for the years 157 to 189 A. D. as recorded in chapters 54 – 59 of the Zizhitongjian of Sima Guang [M]. Canberra: Australian National University.

CRESPIGNY, 1996. To establish peace: Being the chronicle of Later Han for the years 189 – 220 A. D. as recorded in chapters 59 – 69 of the Zizhi tongjian of Sima Guang [M]. Canberra: Australian National University.

FANG, 1965. The chronicle of the Three Kingdoms (220 – 265): Chapters 69 – 78 from the Tzü Chih T'ung Chien of Ssu-ma Kuang [M]. Cambridge, MA: Harvard University Press.

HIGHTOWER, 1997. Obituaries [J]. Monumenta Serica (1): 399 – 449.

LEBAN, & FANG, 1966. The chronicle of the Three Kingdoms: Chapters 69 – 78 from the Tzu Chih T'ung Chien of Ssu-Ma Kuang, Vol. II [J]. Journal of the American oriental society (2): 250.

LOEWE, 1972. Rafe De Crespigny The last of the Han: being the chronicle of the years 181 – 220 A. D. as recorded in chapters 58 – 68 of the Tzu-chih t'ungchien of Ssu-ma Kuang [J]. Bulletin of the School of Oriental and African Studies, 35 (1): 176 – 177.

MILNE, 1857. Life in China [M]. London: G. Routledge & Co.

SCHAFER, 1952. The Chronicle of the Three Kingdoms (220 – 265), Chapters 69 – 78 from the Tzü chih t'ung chien of Ssû-ma Kuang (1019 – 1068) [M]. Translated and annotated by Achilles Fang. Edited by Glen W. Baxter. Volume I. Harvard-Yenching Institute Series VI. Cambridge MA: Harvard University Press.

SIH, 1966. The chronicle of The Three Kingdoms (220 – 265). Chapters 69 – 78 from the Tzu Chih T'ung Chien of Ssu-ma Kuang [J]. Journal of Asian studies, 25 (3): 518 – 519.

STENT, 1877. Brief sketches from the life of K'ung-ming [J]. The China Review 5.5: 311.

THOMS, 1821, The death of the celebrated minister Tung-cho (Concluded from page 114) [J].

The Asiatic journal 11.63: 233-242.

WERNER, 1927. A history of the religious beliefs and philosophical opinions, from the beginning to the present time [M]. Hsien-hsien: Hsien-hsien Press.

WILLIAMS, 1849. Oath taken by members of the Triad Society, and notices of its origin [J]. The Chinese repository 18.6: 281-295.

WRIGHT, 1965. The chronicle of the Three Kingdoms (220-265): Chapters 69-78 from the Tzǔ chih T'ung Chien of SSU-MA Kuang (1019-1086) [M]. Translated and annotated by Achilles Fang. Volume II. Edited by Bernard S. Solomon. Harvard-Yenching Institute Studies. Cambridge, MA: Harvard University Press.

附 录

一、《华英字典》[①] (*A Dictionary of the Chinese Language*) 第一部第一卷

KUNG-MING 丨明 or Choo-kǒ-leang 諸葛亮 lived in the close of the reign of Hëen-te 獻帝（A. D. 226）, the last Emperor of the Han dynasty; and he took a conspicuous part in the civil wars of the San-kwǒ 三國 which succeeded the overthrow of that family, after swaying the sceptre of China 400 years. Kung-ming was a native of the Lang-yay 琅琊 mountains, on the sea coast of Shan-tung province. The 綱目發明 Kang-mǔh fǎ ming asserts, that, from the period of the original three dynasties called San tae 三代 Wei han tǐh tëen hea wei ching 惟漢得天下爲正 the Han dynasty alone obtained the empire in a correct manner, and held it 踰四百年 more than four hundred years. Chǐh te yǐh min, mǒ fei Han yew 尺地一民莫非漢有 not a cubit of ground, nor a single plebeian but was possessed by the Han family.

The Emperor Hwan 桓 and Ling 靈 first 不君 failed in the duties, and maintaining the authority of, great monarchs, by which conduct they brought on the ruin of their family. A person named Tung-chǒ 董卓 who possessed 才武膂力少比 military talents and personal strength seldom equalled, and 少好俠 rather fond of knight errantry, was one of the first who 煽火英雄羣起 fanned the flame and raised in a flock all the heroes of the day. The eunuchs obtained and trifled with the Imperial authority; and it is said, that about this time 9 eclipses of the sun are recorded; 7 overthrows or rending of mountains; 11 earthquakes; 4 extensive inundations, 2 famines in which the people ate each other; and 20 disturbances or wars on the fronter; the court remained dissipated, and taxes were increased (Leǐh-tae-tung-ke-peaou, 3 vol. & 4, page 55.)

Tung-chǒ attained a high office in which he abused his authority most cruelly, and at an early period of the then commotions, lost his life. Of his conduct, this is a specimen. Having 飲誘降 by a feast inveigled a few hundred insurgents to surrender, he had them overpowered whilst seated at the table, and of some 斷其舌

[①] 马礼逊,《华英字典》第一部第一卷, 澳门: 东印度公司汤姆斯印, 1815 年, 第 714—716 页。

he cut out their tongues, — of some 斬手足 he cut off the hands and feet—of othershe 鑿眼 chiselled out their eyes; and some 鑊煮之 he boiled in caldrons; and the poor victims 未死 half dead 偃轉杯案間 lay or rolled about amongst the dishes on the table. The affrighted guests dropt the spoons and chopsticks from their hands; but 卓飲食自若 Mr Chŏ drank and ate with perfect self composure. The poor wretch met his fate in an early stage of the business. Leu-poo 呂布 murdered him in a gateway of the palace, and, as was the horrid custom of the times 夷三族 exterminated all his kindred within three degrees of consanguinity. (Urh-shǐh-yǐh She, 38 vol. 三國六 5 page.)

About this time 黃巾賊張角等起 the yellow capped rebels, Chang-keŏ and his associates arose. This man pretended to cure diseases by 咒符水 imprecations and water charms; and under this pretext, associated with himself several hundred thousands of followers, whom he organised, and placed generals over them. The troubles of this period brought forward Tsaou-tsaou 曹操 whom, a Spanish priest, who had read his exploits in the original, has called the Bonaparte of China.

On the side of the Imperial family, were, 1st Lew-pe 劉備 descended from royal ancestors, but reduced to be 賣蓆 a seller of mats or of straw sandals. 2nd, Kwan-yu 關羽 who rose from being 賣荳腐 a seller of sowins, to such eminence at that time, as to he now worshipped as the Mars of China, under the name of Kwan-foo-tsze. 3rd, Chang-fei 張飛 who was originally 賣肉 a seller of flesh, or a butcher.

These *three* men united themselves by a solemn oath to retrieve the fortunes of Han; and they had attached to them, the person whose name is at the head of this article. Kung-ming 丨明 the 謀士 or 軍師將軍 secretary at war, who accompanied the armies. They had also Yuen-shaou 袁紹 Leu poo 呂布 and others. Th party finally formed 蜀國 the kingdom Shǔh.

Tsaou tsaou 曹操 headed the party who established 魏國 the kingdom Wei; and Sun-keuen 孫權 was he who raised himself to the throne of 吳國 the kingdom Woo. The secretary, Kung-ming, was eight cubits in stature; and deemed very highly of himself; always comparing himself to Kwang-chung 管仲 and 樂毅 Yŏ-e, persons famous in their day.

 Kung-ming was sincerely devoted to 劉備 *Lew-pe*, who became the Chaou lëě te 昭烈帝 of the 後漢 latter Har. He excelled greatly in what was much valued at that time, and has been much admired in China ever since, stratagems in war. He was an astrologer and versed in the doctrines of the 八卦 *eight* diagrams of *Fŭh-he*; to correspond to these, he invented a form of encamping an army in a sort of battle array, called Pă chin too 八陣圖 the eight regiment figure. (San-tsae Too-hwuy, 97th vol.) He began with *five* men whom he called 伍 Woo, he formed ten woo into a company, which he called 隊 Tuy; eight tuy he formed in a 陣 Chin, or regiment, consisting of 440 men. *Eight* Chin 陣 constituted a Poo 部 consisting of 3,520 men. These he called a 小成 small division; *eight* of these Poo, or 28,160 men had a Tseang 將 or general; *eight* of these divisions formed a Keun 軍 or amy 225,280 men, which he called 大成 a large division. (For a full detail accompanied by a print, see the above reference to the Chinese Encyclopedia.)

 In allusion to the far-famed *Pa-chin-too* of Kung-ming, some medical writers in China, arrange their remedies by the same phraseology, when they profess to attack disease.

 The San-kwŏ-che, an historical novel of that period, attributes to Kung-ming an ability to procure the aid of spiritual beings, and always sends him into battle with a fan in one hand, and an handkerchief in the other. The grave histories do not notice this circumstance. Some of his letters, essays, on different subjects; orders to the army, and so forth, are preserved; and are thought to add greatly to his reputation; they are in twenty-four pieces of composition, containing 140,112 characters.

 The serious accounts of Kung-ming, several times represent him as deeply affected, even to tears, with the state of the country and the fortunes of that party which he espoused.

 A little before his death, he was much irritated that his opponent Sze-ma-e 司馬懿 would not bring his army out of their strong holds to fight; and, with a view of provoking him to do it, he sent a suit of woman's apparel to him as a present, and desired him either to accept the woman's attire with shame, or to come forth like a man. Sze-ma-e, however, persisted in acting on the defensive. In his 54th year he anticipated, from existing indisposition, and an astrological prognostic, that he was about to die. But for the sake of Han's house, he still wished to live; and he was induced to 用祈禳之法挽回其命 employ forms of prayer and supplication, to bring back his life, —that is, to have the term of his life protracted. His prayer was addressed to Heaven, and the stars; to correspond to which, he lit up lamps in a certain number, and order, within his tent; and prostrating himself, prayed thus, 亮生於亂世甘老林泉（I）Leung, being born into the world in times of anarchy would glady have remained till old age, secluded amongst forests and fountains of water; but having been called forth by the reiterated visits of the Emperor; having been entrusted with the care of his son. 不敢不竭犬馬之勞 I dared not to decline my utmost exertions, and to labour as a dog or horse in his service—I now apprehend my life is drawing to a close, and therefore 謹書尺素 I have reverently written a short prayer 上告穹蒼 to announce these things to heaven's azure canopy; and prostrate hope that Heaven will graciously bow down, look and listen 天慈俯垂鑒聽 and 曲延臣算 bend circumstances to lengthen the number of my days; that I may recompense my sovereign, and rescue his people, and render the house of Han perpetual: 非敢妄祈實由情切 I presume not to offer irreverent unreasonable prayers—I am impelled by the most acute and sincere feelings.

Having finished his prayer 祝畢 he remained prostrate on the earth till morning; when 吐血不止 a constant spitting of blood came on, of which he died in the 54th year of his age. Notwithstanding Kung-ming's ill success in praying to have his days protracted; and its being the popular belief of Chinese, that 死為定數 the number of days which shall precede death, is a *fixed number*; the arrangement of lamps corresponding to the stars of heaven, and spells, and incantations, in imitation of Kung-ming, are still practiced in China.

Kung-ming is famous for having invented 木牛流馬 wooden bullocks and go-horses which were a sort of vehicle 轉運糧草 for transporting provisions, and forage; with these two advantages 人不大勞牛馬不食 that the men were not much fatigued;

and such bullocks and horses did not eat.

The son of *Lew-pe* who was committed to Kung-ming's care, and who succeeded his father on the throne of the *How han*. which ended with his life was, as a child, called 阿斗 O-tow the general 趙子龍 Chaou-tsze-lung, 百萬軍中藏阿斗 when millions of men were fighting, still carried in his bosom the boy *O-tow*, who often slept amidst the crash of arms, and all the din of battle; hence the saying 阿斗一生原是睡不醒 it was O-tow's fate never to awake all his life; he proved a besotted debauchee; and the name *O-tow* applied in raillery or anger to any boy, is still equivalent, to "stupid blockhead."

中文回译:①

孔明，又称诸葛亮，大约生活在汉朝最后一位皇帝——汉献帝统治末期（公元 226 年），他在三国内战中发挥了显著作用，这场战争推翻了汉家对于中国长达 400 年的统治。孔明是琅琊山人，琅琊山位于山东省沿海。《纲目发明》云："自三代以降，惟汉得天下为正，踰四百年，尺地一民莫非汉有。"

"桓灵不君"，在他们掌握政权时，汉家走向灭亡。一个名叫董卓的人，"才武勋力少比"，"少好侠"，乃当日"煽火英雄群起"中之一员。其时宦官弄权，据称有 9 次日月失色，7 次山崩地裂，11 次地震，4 次洪水，2 次饥荒易子而食，20 次骚乱殃及边疆。朝廷奢靡，横征暴敛（《历代统纪表》，第 3 卷，第 4 册，第 55 页）。

董卓位居显职而为人残忍，骚乱之初就丧了命。有一事颇能显其行止。董卓以"饮诱降"反者数百人，于坐中先"断其舌"，或"斩手足"，或"凿眼"，或"镬煮之"，"未死"，"偃转杯案间"，会者皆战栗亡失匕箸，而"卓饮食自若"。但此可鄙之徒旋即步入穷途末路。吕布杀之于披门，并依彼时骇人习俗"夷三族"（《二十一史·三国·六》，第三十八卷，第 5 页）。

其时"黄巾贼张角等起"，此人假装能用"咒"和"符水"治病，以此为借口，招徕数十万信徒，他将这些人组织起来，又安排将领统率他们。这时

---

① 王燕，《19 世纪〈三国演义〉英译文献研究》，北京：中国社会科学出版社，2018 年，第 54－56 页。

的暴乱引出了曹操，一位西班牙牧师通过阅读原著了解到他的功绩，将他称为"中国的波拿巴"。

王朝的一方乃皇室的一位后裔——刘备，沦落为"卖席"贩履的。还有一位关羽，以"卖豆腐"起家，在当时名扬天下，后被尊奉为中国的战神，号称关夫子。第三位是张飞，原本是个"卖肉"的小贩或屠夫。

此三人结义，庄严宣誓，匡扶汉室。由他们而引出了文章开头提到的孔明。孔明是指挥军队的"谋士"或"军师将军"。这帮人联手袁绍、吕布等人，最终建立了"蜀国"。

曹操领导的一派建立了"魏国"，孙权成了"吴国"国君。谋士孔明，身高八尺，自视甚高，常常自比为他们那个时代著名的"管仲"和"乐毅"。

孔明对刘备忠心耿耿，刘备后来成了"后汉昭烈帝"。孔明被时人所推崇，在中国一直因其战争谋略而受到颂扬。他是一位占星家，精通伏羲"八卦"，并据此发明了用一种作战队形来安营扎寨的阵列图示——八阵图（《三才图会》第97卷）。八阵图初以五人为一"伍"，十伍为一"队"；八队为一"阵"，440人；八"阵"为一"部"，3520人；此谓"小成"；每八部28160人设一"将"；八成为一"军"，225280人，此谓"大成"（详情参考《中国百科全书》）。

提及孔明闻名遐迩的八阵图，某些中国的医药书作者声称他们在对付疾病时，也会用同样的方法来开处方。

《三国志》是那时的一部历史小说，它赋予孔明一种取得神助的能力，他作战时总是一手执扇，一手执巾。严肃的史学家并不如是说。孔明不同内容的书信、文章，还有军令等，都被保存了下来，人们认为这对他的声望影响很大。这些作品一共有24篇，共140112字。

有关孔明的严肃记载，写到他所尽忠的国家及其命运时，有几处描绘得相当生动，乃至催人泪下。

孔明临终前，曾因对手司马懿拒不出战而恼怒。为诱其出战。他送了一套女装给他，要求他或者耻辱地接下女装，或者像个男人那样出来迎战。然而司马懿却坚守不出。54岁那年，因为身体微恙和天象征兆，他预感到死之将至。可为了汉室，他还想活下去；有人劝他"用祈禳之法挽回其命"。于是，他在帐内按一定的次序点起一定数量的灯，对着上天和星宿，跪下祷告曰："亮生于乱世，甘老林泉"，承昭烈皇帝三顾之恩，托孤之重，"不敢不竭犬马之劳"。不意阳寿将终。"谨书尺素，上告穹苍"：伏望"天慈"，"俯垂鉴听，曲延臣算"，使得上报君恩，下救民命，永延汉祀。"非敢妄祈，实由情切"。

"祝毕"，俯伏待旦；"吐血不止"，终年54岁。尽管祈禳之法缓解了孔明的疾病，但中国人普遍认为"死为定数"。此后，效仿孔明，根据天上的星宿布灯、祈祷念咒的做法，一直流传至今。

孔明因发明了能够"转运粮草"的"木牛流马"而著称，它们有两个优点——"人不大劳，牛马不食"。

刘备之子被托付给孔明照顾，后来他继承了后汉王位。当他年幼时，赵子龙将军曾在"百万军中藏阿斗"，阿斗总是酣睡于一片嘈杂的战火之中，由此而形成了一句俗语："阿斗一生原是睡不醒"。事实证明他是个愚蠢的浪子，"阿斗"这个名字被用来打趣或训诫男孩，直到现在还相当于骂他是个"傻瓜"。

二、美魏茶的《孔明评论，〈三国志〉中的一位英雄》
(*Notices of Kungming, one of the heroes of the San Kwóh Chí*)①

THIS celebrated personage is the greatest hero recorded in the *San Kwóh Chí*, or *History of the Three States*, which is one of the best written Chinese tales that has been written; and taking into consideration that it is now 600 years since it was written, we may also say that it is equal if not superior to any English novel of the 13th century, or a much later period. The Chinese hold it in great esteem, which they show by frequently reading it, and indeed they have good reasons for so doing, as some of its passages are really sublime; that from which we take these remarks, is in our opinion one of the most worthy of notice. Perhaps before entering at once into that part where our hero approaches his latter end, it would not be here amiss, to mention a few particulars that occurred during his celebrated career. As the story goes, the early part of his life was spent amongst woods and streams, through which he delighted to roam, and though possessed of such extraordinary talents, he preferred solitude, and the pleasures of a country life, to engaging at all in the affairs of state; but Hiuente, the then reigning sovereign of Han, a very valiant and virtuous prince, and who just at that time was doing all in his power to collect the worthies of the land at his court, hearing of his fame, went in person to search him out. The season was then far advanced in winter, and the snow lay thick on the ground; yet notwithstanding, the monarch accompanied by a few intimate followers started in quest of Kungming; but after a long and wearisome journey, on arriving at his cottage, they had to bear the disappointment of finding him absent from home, and as none of the remaining inmates could inform where he had gone, they were obliged forthwith to return. But Hiuente was not so easily to be baffled in his attempts to gather together a number of wise councillors and instructors, and he determined again to go and visit him in his solitude; and shortly afterwards, during

---

① William Charles Milne, "Notices of Kungming, one of the heroes of the San Kwóh Chí", *The Chinese Repository*, Vol. XII, from January to December, 1843, Canton: Printed for the Proprietors, pp. 126 – 135.

the same rigorous weather set out for that purpose, but was as formerly unsuccessful. He then deferred it until the next spring, when he began to make extensive arrangements for the subjugation of the two states of Wú and Wei (this being the time when the empire was divided into three parts, Wei, Wú, and Hán or Shuh, each of whom was striving for mastery over the two others), and as he was now more in need of good advice than ever, he resolved to go once more in quest of this great worthy, who had been described to him as possessing the greatest wisdom of any sage under heaven. Fortunately he found him at home, and having acquainted him with the object of his visit, he requested him to accompany him to the capital, but as Kungming preferred the peaceful quietude of his humble cottage, to the riotous pleasures that always attend a court, it took some time to obtain his consent thereto, till at last he yielded to the in treaties of his prince, and to Hiuente's unspeakable joy, accompanied him back.

Hiuente then commenced a campaign with his enemies, and with Kungming at his elbow, from whom he sought council and advice in all matters of consequence, proved victorious in all his undertakings; indeed, everything with which our hero had to do, gave success to his employers, and throughout the whole story, there is hardly a single instance recorded of its being otherwise. But Hiuente, after a series of victories, followed the way of all flesh, and as sooner or later, each one of us must do, drew near his latter end. On his death-bed, which is most affectingly and beautifully described, he appointed Kungming to be regent, and having made him promise to follow up the great work, and spend his last breath in conquering the whole of China, he intrusted him with the welfare of the empire, and then breathed his last.

Kungming had now to bear a truly heavy burden, the reins of government were put into his hands, and the happiness of the country was entirely dependant on him, but having once received the trust of the late emperor he resolved to exert himself to the utmost in fulfilling it, and his courage, wisdom, and skill were very soon put to the test. The states of Wú and Wei perceiving that Hiuente was dead, and that his son was an imbecile prince, thought this a good opportunity for totally annihilating the now tottering house of Hán; and to make it the more sure they called in the aid of some barbarian tribes, to help them in effecting a simultaneous attack on all sides. Matters being thus arranged, and the signal given, they all at once crossed the frontiers, and commenced their work of extermination; but Kungming after some short delay, collected the whole of the forces, which, having divided into several divisions and assigned to each their task, he himself with an army marched against the barbarians, whom he not only subjugated, but also by acts of generosity and benevolence, brought over to his cause. To the fickle prince of Wú, he sent an embassy in which he was so far successful as to bring him also over to his interests, and now having Wei alone to contend with, he directed all his efforts in that quarter, and even invaded his territory. But here through the mismanagement of some of his officers whom he had intrusted with important services, he did not meet with his accustomed good fortune, being nearly surrounded by the enemy, and his retreat also cut off; yet in these trying circumstances he did not lose his wonted presence of mind, for though the enemy had made certain of their prey, he disconcerted all their plans, and in the end effected a safe withdrawal to Hán, without losing a man.

He then begged the emperor to punish him for his mismanagement in being obliged to return, which was actually done, and he was degraded a few steps; but in a short time his honors were again restored, and another army was raised to attack Wei, which he was appointed to command. On hearing of the invasion, the prince of Wei, Tsáujui, collected his forces, and having appointed Sz'má I', a brave and experienced officer, who had fought in the last campaign against Kung-ming, to be commander-in-chief, he sent him off, with instructions to keep possession of the strongholds and mountain passes, fortifying himself strongly therein, but on no account to engage the enemy; for he conjectured, that their provisions would soon be consumed, when they would of themselves retire, and then could be attacked to great advantage. This proved in the end to be the case, for the army of Shuh having been only provided with a slender commissariat, and all Kungming's endeavors to provoke the enemy to fight proving abortive, they were forced much against their will to withdraw; but owing to the masterly style in which the retreat was managed, this was accomplished without loss, to the great chagrin of the opposing party.

But their absence was only for a short time, for as soon as Kungming had made arrangements for the regular supply of the army, and had moreover obtained the assent of Wú to invade Wei on the other side, he, ever eager to fulfill the trust imposed upon him, again set out on his mission. The enemy acted on the same plan as before, but notwithstanding their precautions, Kungming by his address, brought them to an engagement several times, which never failed to end in their being defeated with great loss; but though he also took some of their cities, still they were not sufficiently weakened to be obliged to abandon their intrenched camp. However, thinking that by degrees he would weary them out, Kungming pushed on his operations with greater vigor, but just as victory was beginning to crown his efforts, he received a summons to repair forthwith to the capital.

It came from his sovereign, and therefore it must be obeyed, so that however much against his wish, he was obliged to relinquish the prize which was almost within his grasp. Having no experienced officer who could be intrusted with the command of the army, the retreat was sounded, and all went back to their own territory. Here he found that a courtier had slandered him, giving out reports that he intended to possess himself of the country and depose the emperor; who having listened to these calumnies, had recalled him to give an account of his conduct. Having proved the charges to be all false, and being acquitted with honor. He again marched on the same expedition, but had hardly gone, before reports reached him that the state of Wú, instead of siding with Hán, had gone over to Wei, and was marching with innumerable forces to overwhelm him.

Fearing that he would be surrounded, and thinking that all the forces were but enough for the defense of his own country, he once more withdrew into Hán, where he had the mortification of perceiving that this was a trick that had been played upon him by the officer who supplied the army with stores, and who being behindhand in his arrangements, had made use of the above stratagem to bring the army back. On the deceit being found out, the officer was severely punished for his perfidy in thinking more of his own interests than those of his country. Kungming, never losing sight of his promise which he made to his former patron, now began vigorously to prepare for another campaign, and though the emperor requested him to enjoy a little relaxation, and give peace to the land for a season, he refused to comply; for, said he, "I have received the trust of his late majesty, and sworn to exert myself to the utmost, in subjecting these thievish bands to the rule of the house of Hán, and until I have fulfilled this great work, I will not give myself a moment's ease. I have already gone out many times against these rebels, but as yet have only had partial success; therefore I now swear that your majesty shall not see my face again until I have completely conquered them, nor will I again return until this be accomplished." And he faithfully kept his word. Things now wore a little better appearance, for it was proved beyond doubt that Wú had collected a large army, which had already arrived at the frontiers of Wei; Kungming with redoubled ardor again set out on his last undertaking, and once more took leave of his country, which he never beheld again.

As soon as the enemy perceived that another invasion was in contemplation, they immediately put the country into a state of defense, and intrenched themselves as strongly as ever; so that when the invaders arrived, they found that they had no despicable foe to contend with, but one which would call forth all the exertions of their noble chief to cope with. His scheme was to do all in his power by insults and other maneuvres to cause the enemy to come out and fight a pitched battle, when he felt certain that he would be enabled to put them entirely to the rout; whilst on the other hand the commander-in-chief of the army of Wei well knew by former experience the talents of his rival, and that his safety, and the only way by which he could compel the hostile army to retire, depended upon his keeping up a vigilant guard, and remaining quietly within his trenches.

Yet notwithstanding his alertness, he was often caught in the snares of Kungming, though not to such an extent as to insure the defeat of his whole force; for our hero, possessing magical arts often played most curious tricks, which sometimes put his opponents to their very wit's end, and almost terrified them out of their lives. It seems that on one occasion, all the fodder for the beasts of burden, as well as the provisions for the soldiers, had to be brought from a distance of many miles, and through a hilly country, close to the camp of Wei. These difficulties almost prevented the transport of the subsistence of an army, consisting of several hundred thousand men, and therefore he determined to construct wooden cows and horses, which were set in motion by means of extraordinary machinery, so that they could walk and run like those of nature. These kind of animals he found to be very convenient, as they admirably suited the purpose for which they were made, and not only did he thus obtain regular supplies, but what was more advantageous, his porters did not help to consume what they carried. They were also useful in enticing the enemy into ambuscades, who being always on the lookout, obtained knowledge of Kungming's new invention, and also wished to obtain possession of such profitable beasts. As they could not themselves manufacture them without a patter, they resolved to lie in wait, and capture some as they drove past. The spies having reported this to Kungming, which indeed did not exceed his expectations, and for which he was fully prepared, he also laid men in ambush, and routed the enemy with great loss. However, we suppose that in these matter-of-fact days, this part of the tale will be regarded as rather too far fetched, and unworthy of credit. We are told in one place, that the chief part of the machinery lay in the tips of the tongue, and one occasion as the herd was being hotly chased by a party of Wei soldiers, the pursued wrenched this member out of their mouths, when the animals stopped unable to move an inch, and proving of no use to the captors.

At this time the army of Wú crossed the frontier in great numbers, and in accordance with their agreement made a descent upon the territory of Wei, the prince of which being roused by the imminent danger, determined to oppose them at once with all the force that he could muster; and having sent reinforcements to his general Sz'má-I' who was opposing Kungming, and orders to continue on the defensive, and not give his opponent any opportunity for fighting, he himself set out at the head of his army to oppose the new comers. Luckily for him, he had hardly arrived in their vicinity before his scouts captured one of their messengers who was carrying a dispatch to Sunkiuen the sovereign of Wú, in which his generals informed him of the whole line of conduct they intended to pursue, with a description of their plans, &c., &c. Having obtained this information of their intended movements, he instantly adopted measures by which he could disconcert them, and attacking the force unawares, defeated it in one or two engagements, so that the expedition was obliged to return without effecting anything.

In the meantime, Kungming had been doing his utmost to provoke Sz'má I' to a battle, and though he often highly incensed him by his insolence, still he could not force him to leave his camp. Whilst he was laboring under these and other disappointments, the news of the defeat of the army of Wú, and its subsequent return arrived. On hearing it, he fainted away, and though he soon revived, disease had taken hold of him, and he expressed his fears that he was about to die. His constitution had for sometime been gradually undermining from the arduous duties he performed, for there was nothing that he did not look after in person, from the affairs of state, down to the wants of the private soldier. It is no surprise then, that after he had gone on in this way for years without remission, that his health began to give way, and only required a shock like this to crush him at once into the grave. On the day that he received the fatal intelligence he took to his bed, and having moreover perceived by the stars that his end was approaching, he signified the same to his attendants. They at first tried to laugh it off, but perceiving that he was really serious, they became concerned, and begged him to employ prayer as a means for averting such a calamity. Kungming listened to their advice, and amongst other forms of supplication he lighted a number of lamps, amongst which was placed the one of his destiny; for it was so that if this continued burning for seven days without going out, it was a sign that his life would be lengthened, but if it was extinguished during that time, it signified that he would die. All arrangements being completed, he knelt down and prayed in the most pathetic terms, that he might be spared for a short time, in order to carry out the great work that he had begun, and fulfill the promise that he had made to his late prince. It was on account of his country that he made these supplications, and therefore he trusted that heaven would graciously listen to them, in order that the lives of the people might be saved, and the house of

Hán preserved. Having finished praying, he arose, and though he spit blood without cessation, and his sickness had arisen to an alarming height, he still attended to the ordinary affairs of the army throughout the day, whilst during the night he repeated the same ceremonies.

It should be observed, that Sz'má I' was also a star-gazer, and was enabled to foresee future events; and happening, just about the time when Kungming was taken sick to scan the constellations, he noticed that the star of his rival did not burn as clearly as usual, but with a dim and flickering light, by which he knew that he must be very ill, and could not remain much longer in the world. He was thereupon exceedingly glad, and to be still more sure he immediately dispatched an officer with a party of men to spy out whether it was indeed the case. Just as they arrived at the camp of Shuh, Kungming was in his tent at his devotions, which he had continued now for six days: his lamp still continuing to burn as brightly as ever, he began to cheer up, thinking that the danger had past, when a loud noise was heard outside the camp, and an officer hurriedly entered to report that they were attacked. At the same moment Kungming hastily turned round to return to his post, and not taking heed to what was spread out on the floor, he trod on the fatal lamp, and the light was instantly extinguished. Thus all his hopes were blighted, but trying to reconcile himself to his situation, he only sighed and said, "Our life and death are destined, and we can do nothing to avert our fate."

Knowing from this that it was the will of heaven that he should die, he forthwith began to prepare for that solemn hour; and having called all his principal officers together he delivered to each his dying commands, the most important of which were that they should continue to act under the old principles, and that the commander-in-chief, whom he then nominated, should employ the same old trustworthy generals that he had hitherto done, in whom he put most implicit reliance; that on his death, they should gradually retreat into their own land, and put off wailing and lamenting until their arrival there; for if done now it could only inform the enemy of his demise, and they would be instantly attacked; that if such should be the case, they should make up an image of him, in his usual dress, and put it at the head of the troops, which would strike consternation into the forces of Wei, and they would then obtain a complete victory. He also foretold some events that would soon come to pass, and left behind him in writing, the way in which affairs ought to be managed; he also gave over to those who were his most particular fiends the books which he had written during his life, together with some discoveries in archery, &c.

Having done this he sat down and drew up a long memorial to the emperor, in which he acknowledged his faults in not having conquered his enemies or given peace to the empire, for which he humbly begged to be forgiven; that it had ever been his most earnest wish to have done so, but that heaven had seen fit to put obstacles in the way, which he most sincerely regretted. In conclusion he exhorted him to follow the example of his august father, and always exert himself in giving peace to the land; but that if he wished to improve the manners of his people, he should advance the worthy and ever take care to banish the wicked from his person.

When this was received, the whole court was thrown into consternation, but nobody felt it more than the emperor himself, for he well knew that Kungming was the strongest support of his throne, which otherwise would long ago have been cast down. However, as he was very anxious to know somewhat of futurity respecting the kingdom, he instantly dispatched an old minister to go and make inquiries of Kungming what appearance matters would wear a hundred years hence, but on his arrival at the camp he found him already speechless. Presently, he again opened his eyes and seeing this minister by his bedside, said to him, I already know for what purpose you have come here. The minister said that he had received commands to come and ask him who could be intrusted with the great affairs of the empire, a century hence. The man was named: and who after him was the next question: another person was again mentioned. And who then? Kungming did not answer. Surprised at his silence all the officers advanced to look at him, and found that he had already breathed his last.

Thus ended the life of this statesman, in the 54th year of his age. He had always shown himself zealous in the affairs of the ministry, never failing to express his true opinions, and when he had taken upon himself to defend his country, and had sworn not to rest until he had freed it from its misery, he faithfully kept his word.

Though it occurred after our hero's death, it would perhaps not be out of the way to mention, that agreeable to Kungming's instructions, after his decease, the army of Hán was immediately set in motion on their return home. This being perceived by Sz'má I', he forthwith pursued them, concluding that this retrograde movement was in consequence of Kungming's death, and thinking that they would be dispirited by the loss of their leader, he expected to gain an easy victory over them. What then was his astonishment on coming up with them to find out that they were drawn up in order of battle to receive him, and that at their head should be no less a personage than Kungming himself (at least so he thought). The total defeat of the army of Wei then followed, after which that of Hán quietly, returned to its own territory, where the troops buried their general, and then gave vent to their lamentations. The whole court went into mourning, and there were none, who did not weep as if they had lost a father.

中文回译：①

孔明评论——《三国志》中的一位英雄

孔明这一著名人物是《三国志》（*San Kwóh Chí*），或曰《三国史》（*History of the Three States*）中记载的最伟大的英雄，该著是迄今最优秀的中国故事（tale）之一；想想吧，至今它已问世六百年之久，如果不能说它比13世纪或后来的英国小说更加优秀，我们或许也可以说它们不相上下。中国人给予这部作品极高评价，这可以从他们对该著的反复阅读上看出来，由于某些章节确实写得很好，中国人也确实有理由去反复阅读这些章节；下面我们对这些章节做了些评论，在我们看来，这是最值得注意的内容。在开始讲述我们的英雄的最终结局之前，或许最好不要错过介绍他辉煌一生中的几个细节。故事是这样开始的，孔明早年闲居林泉，喜欢云游四方，尽管天资超逸，却宁愿伏处

---

① 王燕，《19世纪〈三国演义〉英译文献研究》，北京：中国社会科学出版社，2018年，第172–180页。

僻壤，安于乡野生活也不愿参与国事；但是，后汉的统治者玄德（Hiuente），一位英勇无畏、道德高尚的君主，当时正在海内广求贤士，他听说了孔明的英名，于是亲自寻访。时值隆冬，地上积雪很厚；尽管如此，在几位心腹的陪同下，这位君王仍然前去寻访；经过长途跋涉，终于到达了孔明的庐舍，却很失望地发现他并不在家，由于留在家里的人不知道他的去向，他们被迫立刻返回。但是玄德招贤纳才的决心不会那么轻易受挫，他决定再次前往其隐居之地进行拜访；此后不久，在一个同样严寒的天气，他们再次为此出发，但像上次一样无功而返。后来，他们推迟此事，直到来年的春天，那时他正为征服吴、魏两国而做全面部署（当时帝国一分为三，魏、吴和汉，或称为蜀，每个国家都想征服另外两个），此时，玄德比任何时候都更需要妙计良策，所以他下定决心再次寻访这位大贤，因为有人说他是天下最智慧的圣人。幸运的是玄德发现孔明在家，告诉他来意后，玄德便请孔明跟他一道回京，但孔明更喜欢寒舍的闲静，而非庙堂的喧嚣，因此，蜀王花了些工夫才使孔明最终同意了他的恳求，玄德喜出望外，与孔明一同返回。

之后，玄德与他的敌人开始了一场大战，孔明从旁辅佐，所有重大事件都向他征求政见，他的神机妙算使战争大获全胜；的确，我们的英雄所做的每件事，都给他的主公带来了胜利，通观全书，几乎无一例外。但是玄德在一系列胜利后，走上了所有血肉之躯或早或晚都必然要走的那条路，他步入了人生终点。病榻之侧的这段文字最为感人，描写优美，他委任孔明摄政，并让他发誓继承伟业，直到生命的最后一息都要尽力统一帝国，他把家国大业托付给孔明后，便气绝而亡。

孔明现在被迫承担起这一真正沉重的重担，国家的政权交到了他的手里，国家的命运也全部仰仗于他，不过，既然得到了先王的信任，他就下定决心要鞠躬尽瘁、履行职责，他的胆略、才智和能力，很快得到了考验。吴、魏得知玄德已故，而他的儿子又是一个愚笨的君主，遂认为这是一个彻底摧毁摇摇欲坠的汉室的绝好机会；为确保成功，他们召集了一些蛮族部落前来援助，以帮助他们从各个方向同时发动进攻。在安排好战事、下达完命令后，他们立刻穿过边境，开始了一场歼灭战；孔明在稍作延迟后，集中起所有兵力，分成几队人马各自执行任务，他自己则亲自带领一支队伍进军蛮族；不仅降服了他们，还通过慷慨、仁慈的实际行动，使他们站到了自己这边。针对反复无常的吴王，他派了一名一直以来战无不胜的使者前去游说，让他站到了对自己有利的一方，现在就只剩下与魏国对抗了，他此时全力以赴，甚至攻入了魏的地盘。但是，由于委以重任的某些官员的错误之举，他没能像往常那样好运，他几乎被敌军包围，连后路也被掐断了；即便身陷险境，他也没有失去一贯的沉着冷静，尽管敌人知道如何围剿，但孔明却破坏了他们的所有方案，并且最终安全地撤回蜀汉，没失一兵一卒。

之后，因处理失当，被迫撤退，孔明向君主请罪，获得恩准后，他被降级；但旋即官复原职，调集另一军队举兵伐魏，他被任命为统帅。听说蜀汉来犯，魏王曹睿（Tsáujui）调集兵力，任命司马懿（Sz'má I'）为统帅，他是一位勇猛老练的将军，在前次战斗中刚与孔明交过手，曹睿派他出兵，命其占据要塞和山中关隘，加强防御，但绝不应战；据他推测，蜀军的粮草很快就会消耗殆尽，在他们主动撤退时再行进攻会更加有利。最终证明情况确实如此，因蜀军粮草供给不足，孔明诱敌应战的所有努力一一落空，他们不得不违心地撤退，然而，让魏军恼恨的是，由于撤退组织得相当严密，蜀军毫发无损地完成了撤兵。

但是撤兵只是告一段落，孔明一旦为军队准备好了常规补给，而且在吴国同意从另一方向攻打魏国后，一直渴望去履行先主嘱托的孔明，就再次奉命出发了。敌军采取了与此前一样的战术，但是尽管他们有所防范，孔明通过挑战，还是使他们出战了几次，只是他们从来没有被打得损失惨重过；尽管孔明也占领了敌军的几个城池，但他们也还没有虚弱到被迫放弃固守的战营的地步。但是，想到这样有可能逐渐拖垮敌人，孔明就以更大的热情继续推进自己的军事行动，可是，当胜利即将来临以奖励他所付出的诸般努力的时候，他却接到一纸诏令，让他立即返回京城。

由于诏令来自君王，他必须遵从，所以无论怎样违背初衷，他都被迫放弃自己唾手可得的胜利。因为缺乏能够委托其带军的有经验的将军，撤退是明智之举，所有的人都撤回了他们自己的领地。这时，他发现一位朝臣诽谤他，说他要谋权篡位；君王听信了谗言，召他回朝解释自己的行为。在证明了指控全属捏造后，孔明重获荣誉，再次率兵远征。可是尚未出发，就又接到情报，说吴国非但没站在蜀汉这边，反而投靠了魏国，正带着无数兵力打来。

由于担心遭到围攻，而且考虑到所有兵力仅足以保住国土，他再次撤回蜀汉。此时，孔明发现这是一个陷害自己的骗局，由此倍感屈辱。原来这是运送补给的官员延误了他的部署，于是利用上述诡计召回了军队。当诡计被揭穿时，这位官员的不忠不义之举遭到了严厉惩罚，原因是他只顾一己之私而不顾国家利益。孔明一刻也没有忘记他对先帝许下的诺言，而今又开始精神抖擞地为下一场战役做准备，尽管后主要求他稍事休息，也让国家有一段太平日子，他却拒绝了。他说："我受先王知遇之恩，发誓竭力尽忠，使贼人服从汉室统治，大业未成，我不会稍事休息。我已经多次出兵讨伐叛军了，至今也还只是取得了部分胜利；所以现在我向圣主发誓，不把他们彻底消灭，誓不再见，大业不成，誓不再还。"他忠实地持守着自己的誓言。情势而今出现了某些好转，毫无疑问，事实证明吴国已调集大军，抵达魏国边境；孔明怀着双倍热情再次奔赴使命，也再次离乡去国，此行却再没回来。

敌军一旦发觉蜀军在酝酿又一次进攻，便立即使国家进入了战备状态，并像以前那样坚守不出；所以，等蜀军兵临城下时，他们找不到可以与之对阵的敌人，只有一人需要对付，但这人需要他们的最高将领使出浑身解数。孔明的计划是通过辱骂或别的手段千方百计诱敌出战，他确信那样能够把敌人一举歼灭；然而，在另一方面，魏军的统帅根据以往的经验很了解对手的才智，因此，保住自身的安全，并逼迫敌军撤退的唯一办法，就是保持警惕，并继续安静地留在战壕里。

尽管魏军的统帅很机警，但还是经常上孔明的当，只是孔明还无法万无一失地彻底消灭对手的全部兵力；因为我们的英雄拥有魔力，经常施出奇招，有时使其对手无计可施，几乎把他们吓个半死。有一次，驮畜的所有饲料，以及士兵的所有供给，都需要从数里之外远来，途经一处山地，靠近魏营。其艰难险阻几乎阻断了军用物资的运输，殃及几十万人，由此孔明决定制造木牛木马，这些木牛木马利用特殊的机关便可发动起来，这样它们就像真正的牛马那样能走能跑。孔明发现这些木制动物非常方便，因为它们很好地满足了制造它们的目的，这不但使孔明因此而获得了常规物资，而且更有利的是，他的这些运输工具还不会消耗它们所运送的物资。在诱敌深入时它们也很有用，一直在窥探孔明的人获悉了他的新发明，也想拥有这些如此有用的牲畜。因为他们没有一个样品，自己又制造不出来，于是决定埋伏起来，等它们经过时截获一些。探子将此事报与孔明，这并没有超出他的预料，他已为此做好了充分准备,还埋下了伏兵,使敌人损失惨重。然而,在讲求实际的时代,我们认为故事的这部分内容会让人觉得太过离奇,不足为信。我们在一个地方得知,机器的核心部分在舌头上。一次,当一群木牛木马被魏兵紧追猛赶时,随军士兵扭动了它们嘴里的机关,这时木牛木马就停了下来,寸步不行,对捕获者而言毫无用处。

正在这时,大批吴军越过边境,根据吴蜀双方的盟约袭击魏国,魏王被突如其来的灾难震撼,决定立即调集所有能够召集的兵力进行反击;并给他的将军司马懿派遣了增援部队,司马懿当时正与孔明作战,魏王命他继续坚守不出,不要给对手以任何交战机会,然后他御驾亲征,率军反击新来的敌军。幸运的是,魏王尚未抵达交界之处时,侦察兵就擒获了一名给吴王孙权(Sunkiuen)送信的信使,信中有将领们提供给吴王的打算采取的所有行动方针和详细计划等。得到吴军的动向后,魏王立即采取了破坏措施,出其不意,攻其不备,一两个回合就打赢了,所以,吴国的这次远征不得不无功而返。

同时,孔明一直在想尽办法引诱司马懿出战,尽管孔明的侮辱常常激怒司马懿,却不能逼其出营。当孔明正在为搦战及其他令人沮丧的事情操劳伤神时,他又收到了吴军战败、随即撤军的消息。刚一听说这一消息,他便昏厥过去,尽管很快醒来,却已诸病缠身,他开始担心自己死期降至。孔明的身体长期以来已被繁重的公务逐步淘空,上至国家政务,下至军士需求,他无不亲力亲为。如此这般持续多年,不得缓解,孔明的身体由此开始变得衰弱也就不足为奇了,只需一次这样的打击,就可以让他立即走进坟墓。收到致命情报的那天,他倒在了床上,而且,他还通过星相观测到他的大限将至,他把这一预测告诉了侍从人员。众侍从最初想一笑置之,却发现孔明确实病情严重,由此才变得重视起来,他们恳求孔明通过祷告(prayer)来避免此难。孔明听从了他们的建议,在做了一番祈祷后,点起若干灯,其中一盏代表着他的命数;如果这盏灯能够持续燃烧七天不灭,就预示着他的生命会延长,但是如果中间灭了,就预示着他会死去。一切安排妥当后,孔明跪下,以极尽悲哀的语言祈祷说,为了完成自己业已开始的伟业,实现他对先帝许下的承诺,祈求上天多给他点时日。他做祈祷是为了国家,所以,为了挽救百姓的生命,保住汉室,他相信上天会仁慈地聆听他的祷告。祈祷完后,他站起来,尽管吐血不止,病入膏肓,仍然整日处理军中的日常琐务,晚上则重复同样的仪式。

需要注意的是，司马懿也是一位星相家，并能预测未来之事；正当孔明带病观测星相的时候，司马懿发现对手的星暗淡摇曳，不像往常那么明亮，据此得知孔明定然病得很重，将不久于世。由此喜出望外，为了进一步确定这一情况，即刻派遣一名官员带上一帮人前去探听虚实。当他们到达蜀营时，孔明正在帐中祈祷，而今他已持续祈祷了六日；他的灯仍然明亮如故，他开始振作起来，以为能躲过这场劫难，这时只听营外一片嘈杂，一名官员匆匆入帐禀报被袭之事。孔明匆忙转身回座，没有注意到地上摆放的东西，一脚踏上了那盏致命的灯，灯光瞬间熄灭。如此一来，他所有的希望都破灭了，只得努力安抚自己面对现实，他叹口气说："我们的生死有定，我们的命运不可改变。"

知道天意如此，他将不久于世，孔明即刻开始为这一庄严时刻做准备；将所有重要将领一起召集来后，他逐一交代了自己的遗命，其中最重要的是他们应该继续遵照旧制行事，他随后任命的统帅，也应该像他一直所做的那样，任用同样一批值得信赖的老将，也是孔明绝对信任的人；他死后，他们应该逐步撤回本国，含悲忍泪直至抵达国内；因为如果现在哀悼只会告诉敌人他的死讯，他们必会立即出击；假若果真如此，他们需要制作一尊孔明的雕像，穿上他平时所穿的衣服，置于阵前，可使魏军望而生畏，然后他们可以全身而退。他还预言了一些即将发生的事情，并在其身后写下了如何处理这些事务的方式；又将毕生所写书稿，以及他在连弩等方面的一些发明，交付给了他最特殊的友人。

这之后，他坐下来给皇帝写了一纸长文，上表皇帝，承认自己的错误在于既没能克敌制胜，也没能保国太平，为此他谦卑地乞求得到宽恕；尽管这曾是他最想完成的热望，但上天却在这条路上设置了障碍，使他感到无比遗憾。最后，他劝后主要以他威严的父亲为榜样，永远努力为社稷谋太平；但是如果他想厚民风、促教化，就应推举贤良，摒弃奸邪。

后主收到表奏后，朝廷上下一片震惊，后主尤为惊慌失措，因为他很清楚孔明是其王位的最有力的支持，否则他早被推翻了。然而，由于他急于知晓关乎国家未来的事情，于是立即派遣了一名老臣前去询问孔明今后百年将会发生的事情，但当老臣赶到营帐时却发现孔明已经不能说话了。过了一会，孔明再次睁开眼，看到大臣立于身边，对他说道，我已经知道您的来意了。大臣称他奉命而来，想问孔明今后百年国家大业可交付与谁。孔明道出一人。这之后呢？大臣又问，孔明又道出另一人。再以后呢？孔明没再回答。所有官员因为他的沉默而感到惊讶，上前看时，发现他已经咽下了最后一口气。

这位政治家就此结束了他的一生，享年54岁。他一生勤于政事，言行磊落，自从担负起保卫国家的重任，就立下誓言，国不太平，绝不休息，他忠实地信守了这一诺言。

尽管以下这些事情发生在我们的英雄死后，但在此略作陈述或许也不会离题太远。孔明死后，遵照他的遗命，汉军即刻开始拔营撤退。这一动向被司马懿察觉，他立即驱兵追赶，因断定撤军行动乃是孔明已死的结果，又想到他们因痛失统帅而意气消沉，所以他希望能够轻易取胜。然而令他震惊的是当他追上汉军时，却发现他们正严阵以待，位列阵首的不是别人，正是孔明（至少他是这么想的）。魏军随即被彻底击败，此后，汉军悄然撤回国内，安葬了他们的统帅，并且抒发了他们的哀悼之情。朝廷上下，为之哀痛，众皆落泪，如丧考妣。

三、 张磊夫节译 《资治通鉴第六十五卷·汉纪五十七》（*The Last of the Han*：*Being the Chronicle of the Years 181 – 220 A. D. as Recorded in Chapters 58 – 68 of the Tzu-chih T'ung-chien of Ssu-ma Kuang*：Chapter 65）[①]

Before this, Chu-ko Liang of Lang-yeh had been living at Lung-chung in Hsiang-yang. He always compared himself to Kuan Chung and to Yüeh Yi, but at that time there was no-one who would agree with him except Hsü Shu of Ying-ch'uan and Ts'ui Chou-p'ing. Chou-p'ing was a son of Lieh.

Liu Pei was in Ching Province, and he asked Ssu-ma Hui of Hsiang-yang about scholars. Hui said: "The Confucianists and ordinary scholars, what can they know about the important affairs of the day? To know about the important affairs of the day, that is limited to the exceptional men. In this place we have a hidden dragon and a young phoenix." Pei asked who they were. Hui said: "Chu-ko K'ung-ming and P'ang Shih-yüan [i. e. P'ang T'ung]." Hsü Shu saw Pei at Hsin-yeh, and Pei held him in high regard. Shu said to Pei: "Chu-ko K'ung-ming is a dragon at rest, would you like to see him?" Pei said: "Can you bring him with you?" Shu said: "This man you go and visit, you don't force him to visit you. You must be prepared to attend him yourself." So Pei went to Liang, and he had to call three times before he was allowed to see him. Then he sent his attendants away and said: "The Han house is almost gone and an evil minister is stealing the mandate. Taking no count of my poor virtue, nor my feeble strength, I wish to extend true justice to the empire. But my wisdom and cleverness are shallow and short, so I have acted wildly and hastily. I have had many failures and now I have come down to this. Even so, my hopes are not ended. Can you say if I will ever be successful?" Liang said: "Ts'ao Ts'ao has an army of a million men, and he holds the Son of Heaven and so

---

[①] Rafe de Crespigny, *The Last of the Han: Being the Chronicle of the Years 181 – 220 A. D. as Recorded in Chapters 58 – 68 of the Tzu-chih T'ung-chien of Ssu-ma Kuang*, Canberra：Australian National University, 1969, pp. 249 – 250.

commands the lords. You are no match for him. Sun Ch'iian occupies the east of the Chiang, and three of his family have held that power already. The terrain is difficult, the people are loyal, and he has worthy and able men in his service. You can join with him for help, but you cannot make plans against him. The north of Ching province holds the vital points on the Han and the Mien, and it stretches down to the southern sea and gains tremendous profit there. In the east it joins with Wu and K'uai-chi, in the west it reaches to Pa and Shu. This is a country which is valuable in war, and yet its master cannot hold it. It is almost as if Heaven gave it to you. Yi Province has difficult borders, a thousand li of fertile lands, and a soil which is the treasury of Heaven. Liu Chang is dull and weak and Chang Lu holds the north. They have many people and a prosperous country, yet they show no sympathy for their subjects. All the wise and able men will be dreaming of a benevolent ruler. You are yourself a descendant of the Han house and your sense of loyalty and honour are known to all the world. If you bestride Ching and Yi, hold their strategic passes; if you deal well and peacefully with the barbarians of the east and south and make alliance of friendship with Sun Ch'iian; if you keep order and government inside and watch for the changes in the rest of the empire: then the work of a hegemon may be achieved and the house of Han can rise once more." Pei said: "Excellent!" and his affection for Liang became closer every day. Kuan Yu and Chang Fei were jealous, but Pei explained to them: "I need K'ung-ming like a fish needs water. Please do not mention the subject again." So Yü and Fei gave up.

中文回译:①

此前，琅琊诸葛亮一直住在襄阳隆中，他总是把自己比作管仲、乐毅，但当时除了颍川徐庶与崔州平，没有人同意他的说法。崔州平是太尉崔烈的儿子。

刘备在荆州时，曾向襄阳的司马徽打听贤士的情况。司马徽说："儒者与凡士，怎知天下之大事？欲知天下事，唯奇士而已。"在此地，有一卧龙和一

---

① 该中文回译为笔者自译。

凤雏。刘备问他们是谁？司马徽说"诸葛孔明，庞士元【即庞统】。"徐庶在新野见到刘备，刘备很器重他。徐庶对刘备说："诸葛孔明是一韬光养晦的龙，您想见他吗？"刘备说："您可否为我引见？"徐庶说："此人需您前去见他，不可强迫他来见您。您得亲自前去登门造访。"于是，刘备去拜访诸葛亮，前去了三次他才见到诸葛亮。然后他打发走随从说："汉室将倾，奸臣窃命。我虽德薄力弱，却欲为天下匡扶正义。奈何智谋浅短，草率妄为。我屡遭失败，如今落得此番下场。即便如此，我的希望仍未破灭。您说我能否成功？"诸葛亮说："曹操拥兵百万，挟天子以令诸侯。您不是他的对手。孙权世家三代以来一直占据江东。这里地形复杂险要，百姓忠心归附，而且他手下不乏能人异士。您可以与之联合，寻求帮助，但不能对他图谋不轨。荆州扼汉、沔要冲，南通南海，其利可图。东接吴、会，西达巴、蜀。此地在战争中价值连城，但其主人却无法守住它。此乃天之所赐。益州疆域险要，沃野千里，乃天府之国。刘璋昏庸，张鲁据北。他们人口众多，物产丰富，却不体恤百姓。所有贤能之士都渴望有一位仁慈的君主。您是汉室后裔，忠义之心天下皆知。如您能驾驭荆、益，扼守其战略要地，并与东边和南边的蛮夷人和平相处，与孙权结成友好同盟，整治内政，并关注治下属地其他变化：那么霸主的事业就有可能实现，汉室就能得以中兴。"刘备说："好极！好极！"于是刘备对诸葛亮的好感与日俱增。关羽和张飞很嫉妒，但刘备向他们解释说："我需要孔明，就像鱼需要水一样。请不要再提及此话题。"于是关羽和张飞就此作罢。

四、 高德耀《皇后与嫔妃：陈寿〈三国志〉裴松之注选译》(*Empresses and Consorts: Selections from Chen Shou's Records of the Three States With Pei Songzhi's Commentary*) 序言

This volume is the result of a long-standing mutual interest in the Han and immediately post-Han periods. Although the idea for this book came much later, we first met at the University of Washington, where history and literature students habitually invaded each other's disciplines with relative impunity. During a conversation in Madison, Wisconsin in the summer of 1985, we decided to identify a project that would lend itself to being undertaken jointly by two people with separate interests in literature and social and economic history and a shared love of classical Chinese texts. The fascicles devoted to empresses and consorts in *Records of the Three States* presented themselves as an obvious choice, for in addition to meeting these criteria, they offered a sampling from each of the three divisions of the text and dealt with a common theme. We also had in mind a complete translation of *Records of the Three States*, and it seemed to us that this initial publication would provide an opportunity to test ideas and approaches, as well as to seek criticism that could guide us in the larger work. Finally, we thought that translating these fascicles would serve as a tribute to the women in our own lives, to whom this effort is dedicated. Would that the project could have been carried out under such circumstances as we enjoyed in our graduate student days! Instead, we have contrived to work separately in places as scattered as Bamako, Beijing, Boise, Boulder, Falls Church, Hong Kong, Madison, Reykjavík, Sarajevo, Shenyang, Taipei, and Yuma, with only a handful of opportunities to work briefly together in any of these cities.

While the three fascicles and prolegomenon offered here deal with issues relating to women during the Three States period, it has not been our intention to write a history of women. Such a history is unquestionably needed, and *Records of the Three States* contains much valuable information on third-century Chinese society. We can only hope that we have made the way a bit smoother for those better qualified than we for such an undertaking.

We have benefited from the help and guidance of many. Among those who have read and commented on all or portions of the manuscript at various stages in its development are Jeff Howard, Hsing I-tien, David N. Keightley, William H. Nienhauser, Jr., Melvin P. Thatcher, and Stephen H. West. We would especially like to thank Rafe de Crespigny, Albert Dien, Anne Kinney, and David Roy. Their wise and generous counsel immeasurably improved the final work. Where we failed to heed that counsel, and the work has consequently fallen short, we are of course to blame. Others who offered guidance or information include Ho Tze-chuan, Ch'en Shun-cheng and Lü Zongli. Their help was critical to enlightening us on specific points. J. Michael Farmer assisted with computer-related questions and ran the character count that appears in Appendix II. Francis Stanton of Eagle Eye Maps crafted the maps. We are also grateful to the Vilas Foundation and the Graduate School Research Committee of the University of Wisconsin-Madison for their financial support, to Patricia Crosby of the University of Hawaii Press for her advice and encouragement, and to our editors Victoria Scott and Masako Ikeda for their careful reading and helpful suggestions.

A special expression of gratitude is due our mentors in classical Chinese language and literature, especially Father Paul L-M Serruys and David R. Knechtges. Father Serruys imbued us with an appreciation of the importance of rigor in reading and understanding classical Chinese, while Professor Knechtges showed us that such rigor should not be incompatible with an elegant rendering into English that conveys a sense of the beauty of the original. We cannot claim to have achieved their standards, but as Father Serruys would say, "Even a cow can catch a rabbit sometimes." We hope these pages contain a bunny or two.

In closing, we wish to express our gratitude to three gentlemen whose contributions have greatly influenced our efforts and whose example will be sorely missed as our work continues. The writings of Professor Miao Yue on the Three States era are well known and widely appreciated. Perhaps less well known are his generosity with foreign scholars and his interest in their understanding of the literature of the period. As is obvious from the Notes, we are beholden to him not only for his own contributions but also for those of the scholars he trained. Similarly, the Notes reveal our debt to Achilles Fang and his translation of those portions of the *Comprehensive Mirror for Aid in Governing* (*Zizhi tongjian*) concerned with the Three States. The passages from Records of the Three States translated in Fang's work have often proved valuable. Finally, it is with gratitude, and sorrow, that we note our indebtedness to Jack L. Dull, whose high standards, ever-questioning mind, and deep sense of integrity have informed this effort. Demanding teacher, valued colleague, and cherished friend, he is greatly missed.

中文回译：①

　　这本书是我们长期研究汉代及其末期的结晶。尽管这本书的构思产生较晚，但我们俩最初相识于华盛顿大学，学校里历史和文学专业的学生能经常自由涉猎彼此的学科。1985年夏天，在威斯康星州麦迪逊的一次谈话中，我们决定选择一个适合由两个人共同完成的项目。虽然我们一个对文学感兴趣，另一个对社会经济史感兴趣，但都对中国典籍有浓厚的兴趣。《三国志》中关于皇后和妃子的篇章是不错的选择。因为除了满足以上条件，来自原文本的三个不同章节都围绕一个共同的主题。我们还考虑将《三国志》全文翻译成英文，我们认为首次出版将提供一个机会来检验各种想法并寻求批评意见，以便在更大的项目中为我们提供指导。最后，我们认为翻译这些篇章是在致敬我们自己生活中的女性，我们所做的努力就是为了她们。我们曾期望这个项目能在我们研究生时代那种愉快的环境中进行，但事与愿违，我们不得不在巴马科、北京、博伊西、博尔德、福尔斯教堂、香港、麦迪逊、雷克雅未克、萨拉热窝、沈阳、台北、尤马等地分别工作，只有少数几次机会可以在这些城市短暂合作。

　　虽然本文提供的三个篇章和序言涉及三国时期与妇女有关的问题，但我们无意撰写一部妇女史。毫无疑问，我们需要这样一部历史，而《三国志》包含许多关于三国时期中国社会的宝贵信息。我们只能希望为那些比我们更有资格从事这项研究的人铺平道路。

---

　　① 该前言中文部分为笔者自译。

我们受益于许多人的帮助和指导。Jeff Howard, Hsing I-tien, David N. Keightley, William H. Nienhauser, Jr., Melvin P. Thatcher, Stephen H. West 等人在我们写作的不同阶段阅读了全部或部分内容并提出了意见。我们特别要感谢 Rafe de Crespigny, Albert Dien, Anne Kinney 和 David Roy, 他们睿智而慷慨的建议极大改进了最终作品。当然，如果我们没有注意到这些建议，导致作品有所欠缺，我们也难辞其咎。其他提供指导或信息的人包括何兹全、陈顺成和吕宗力。他们的帮助对我们在具体问题上的启发至关重要。J. Michael Farmer 协助解决了与计算机有关的问题，并对附录Ⅱ中的字符进行了统计。鹰眼地图公司的 Francis Stanton 制作了地图。我们还要感谢威斯康星大学麦迪逊分校维拉斯基金会和研究生院研究委员会的资助，感谢夏威夷大学出版社的 Patricia Crosby 的建议和鼓励，以及我们的编辑 Victoria Scott 和 Masako Ikeda 的仔细阅读和有益建议。

我们要特别感谢我们在古典汉语语言和文学方面的导师，尤其是 Paul L-M Serruys 神父和 David R. Knechtges 教授。Serruys 神父向我们灌输了严谨阅读和理解中国古典文学的重要性，而 Knechtges 教授则告诉我们，这种严谨不应与优雅的英文译文相抵触，英文译文应传达出原文的美感。我们不能声称译文已经达到了他们的标准，但正如 Serruys 神父所说，"即使是一头牛，有时也能捉到一只兔子"。我们希望这本书的某些章节包含一两只"兔子"。

最后，我们想对三位先生表达我们的感激之情，他们的贡献深深影响了我们的成果。缪钺教授关于三国时代的著作众所周知，备受赞誉。不过他对外国学者的慷慨之举和对了解三国时期文学的浓厚兴趣却鲜为人知。如注释所示，我们不仅感谢他本人的贡献，还要感谢他所培养的学者的贡献。同样，我们也感谢 Achilles Fang 对注释的翻译以及《资治通鉴》中三国部分的翻译，其对《三国志》中的段落翻译非常有价值。最后，我们非常感激 Jack L. Dull, 他的高标准、一丝不苟和深厚的正直感使这项工作得以实现。我们非常怀念这位严格的教师，我们敬爱的同事和可贵的朋友。

五、索耶等的《诸葛亮战略》(Zhuge Liang: Strategy, Achievements, and Writings) 前言

When writing about Chu-ko Liang (Zhuge Liang), the question immediately arises: Which of his many manifestations should be the focus? The remote, rather aloof figure that appears in the earliest historical works; the prominent architect of Liu Pei's survival and Shu's policies as recounted in Ssu-ma Kuang's well-pondered synthetic history, the *Tzu-chih Tung-chien*; the brilliant strategist featured in street-side tales; the savant depicted in outlandish stories; the esoteric thinker who supposedly conceived at least two prognosticatory methods; the powerful but darkly shrouded tactician who emerges as the realm's most knowledgeable practitioner of real politics in the Ming dynasty novel known as the *San-kuo Yen-yi*; or any of the heroes found in contemporary action comics or even Internet compendia.

Chu-ko Liang continues to enjoy an enormous reputation, even reverence, and is often deemed China's greatest strategist, more than the equal of the T'ai Kung, Sun-tzu, Sun Pin, Chang Liang, or Liu Po-wen (Liu Chi), all of whom were instrumental in founding dynasties or preserving states. Moreover, befitting his tactical wisdom and acumen, he is credited not just with battlefield innovation, but also with the authorship of important martial works that fall well within the continuous tradition of Chinese military science literature that commenced with Sun-tzu's *Art of War* and includes Sun Pin's *Military Methods* and the T'ai Kung's *Six Secret Teachings*.

In concluding his biography of Chu-ko Liang in the *San-kuo Chih*, Ch'en Shou (233-297) indicated that he had compiled a separate work consisting of twenty-four chapters of what he deemed were the best of Chu-ko Liang's writings, and even listed the section titles. This volume was unfortunately lost within a few centuries, and current attempts to understand what Liang actually composed invariably have recourse to Chang Shu's (張澍) Ch'ing dynasty synthetic work, the *Chu-ko Chung Wu-hou Wen-chi* (諸葛忠武侯文集). Chang included the *Chiang Yuan* and *Pien Yi* commonly attributed to him and assiduously called numerous sentences and paragraphs from the various books, commentaries, and compendia (such as the *Tai-p'ing Yü-lan*) that had appeared over the centuries whenever Liang was cited as the speaker or the contents seemed to be closely associated with him.

Not unexpectedly, rather than uncontested, some of his choices have been considered dubious; others have been totally rejected, prompting acrimonious debate over their veracity. Ever since the *Chu-ko Chung Wu-hou Wen-chi*'s initial circulation, Chu-ko Liang aficionados who decried the omission of many materials that they consider highly valid or otherwise representative have also produced a number of extensive works of varying reliability and academic competence. (A few of their selections are now included in the basically definitive *Chu-ko Liang Chi* 諸葛亮集), originally published by the Chung-hua Shu-chü in 1960 and slightly revised in 1974.) In addition, the numerous secondary works and contemporary vernacular translations that began to appear several decades ago have rapidly multiplied in recent years, resulting in both scholarly studies and wildly speculative expansions of his ideas and purported creations.

We basically undertook this work in response to numerous requests over the past two decades to provide a relatively comprehensive translation of his military writings. Being only partially cognizant of the difficulties besetting them, at the outset our intent was simply to follow the model previously employed in my version of the *Tai-pai Yin-ching*'s strategic chapters (recently published under the title *Strategies for the Human Realm*): a minimal introduction that makes no attempt to ponder the era's political and military issues, but the inclusion of brief analytical and historical comments to explicate the contents of the individual chapters. However, it quickly became apparent that Chu-ko Liang's martial thoughts are not confined to his purported writings but must be winnowed out from his memorials and sought in his activities and accomplishments.

Ch'en Shou's twenty-four titles indicate that he ranked several important memorials and missives among Chu-ko Liang's essential writings, and most compilations include them today. In consonance with his appraisal, in addition to all the passages found in the first Ch'ing dynasty compilation (ranging from the *Chiang*

Yüan through *Pien Yi* and *Tai-ping Yü-lan* fragments), we have translated the important military memorials embedded in the *San-kuo Chih* and a number of other letters and apparent contemplations. As is my usual practice, I have appended a few footnotes to explain various items in the text, and also added some brief comments to explicate certain passages and relate the contents to the classic military writings that preceded him and had by then become the foundation of military knowledge.

However, I have refrained from providing extensive translations of previous works, since they are readily available and would unnecessarily increase the bulk and expense. Moreover, since this book is intended for a broad audience rather than the handful of Sinologists who have an interest in military writings, unlike in my version of Sun Pin's *Military Methods*, neither textual emendations nor translation notes are included. Because most of the materials are self-explanatory, I have also refrained from offering a lengthy analytical (and necessarily artificial) introduction. Nevertheless, in conjunction with the succinct historical overview, the somewhat irregular comments provided to the various passages will hopefully be adequate to allow readers to study the contents of Chu-ko Liang's probable writings and draw their own, however contradictory, conclusions.

Achieving any understanding of Chu-ko Liang's thought requires at least a cursory examination of the historical context and the significant developments that directly affected his life and undertakings. However, it was not our intent to write a military history of the period, even though one continues to be lacking in English. Therefore, despite their often intriguing nature, neither collateral events nor many fundamental military, political, and economic issues have been pursued. Although numerous specialized articles, historical works, and military histories in Chinese and Japanese have been consulted, just as all the secondary works published to date (including the 三國軍事史 in the modern 中國軍事通史 series), the brief historical introduction and my examination of Chuko Liang's strategic and command achievements are primarily based upon the *Chronicle of the Three Kingdoms* (三國志 *San-Kuo Chih*), compiled by Ch'en Shou about 274 CE and thus within a few decades of Chu-ko Liang's death, reportedly from records and memorials still extant in Chin's archives.

It should be noted that being a Chin official—Chin being the name of the successor state that evolved from the Han through Ts'ao Ts'ao's state of Wei—Ch'en Shou did not escape the need to express a certain perspective. Chin's subjugation of the realm had been based upon Ts'ao Ts'ao's emergence as well as his role as the forceful architect of the debilitated Han's evolution. Chu-ko Liang's campaigns are therefore described in terms of Shu's "bandits" and "brigands" making incursions into the Han because only the north qualified as a legitimate power, whatever Ch'en's personal appraisal of Chu-ko Liang and even Liu Pei.

The brevity of many *San-kuo-Chih* depictions requires that the information be supplemented by P'ei Sung's commentaries (completed about 429 CE) and other information found in the definitive Sung dynasty edition of the text. Further cognizance has been taken of Ssu-ma Kuang's chronologically synthesized account in his massive *Tzu-chih T'ung-chien* (资治通鉴), because it not only integrates all the foregoing material but also provides additional insights and a dramatic retelling that merits reading in its own right. Remarkably, although it was soon accorded imperial sanction and support, rather than an official compilation undertaken by a staff of historians within the government itself, the *Tzu-chih T'ung-chien* was the private project of a dedicated Sung dynasty scholar, Ssu-ma Kuang, which required some twenty years to complete before being formally presented to the emperor in 1084 CE.

Generally rendered into English as *Comprehensive Mirror for Aid in Goverment*, the *Tzu-chih Tung-chien* chronicles the period from 403 to 959 CE in an essentially continuous narrative sweep that was intended to integrate what Kuang (司马光) and his three main scholarly assistants felt to be the most reliable accounts for each event. In contrast, the now well-known dynastic histories (including the *San-kuo Chih*) disperse the contents among basic annals, biographies, and specialized treatises, making it difficult to envision all aspects of particular events, including context and precursors, without consulting many sections and mentally integrating them.

Ssu-ma Kuang (司马光) and his associates scrutinized hundreds of sources ranging from dynastic and official records through personal accounts and general writings, many of which are now lost. Although they subjected them to rigorous examination and applied standards that emphasized probability and consistency, the work probably has not escaped certain prejudices stemming from Kuang's conservatism and strong adherence to Confucianism beliefs, including a generally negative attitude toward martial power and a consequent tendency to emphasize the role of wisdom in wresting victory. Nevertheless, as might be expected, since the history of China is essentially a history of warfare, much of the *Tzu-chih Tung-chien* is devoted to military activity, and it preserves a very comprehensive account of the Three Kingdoms period that transcends the *San-kuo Chih*'s annalistic fragmentation. (As has long been my practice, even though I lack the precision and perspicaciousness of my early teacher, Dr. Achilles Fang, rather than simply summarizing or paraphrasing, I have included lengthy translations from the text, in the belief that readers are best served by access to the original material.)

It should be noted that much of Chu-ko Liang's current approbation, his "superstar" status, derives not from historical works but from stories and tales that tended to be enhanced over the centuries with each retelling. Although two or three are mentioned in the introduction, our focus has been understanding the historical figure in order to ponder his probable writings, rather than to reprise and evaluate the potential veracity of his more legendary aspects. Accordingly, the rather amazing achievements attributed to him by later tradition, the very essence of his expanded reputation, can best be grasped by reading a translation of the *The Romance of the Three Kingdoms*, particularly that by Moss Roberts.

Finally, the ready availability on the Internet of detailed maps of China and satellite views of the topography where Chu-ko Liang's northern campaigns unfolded has obviated the need for more than a few sketchy indications of the northern campaign routes. Although some of the details continue to be argued, there is general agreement about the thrust of each campaign and the location of the actual battles.

Ralph D. Sawyer Summer 2013

中文回译：①

当写到诸葛亮时，一个问题立即浮现：我们应该关注他的哪个方面？是早期历史作品中出现的遥远而孤傲的人物形象，是《资治通鉴》中辅佐刘备和统帅蜀国的重要建筑师，是民间传说中的杰出战略家，是荒诞故事中描绘的博学者，是至少构思了两种预测方法的深奥思想家，还是明代小说《三国演义》中最有见识的实干家、政治家、军事家；或者是当代动作漫画或网络文摘中塑造的英雄形象？

诸葛亮一直享有巨大的声誉，备受世人崇敬，常被认为是中国最伟大的战略家，不亚于太公望、孙子、孙膑、张良或刘伯温（刘基），他们都在建立王朝或保护国家方面发挥了重要作用。此外，他的战术智慧和敏锐使他不仅被认为是战场创新的推动者，而且还被认为是重要军事作品的作者，这些作品完全符合中国军事科学文学的连续传统，该传统始于孙子的《孙子兵法》，包括孙膑的《孙膑兵法》和太公的《六韬》。

在《三国志》中结束了对诸葛亮传记的撰写后，陈寿（233—297）指出他编写了一本由二十四章组成的单独作品，其中他列举了诸葛亮一生中的杰作，并列出了各个章节的标题。不幸的是，这本书在几个世纪内就失传了，目前要去证实诸葛亮实际上写了什么作品，不可避免地要借助张澍的清代作品集《诸葛忠武侯文集》。《将苑》和《便宜十六策》为该书的汇编贡献诸多，张还从各种书籍、评论和汇编（如《太平御览》）中选取了许多句子和段落，无论是诸葛亮的原话还是与他密切相关的内容，这些书籍在几个世纪以来都曾出现过。

毫不意外的是，他选取的一些材料被认为是有争议的；其余的甚至被完全否定，这引发了关于材料真实性的激烈争论。自从《诸葛忠武侯文集》首次流传以来，诸葛亮的爱好者们就对他们认为高度可靠或极具代表性的许多材料被学者忽略表示了不满，并且还出版了许多可靠和学术能力不同的广泛作品。（其中一些作品收录于《诸葛亮集》中，该书最初由中华书局在1960年出版，1974年稍做修改。）此外，几十年前开始出现的众多次要作品和当代口语翻译，在近年来迅速增加，引发了学术研究并对诸葛亮思想和其创造发明展开了

---

① 该前言中文部分为笔者自译。

广泛推测。

我们基本上是为了回应过去 20 年中众多请求而进行的这项工作，以提供诸葛亮军事著作的相对全面的翻译。由于只有部分了解学者们的困难，在开始时我们的意图仅仅是按照《太白阴经》战略章节（最近的版本名为《人间战略》）先前采用的模式：一个最小限度的介绍，不试图思考时代的政治和军事问题，但包括简要分析和历史评论以阐明各个章节的内容。然而，我们很快就发现，诸葛亮的武术思想并不局限于他所谓的著作中，而必须从他的奏章中筛选出来，并在他的活动和成就中寻找。

陈寿的二十四个标题表明，他将几份重要的奏章和信件列为诸葛亮的基本著作，如今的大多数汇编都包含它们。与陈寿的评估一致，除了清朝第一次汇编中发现的所有段落（从《将苑》到《便宜十六策》和《太平御览》的片段），我们还翻译了《三国志》中嵌入的重要军事备忘录和其他一些信件。按照我的惯例，我附加了一些脚注来解释文本中的各种项目，并添加了一些简要评论以阐明某些段落并将内容与先前成为军事知识基础的经典军事著作联系起来。

但是，我没有提供先前作品的大量翻译，因为它们很容易获得，并且会增加不必要的费用。此外，由于本书面向的是广大读者而不是少数对军事著作感兴趣的汉学家，因此本书不包含文本修订或翻译注释，这与我所著的孙膑《军法》不同。——由于大多数材料都是不言自明的，因此我也避免提供冗长的分析性（必然是人为的）介绍。尽管如此，在简洁的历史概述和各段落的一些不规范评论的结合下，读者将有望通过研究诸葛亮的著作内容来得出自己的结论，尽管这些结论可能相互矛盾。

要理解诸葛亮的思想，至少需要对历史背景和直接影响他的生活和事业的重大事迹进行粗略的考察。然而，我们并不打算写一部军事史，尽管在英语世界中仍然缺乏这样的一部作品。因此，尽管这些事迹往往引人入胜，但它们不涉及与主题相关的事件，我们也不探寻许多基本的军事、政治和经济问题。虽然参考了许多专业文章、历史著作和中日两国的军事史，就像迄今出版的所有二手材料一样（包括现代中国军事通史系列中的《三国军事史》），但简短的历史介绍和书中对诸葛亮战略和指挥成就的考察主要基于《三国志》（约公元 274 年由陈寿编写，离诸葛亮去世仅有几十年），该书据说是根据晋朝档案中保存的记录和奏章编写而成。

值得注意的是，作为一名晋国官员，陈寿并不是只为了表达某种观点。晋是从汉演变而来的继任国家，曹操的魏国也是如此。晋统一天下是基于曹操的崛起以及他作为衰落汉朝演变的有力建筑师的这一角色。因此，无论陈寿个人如何评价诸葛亮甚至刘备，诸葛亮的战役被描述为蜀国的"土匪"和"强盗"对汉朝的袭击，因为只有北方才被视为合法的权力。

由于《三国志》中的许多描写都很简短，因此需要借助裴松之的注释（约完成于公元429年）以及宋代权威版本中的其他信息来补充。此外，还参考了司马光编年体著作《资治通鉴》，其不仅整合了所有前述材料，还提出了额外的见解和戏剧化的复述，值得一读。值得注意的是，尽管它很快得到了朝廷的认可和支持，但《资治通鉴》不是由朝廷史官编纂，而是宋朝学者司马光花了20年时间完成的个人著作，并于公元1084年正式呈递给皇帝。

《资治通鉴》以基本连续的叙述方式记载了公元前403年到公元959年的历史，旨在整合记录司马光和他的三个助手认为最可靠的事件。相比之下，现众所周知的朝代史（包括《三国志》）的内容分散在基本年鉴、传记和专门论著中，在不查阅资料和整合内容的情况下，很难联想特定事件的背景和先兆。

司马光和他的助手研究了数百份资料，内容涵盖从王朝和官方记录到个人记述和一般著作，其中许多现已失传。虽然他们严格审核了这些资料，并强调可能性和一致性的标准，但由于司马光的保守主义和对儒家信仰的强烈坚持，包括对武术持普遍否定态度，以及过于强调智慧在夺取胜利中的作用，这部著作可能仍然未能摆脱某些偏见。尽管如此，正如我们所预料的那样，由于中国历史实质上是一部战争史，《资治通鉴》的很大一部分致力军事活动，它对三国时期的记载非常全面，超越了《三国志》编年体的零散性。（我的一贯做法是，虽然我没有我导师 Achilles Fang 博士的精确性和洞察力，但我并没有简单地总结或转述，而是附上了该文本的长篇译文，因为我相信读者最好直接接触原始材料。）

值得注意的是，诸葛亮目前的赞誉，他的"超级巨星"地位，并非源自历史著作，而是源自随着时间的推移而不断具象的故事和传说。尽管在导言中提到了两三个故事，但我们的重点是了解历史人物，以便思考其可能的著作，而不是复述和评价他传奇色彩的真实性。因此，通过阅读《三国演义》的译本，尤其是罗慕士的译本，我们可以更好地了解后世传统赋予他的惊人成就，以及他声名鹊起的本质。

最后，中国的详细地图和诸葛亮北方战役发生地的卫星地形图可在互联网上随时查阅，因此我们只需粗略地指出北方战役的路线即可。尽管对一些细节仍有争议，但人们对每次战役的主旨和实际战斗的地点已基本达成一致。

拉尔夫·索耶
2013 年夏

后 记

春秋时期齐国著名的政治家晏婴给楚王讲过"橘生淮南则为橘，生于淮北则为枳"的故事，这一典故恰如其分地体现了文学跨文化传播与接受的情形。我国著名学者曹顺庆教授近年来提出的比较文学变异学理论认为，文学的变异无处不在，文学在异质文化的交流与传播过程中，在语言、文学文本、文化层面甚至民族国家形象四个层面都会产生变异。在文化变异层面，该理论指出，文化过滤就是指接受者在文学交流和对话过程中，由于自身的文化背景和不同的审美传统，接受者会有意或无意地选择、删改、过滤、移植、渗透传播者的文学信息，会用自己的视野来选择、理解和诠释外来文化。于是，中国文化语境中运筹帷幄、足智多谋、鞠躬尽瘁的诸葛亮在西方学者的阐释中成了一位令人扼腕叹息、充满悲剧色彩，抑或是奸险诡诈的负面人物。西方文学具有悲剧和理性审美的传统，这也是诸葛亮形象在西方学者的解读中发生变异与重构的深层原因。本书通过对中西方文化语境中诸葛亮形象的对比，从文化过滤和中西方不同的审美传统出发，分析了诸葛亮形象在西方变异与重构的因素。笔者希望通过对诸葛亮这一人物形象在海外的变异与重构的研究来审视中国经典文学、文化典籍在海外的接受状况，并以此来探索中国文化、文学世界性传播的路径和问题。因此，在我国大力提倡讲好中国故事、向海外传播中国文化的当下，本书具有一定的学术价值和现实意义。

本书写作历时三年，过程艰辛，引据了大量的中外第一手文献资料。这得益于笔者多年在国外的工作经历和良好的外语基础，笔者有条件客观、准确地阅读并理解外文文献。同时，本书的写成也归功于西南交通大学外国语学院吴曦、李佩芝、郭鑫宇、张露盈、周徐等研究生在文献搜集、文字校对等方面的辛勤工作。

最后，笔者在此向四川省诸葛亮研究中心的工作人员致以崇高的谢意，感谢他们在写作过程中给予本人的帮助与支持。

王鹏飞

2023 年 9 月于成都